KB145777

자유로운 장면연기

| 국내편 |

자유로운 장면 연기 |국내 편|

초판 1쇄 발행 2010년 11월 10일
초판 2쇄 발행 2013년 3월 25일

기 획 타임스토리 그룹
엮은이 허용호
펴낸이 이영선
펴낸곳 서해문집
이 사 강영선
주 간 김선정
편집장 김문정
편 집 허 승 임경훈 김종훈 김경란 정지원
디자인 오성희 당승근 안희정
마케팅 김일신 이호석 이주리
관 리 박정래 손미경

출판등록 1989년 3월 16일 (제406-2005-000047호)
주 소 경기도 파주시 문발동 파주출판도시 498-7
전 화 (031)955-7470 | **팩스** (031)955-7469
홈페이지 www.booksea.co.kr | **이메일** shmj21@hanmail.net

ISBN 978-89-7483-446-3 04680
978-89-7483-383-1 (세트)

'모놀로그'는 서해문집과 타임스토리 그룹이 공동으로 기획·출간하는 브랜드입니다.
연극, 뮤지컬, 드라마 등 다양한 장르를 아울러 계속 출간할 예정입니다.

이 도서의 국립중앙도서관 출판시도서목록(CIP)은 e-CIP 홈페이지(http://www.nl.go.kr/ecip)에서
이용하실 수 있습니다.(CIP제어번호: CIP2010003784)

monologue 04 모놀로그

연극영화과 입시생 및
배우 지망생을 위한 필독서

자유로운
장면
연기

|국내편|

허용호 엮음

서해문집

머리말

"책을 읽으면 반드시 이로움이 있다"라고 했다(개권유익開卷有益). 이 말은 사자성어로, 독서를 권장한다는 말이다! 무슨 거창한 책이라고 읽으라 권하냐고 반문하는 사람이 있을 것 같다. 더구나 이 책은 《자유로운 장면연기》라는 제목이 붙은 연기 희곡 책인데…. 그러나 연극을 만들고 주옥같은 극적인 장면을 연기(배우가 배역의 인물과 성격, 행동 등을 표현하는 정도)하려면 먼저 대본을 읽어야 한다. 그것도 충실한 연구와 해석을 하며 여러 번 읽어야 한다. 눈으로 읽고, 입으로도 읽고, 몸짓을 하며 행동으로도 읽고, 감정을 곁들여 읽고 또 읽고 완벽하게 이해해야 한다. 더 나은 명장면 연기를 만들고 작품 표현을 잘하려면 말이다! 아울러 연구하고, 연습하고, 인물을 탐구하고 성격을 창조하며 극의 완성도를 높여가야 한다. 작가의 극작 취지를 정확히 실천하며 성실히 만들어야 한다. 그렇게 탄생된 장면 연기는 발표회를 통해서 수많은 실습을 통해서 아카데미와 연기 학원에서 각 학교에서 극단에서 동호회에서 보여질 것이다! 지금 이 순간에도…. 그렇지만 모든 표현이 완성도나 창의력 면에서 좋지만은 않을 것이다. 때문에 많이 읽으라는 것이다. 그리고 연구와 연습을 하라는 것이다. 한두 번 해보고 끝내지 말고 시간이 지나고 또다시 해보라고, 그렇게 반복하며 공을 들이라고 주문하고 싶다. 연극 예술에서 연기 예술과 표현에서 영원한 정답은 없기 때문이다.

일반 대중이나 연극을 공부하는 연기 지망생들은 항상 수준 있는 연극 작품이나 영화, 드라마 등을 보고 싶어 한다. 값진 수식어가 자연스럽게 따라다니는 명작을 접하고 싶어 한다. 그렇게 그들이 연극이나 영화를 보는 눈과 감상하는 차원이 업그레이드되고 있다. 어쩌면 이 책의 많은 장면 중 3분의 2 이상을 알고 있는 이도 있을 것이다. 현대 연극 문화 예술의 비약적인 발전, 연극 공연을 접하는 다양한 활로, 관객 층의 성장이 있었기에…. 그러므로 수많은 연극 연출가들, 연기 지도 선생님들, 연극 연기과 교수님들, 연극 관련 디자이너들… 그리고 연극 관련 종사자 분들…, 특히 연극배우와 지망생은 각성해야 한다. 투철한 사명감을 가지고 희곡과 장면을 통쾌하게 만들어야 한다. 연극을 사랑하는 이들의 기억에 영원히 남을 존재감을 떠올려본다면 말이다!

희곡, 연극 연기, 연극 연출 공부를 가르치고 배우는 곳이 세계적으로나 우리나라에도 아주 많다. 필자 또한 '서울액터스쿨' 이라는 최고의 배우를 양성하고, 수많은 합격 신화를 만들어내는 연극영화과 입시 전문 연기아카데미를 이끌고 있다. 연기를 배우는 학생들이나 가르치는 트레이너들의 가장 주된 연기 수업과 배우 훈련 중 하나가 바로 이 '장면 연기실습' 이다. 명장면 연극 장면 연기실습은 이미 각 대학에서 '장면 연기실습' , '장면 연기' , '배역 만들기' , '성격 창조' , '인물 표현', '장면 연출' 등의 수업으로 널리 행해지고 있다. 서울예술대 연극과 연기과, 중앙대 동국대 연극과, 한양대 연극영화과 등이 이런 수업을 하면서 자리매김해온 지 오래다. 이는 연기술과 배우 훈련, 연극 제작 및 현장 학습의 중요성 때문이다. 이 책《자유로운 장면연기》의 국외편 및 국내편도 그런 이유 있는 대열에 한몫했으면 하는 마음이다.

대한민국 땅 전역에 민주화운동이 세력을 뻗치던 어느 해였다. 연극을 한답시고 초야에서 상경해 열정만 가득했던 초년병 시절이 있었다. 거처가 불분명하고 주식도 미흡한 데다가 여벌 옷가지마저 서너 개뿐이었다. 그런 가난한 초짜 연극쟁이에게 극단 생활만이 유일한 즐거움이자 행복이었다. 그때 연극 선배들이 너나없이 추천해준 거장의 연기 입문서《배우 수업》(스타니슬랍스키 저)을 접했던 기억이 난다. 눈과 머리를 밝히고 풍요롭게 해주던 책이었다. 이 책은 옥토와 같은 명서임에 틀림없지만 그 당시에는 왜 그리 읽어도 읽어도 모호하기만 하던지…. 그 후로 수많은 배우 수업을 통해 이 책의 정수를 터득하고 장면 연기 표현의 힘을 깨닫게 되었다.《자유로운 장면연기》가 연극 예술 장인들이 널리 권유하는 책은 아닐지라도, 교학상장(教學相長, 가르치고 배우면서 스스로의 힘으로 학업을 증진함)하는 양서로 배우 초년생과 함께하길 바란다. 아울러, 주옥같은 명작을 남겨주신 수많은 희곡작가들께 글로

나마 절 올리며 감사와 예의를 표한다.

끝으로 구이지학(口耳之學, 남에게 들은 것을 그대로 전달할 정도밖에 되지 않는 얕은 학문)한 내 지식을 운운하며 자중하라고 당부한 벗도 있었지만 앞글에서 밝힌 바람이 더 커 이 책을 펴냄을 양지해주면 좋겠다. 방대한 내용을 정리해준 서해문집 출판사에 감사드린다. 항상 하루의 3분의 2를 같이 하는 서울액터스쿨의 강철 트레이너들과 배우 훈련생들 그리고 타임스토리 그룹 김 대표에게도 감사의 말을 전한다.

유난히 습하고 비 많이 오던 긴 여름을 물리치고 청명한 가을 햇살이 새롭게 비추듯이, 모든 분들의 앞날에도 맑고 따스한 가을 햇살이 비추길 기원한다. 특히 연극을 사랑하는 많은 분들의 앞날에 눈부시게 푸르른 날이 펼쳐지길!

2010년 10월

가을의 정취를 느끼며 허용호

dialogue

차례

dia logue

“책을 읽으면 반드시 이로움이 있다”라고 했다. 이 말은 사자성어로, 독서를 권장한다는 말이다! 무슨 거창한 책이라고 읽으라 권하냐고 반문하는 사람이 있을 것 같다. 더구나 이 책은 《자유로운 장면연기》라는 제목이 붙은 연기 희곡 책인데…. 그러나 연극을 만들고 주옥같은 극적인 장면을 연기(배우가 배역의 인물과 성격, 행동 등을 표현하는 정도)하려면 먼저 대본을 읽어야 한다. 그것도 충실한 연구와 해석을 하며 여러 번 읽어야 한다. 눈으로 읽고, 입으로도 읽고, 몸짓을 하며 행동으로도 읽고, 감정을 곁들여 읽고 또 읽고 완벽하게 이해해야 한다. 더 나은 명장면 연기를 만들고 작품 표현을 잘하려면 말이다!

자유로운 장면연기

연극 명장면 연기실습

함세덕 作

도념, 초부

제 올린다는 소문을 들은 구경꾼떼들 산문으로 들어간다. 청정한 목탁 소리와 염불 소리 이따금 북소리, 도념, 물지게에 걸터앉은 채, 멀거니 동리를 내려다보고 있다. 이따금 허공을 응시하다가는, 고개를 탁 떨어뜨리고 흐느낀다. 초부(樵夫), 나무를 한 짐 안고 들어와, 지게에 얹는다.

도념 인수 아버지, 정말 바른대루 이야기해주세요. 우리 어머니 언제 오신다고 하셨어요?

초부 내년 봄보리 베구 나면 오신다드라.

도념 또 거짓말?

초부 거짓말이 뭐니? 세상없어도 이번엔 꼭 데리러 오실걸.

도념 바위틈에 할미꽃이 피기가 무섭게, 보리 베나 하구 동네만 내려다봤어요. 인수 아버지네 보리를 벌써 다섯 번째 베었지만 어디 오세요?

초부 내년만은 틀림없을 게다.

도념 동지, 섣달, 정월, 2월, 3월, 4월 아이구 아직도 여섯 달이나 남았군요?

초부 뭘, 세월은 유수 같다고 하지 않니?

도념 여섯 달은 또 어떻게 기다려요?

초부 눈 꿈쩍할 사이야.

도념 또 봄보리 베구 나서 안 오시면 도라지꽃이 필 때 온다고 넘어갈라구?

초부 이번만은 장담하마. 틀림없을 게다. (도념의 팔을 붙잡고 백화목 밑으로 끌고 가며) 이리 오너라. 내가 여섯 달을 빨리 기다리는 법을 가르쳐주마.

도념 그만둬요. 또 속일려구?

초부 한 번만, 더 속으려무나.

초부, 도념을 나무에 세우고 머리 위에 세 치쯤 간격을 두고 도끼를 들어 금(線)을 긋는다.

도념 (발돋움하며) 이거 너무 높지 않아요? 작년 봄에 그은 금은, 두 치밖에 안 됐어요.

초부 높은 게 뭐니? 네가 이 금까지 자랄 땐 여섯 달이 다 가구, 뒷산에 꾀꼬리가 울구 법당 뒤엔 목련꽃이 환히 필 께다. 그럼 난 또 보리를 베기 시작하마.

도념 눈이 오나 비가 오나 하루 안 빠지고 아침이면 키를 재봤어요. 그은 금까지 키는 다 자랐어두 어머니는 안 오시던데요 뭐.

도념, 물지게를 지고 일어선다. 서서 길을 걷다가 기침하며 콱 쓰러진다.

초부 (달려가 붙들며) 아니, 물은 하루 종일 길으라던?

도념 할 수 있나요.

초부 제길, 마당에다 배를 띨라나 부다.

도념 가마솥에, 세 번이나 꼭 차게 길어봤는데두, 모자라는걸요.

초부 그걸 다 어따 쓴다던?

도념 어따 쓰는 게 뭐예요? 떡을 세 시루나 찌구, 전이야 부침개를 이틀을 두고 부쳤는데, 그 설거지가 좀 해요?

초부 거 참 누군지 굉장히 지낸다.

도념 왜 우리 절 도사들이 때에는 안 갔었어요? 서울 안대갓집 제 올리니 시주하라고 갔었을 텐데?

초부 오셨더라. 아, 요전 사십구일제 지냈으면 그만이지, 백일제는 또 뭐니?

도념 죽은 혼이, 백일 만에야 가시문을 열구, 극락엘 들어가거든요.

초부 그 댁이 아마 이 절에 시주를 그 중 많이 했을걸?

도념 저- 칠성당두, 그이 할머니가 지으셨대요. 작년에 종각 기둥이 썩어서 쓰러지게 됐을 때두, 그 댁에서 고쳐주구요.

초부 참, 언젠가 스님두 그러시더라. 서울 안대갓집 아니면 이 절을 버티어나갈 수가 없다구.

도념 못 꾸려나가구 말구요. 우리 절은 본산처럼 추수하는 게 없구, 시주받는 것두 적거든요. 그런데 그 대갓집에서는, 해마다 쌀을 열 가마씩 공양해주구, 한번 제를 올리는 날이면, 노구메를 두 솥씩 세 솥씩 지어줘요. 그래서 제가 끝나면 그 밥을 말렸다가 다음 젯날까지, 두구두구 먹는걸요.

밑의 대문, 덜커덕 하고 잠긴다.

도념, 주지

정심을 따라 미망인, 원내로 들어간다.

도념 (홀연히) 스님, 전 세상에 가서 살구 싶어요.

주지 닥쳐라, 무얼 잘했다구 또 그런 소릴 하구 있니?

도념 절더러 거짓말한다구만 그러지 마시구, 저한테 어머니 계신데를 가르쳐주십쇼.

주지 네 어미란 대죄를 지은 자야. 너에겐 에미라기보다는 대천지원수라는 게 마땅하겠다. 파계를 한 네 에미 피가 그 피를 받은 네 심줄에 가뜩 차 있으니까. 너는 남이 한 번 헤일 염주면 두 번 헤어야 한다.

도념 왜 밤낮 어머니 욕만 하십니까? 아름다운 관세음보살님은 그 얼굴처럼 마음두 인자하다구 하시지 않으셨어요? 절에 오는 사람마다 모두들 우리 엄마는 이뻤을 것이라구 하는 걸 보면 스님 말씀 같은 그런 무서운 죄를 지으셨을 리가 없어요.

주지 그건 부처님에게만 여쭙는 소리야. 너 유식론(唯識論)에 쓰인 경문 알지?

도념 네.

주지 외면사보살 내면여야차(外面似菩薩 內面如夜叉)라 하셨느니라. 네 에미는 바루 이 경문과 같이 얼굴은 보살님같이 아름답지만, 마음은 야차같이 무서운 동물이야.

도념 스님, 그렇게 악마 같을 리가 없습니다.

주지 네 아비의 죄가 어미에게두 옮아서 그러니라.

도념 옮다니요?

주지 네 아비는 사냥꾼이거든, 하루에두 산 짐승을 수십 마리씩 잡어. 부처님의 가슴을 서늘하게 한 대악무도한 자야. 빨리 법당으로 들어가자. 냉수에 목욕하구, 내가 부처님께 네가 저지른 죄를 모다 깨끗이 씻어주도록 기도해주마.

도념 싫어요 싫어요. 하루 종일 향불 냄새를 쐬면 골치가 어찔어찔해요.

주지 이게 무슨 죄 받을 소리니? (조용히 달래며) 도념아, 너 저 연못을 봐라. 5월이 되면 꽃이 피고, 잎사귀엔 구슬 같은 이슬이 구르구 있지 않니? 저렇게 잔잔한 연못두 한 겹 물만 퍼내구 보면 시꺼먼 개흙투성이야. 그것뿐인 줄 아니? 10년 묵은 이무기가 용이 돼서 하늘루 올라갈랴구 혓바닥을 낼름거리며 비 오기만 기다리구 있단다. 동네두 꼭 저 연못과 마찬가지야. 겉으루 보면 모두 즐겁구 평온한 듯하지만 속에는 모든 죄악과 진애(塵埃)가 들끓는 그야말루 경문에 아로새겨 있는 글자 그대루 오탁(五濁)의 사바(娑婆)니라.

도념 아니에요. 모두들 그렇지 않대요. 연못 속에는 연근이라는 뿌럭지가 있지 이무기는 없대요.

주지 누가 그러든? 누가 그래?

도념 동네 사람들 올라올 적마다 물어봤어요.

주지 그럼 동네 녀석들 하는 소리는 정말이구 내 말은 거짓말이란 말이지? 경전이, 부처님 말씀이 모두 거짓말이란 말이지? 오! 이런 불가사리 같은 녀석 봤나? (하고 펄펄 뛴다.)

도념 스님, 바른대루 말이지 저는 이 절에 있기가 싫습니다.

주지 듣자듣자 하니까 나중에 못 하는 소리가 없구나? 오, 그 눈으로 날 보지 마라. 살생을 하더니 전신에 살이 뻗친 모양이다.

도념, 초부

이윽고 종소리 그친다. 도념, 고깔을 쓰고 바랑을 걸머쥐고, 깽매기를 들고 나온다.

초부 (지게를 지고 일어서며) 지금 그 종, 네가 쳤니?

도념 그럼은요. 언제 내가 안 치구 다른 이가 쳤나요?

초부 밤낮 나무해가지구 비탈 내려가면서 듣는 소리지만 오늘은 왜 그런지 유난히 슬프구나.

도념 이번 가면 다신 안 올지 몰라요.

초부 왜? 스님이 동냥 나가라구 하시든?

도념 아아니요. 몰래 나가려구 해요.

초부 이렇게 눈이 오는데 잘 데두 없을 텐데, 어딜 간다구 이러니? 응, 갈 곳이나 있니?

도념 조선 팔도 다 돌아다닌걸요 뭐.

초부 하 애, 그런 생각 말구, 어서 가서 스님 말씀 잘 듣구 있거라.

도념 벌써 언제부터 나가려구 별렀는데요? 그렇지만 스님을 속이고 몰래 도망가기가 차마 발이 떨어지지 않아서 못 갔어요.

초부 어머니 아버질 찾기나 했으면 좋겠지만 찾지두 못 하면 다시 돌아올 수도 없구. 거지밖에 될 게 없을 텐데 잘 생각해서 해라.

도념 꼭 찾을 거예요. 내가 동냥 달라구 하니까 방문 열구 웬 부인이 쌀을 퍼주며 나를 한참 바라보구 있더니 별안간 '도념아,

내 아들아, 이게 웬일이냐.' 하구 맨발바닥으로 뛰어 내려오던 꿈을 여러 번 꾸었어요.

초부 가려거든 빨리 가자. 펑펑 쏟아지기 전에. 이 길루 갈 테니?

도념 비탈길루 가겠어요.

초부 그럼 잘 가라, 난 이 길루 가겠다.

도념 네, 안녕히 가세요.

초부, 나무를 지고 내려간다. 도념 두어 걸음 나갈 때 법당에서 주지의 독경 소리. 발을 멈추고 생각난 듯이 바랑에서 표주박을 꺼내 잣을 한 움큼 담아서 산문 앞에 놓는다.

도념 (무릎을 꿇고) 스님, 이 잣은 다람쥐가 겨울에 먹을려구 등걸 구멍에다 모아둔 것을 제가 아침이면 몰래 꺼내뒀었어요. 어머니 오시면 드릴려구요. 동지섣달 긴긴 밤 잠이 안 오시어 심심할 때 깨무십시오. (산문에 절을 한 후) 스님, 안녕히 계십시오.

멀리 동리를 내려다보고 길게 숨을 쉰다. 정숙, 원내에서는 목탁과 주지의 염불 소리만 청량히 들릴 뿐, 눈은 점점 펑펑 내리기 시작한다. 도념은 산문을 돌아보며 비탈길을 내려간다.

〈봄이 오면 산에 들에〉 중에서 최인훈 作

바우, 달내

바우 달내.

달내 …

바우 … 그 말… 들었어.

달내 (머리를 들고) 무슨 말?

바우 마을 사람들 이야기…

달내 (벌떡 일어서며) 거짓말이야.

바우 글쎄 사람들이 그러더라는…

달내 (앉으면서) 거짓말이야.

바우 그럴 테지… 아무튼, 나는 아무래도 좋아, 달내만 마음이 한 가지라면…

달내 …

바우 달내만 한 가지라면.

달내 내 맘은, 늘 한 가지야.

바우 그래? 그런데 왜? 돌아오는 가을에…

달내 돌아오는 가을에…

바우 그렇게 정하지 않았어?

달내 그렇지만…

바우 그렇지만?

달내 그렇지만…

바우 그렇지만?

달내 그렇지만…그때 가봐야 해.

바우 뭘, 뭘 봐야 한다는 거야?

달내 …

바우 오는 봄에 사람을 뽑는대.

달내 (퍼뜩 고개를 들어 쳐다본다.)

바우 먼 데 가서 성을 쌓는대.

달내 저런.

바우 이번에는 오래 걸린대.

달내 …

바우 많이 뽑는대.

달내 …

바우 그러니 한번 뽑혀 가면…

달내 …

바우 언제 돌아올지…

달내 …

바우 이번 가을에 혼사를 치르면.

달내 …

바우 사람 뽑을 때, 총각보다는 나을지도 모르구.

달내 (고개를 흔든다.)

바우 왜?

달내 …

바우 내가 싫은 게군?

달내 (고개를 흔든다.)

바우 (힘이 나서) 그럼 왜 그래?

달내 나 죽어버릴래.

바우　(놀라서 쳐다보다가) 저… 아버지는… 달내 아버지는, 뭐라고 그래?

달내　아버지야 뭐, 다 아는 일인데…

바우　그런데 왜 달내는 빨리 서두르지 않는 거야?

달내　…

바우　이것 봐 달내, 달내가 무슨 궁리를 하는지 도무지 모르겠군, 난 마을 사람들이 하는 소리는 믿지 않아. 이번 성 쌓기는 몇 해가 걸릴지 모른다더군, 그게 걱정이야.

달내　성 쌓기…

바우　그래. 그러니 그전에 우리가 내외가 되면, 어찌 되든 지금 하구는 달라지지 않아? 그런데 달내는 무슨 궁리를 하는지 모르겠구.

달내　미안해… 궁리는 내가 무슨 궁리를…

바우　난 오늘 달내 말을 받아내려구 왔어.

달내　(김만 맨다.)

바우　(호미를 뺏으며) 이럴 때가 아니라니까. 우리가 내외만 되면 김매기 같은 건 내가 매일이라두 해줄 테니까…

달내　…

바우　응?

달내　…

바우　왜 그래?

달내　…

바우　어떻게 하겠어?

달내　…

바우　이대로 해를 넘기구, 성 쌓기에 가버리면, 우리는 그만이야.

달내 아버지한테 내가 얘기할까?

달내 (고개를 세게 젓는다.)

바우 (말이 없다.) …

조만득, 민 박사, 윤 간호사, 박필수, 그 외

민 박사의 방

윤 간호사, 만득을 데리고 계단으로 올라간다. 만득, 싱글벙글 웃는다.

조만득 요양원 시설이 형편없구만.

윤 간호사 그래요?

조만득 그런데 말이야. 미스….

윤 간호사 윤이에요.

조만득 그려? 이름은 뭐여?

윤 간호사 지혜예요. 윤지혜.

조만득 잉, 얼굴처럼 이름도 예쁘구만.

윤 간호사 어머 그래요? 호호호.

조만득 (종이 수표를 주며) 잠깐만. 이거 말이야, 얼마 안 되지만 용돈 써.

윤 간호사 (종이 조각을 한참 보더니) 고맙습니다.

조만득 회장님!

윤 간호사 회장님. 호호호.

조만득 허허허, 아주 싹싹하고 예쁜 여비서여.

윤 간호사 박사님!

윤 간호사와 만득, 민 박사 방으로 들어간다.

민 박사 어서 와요.

조만득 허허허. 수고 많소.

민 박사 앉아요.

조만득 (앉는다.) 근데 왜 날 찾았어?

민 박사 몇 가지 물어볼 게 있어서요.

조만득 그려? 나 바쁘니께 한두 가지만 물어봐.

민 박사 조만득 씨는…

조만득 회장님!

민 박사 아, 조 회장님은 어떻게 여길 오게 됐죠?

조만득 그야 격무에 시달리다 보니께 건강을 해쳐서 온 것 아닌가?

민 박사 건강을 해쳤어요?

조만득 그려.

민 박사 어떤 격무에 시달렸죠?

조만득 그야 결재하고 사람 만나고, 청소도 하고….

민 박사 청소도 했어요?

조만득 (당황해서) 잉? 허허허, 그건 아니고. 에 또….

민 박사 면도도 했구요?

조만득 면도? 뭔 소리여? 이 사람 무례하구만. 난 그런 거 몰라. (벌떡 일어선다.) 나 가봐야겠어.

윤 간호사 회장님, 조금만 더 있다 가시죠.

조만득 윤 비서! 결재할 서류가 산더미처럼 밀렸다는 거 몰라?

민 박사, 윤 간호사에게 손짓.

윤 간호사 (미소 지으며) 알았습니다 회장님. 가시죠.

조만득 저기 말이여. (수표를 꺼내며) 이거 용돈 써.

윤 간호사 아까 주셨잖아요.

조만득 아, 그려? (민 박사에게 수표를 주며) 그럼 말여 자네 용돈 써.

민 박사 허허허, 감사합니다.

조만득 쓸데없는 거 묻지 말고 내 건강이나 잘 좀 돌봐!

민 박사 어서 가봐요.

조만득 생긴 건 멀쩡하게 생겨가지구.

민 박사. 수표를 본다. 윤 간호사, 만득을 안내하여 함께 나간다.

만득의 병실

박필수 오늘은 안심이야. 내일이 문제야. 그래, 방문을 잠그고 침대 밑으로 숨는 거야. 아니지? 정보가 새나갔을지도 모르지. 화장실! 화장실이 더 안전할 거야.

윤 간호사, 만득을 데리고 들어온다.

윤 간호사 이리 오세요.

조만득 여기여?

윤 간호사 네.

박필수 저 사람 누구예요?

윤 간호사 (침대를 정리하며) 같이 병실… 아니, 요양실 같이 쓰실 분이에요. 조만득 씨예요.

조만득 회장님!

윤 간호사 아 참! 조만득 회장님이세요.

박필수 회장? 거짓말 말아. 당신 정체가 뭐야?

조만득 윤 비서, 이 사람 이름이 뭐여?

윤 간호사 박필수 씨예요.

조만득 이 사람, 회장 이름도 몰라? 목 짤라.

필수, 비명을 지른다.

박필수 악! 목을 잘라? (침대에 몸을 숨기며) 저 사람, 안기부에서 왔죠, 그렇죠?

조만득 (윤 간호사에게) 우리 회사에 안기부라는 부서가 있어?

윤 간호사 없는데요. 회장님.

조만득 이 사람아, 나는 부장이 아니고 회장이야. 자네는 무슨 분가? 총무부여 인사부여?

박필수 나는 조직에 얽매인 사람이 아니고 자유를 노래하는 시인이오.

조만득 시인? 배고프겠네. (윤 간호사에게 종이 수표를 건네며) 백만 원이여. 은행에서 찾아 쓰라고 혀.

박필수 (종이를 보며) 목숨이 초연한 시인의 기개를 이까짓 종이쪽지로 사려 하다니. (만득의 코앞에 종이를 내밀며) 더 이상 날 모욕하지 말고 차라리 죽여라.

조만득 잉, 이제 보니께, 대단히 패기만만한 청년이로구먼. 그럼 말이여 자네 뜻을 존중해서 이 돈은 거두겠네. 대신 내 특별 비서관이 되어 날 보좌해주겠나?

박필수 특별… 비서관?

조만득 난 자네같이 유능하고 패기만만한 젊은이가 필요혀. 어뗘?

박필수 아! 이 땅의 진정한 시인이 되기가 이다지도 힘들구나.

나는 쓴다 그대 이름을

금빛 칠한 동상 위에

병사들의 무기 위에

그리고 왕들의 관 위에도

나는 쓴다 그대 이름을

자유여! 민주주의여! (침대에 엎드려 흐느낀다.)

조만득 왜 그려, 이 사람?

윤 간호사 시상을 다듬고 있나 봐요.

조만득 시상?

박필수 (갑자기 진지하게) 회장님.

조만득 왜 그려?

박필수 오늘 점심 메뉴는… (윤 간호사를 본다.)

윤 간호사 닭튀김예요.

박필수 닭튀김입니다.

조만득 잉, 닭튀김! 그거 맛있어.

두 사람을 지켜보던 윤 간호사, 미소를 지으며

윤 간호사 그럼 전 이만 가볼게요. 회장님.

조만득 그려 그려.

윤 간호사 점심시간에 식당에서 봬요.

조만득 수고혔어. 미스 윤.

윤 간호사 필수 씨 점심 메뉴, 극비 사항이에요.

조만득 박 비서, 오늘 새끼줄이 어떻게 되여?

박필수 네, 오찬 후에 한 시간 동안 포크댄스가 있습니다. 이어서 투약, 약간의 자유 시간, 여섯 시에 저녁 식사, 다음에 투약, 약간의 자유 시간, 열 시에 취침, 이상입니다.

조만득 요양을 와서도 회사에 있을 때나 똑같이 바쁘구먼.

박필수 송구스럽습니다, 회장님. 회장님, 휴게실로 가실까요?

조만득 음, 그려.

침대를 마저 정리하는 필수.

조만득 어서 와, 이 사람아.

박필수 네, 회장님.

조만득, 정옥

만득의 방

정옥, 잠옷 바람으로 거울 앞에 앉아 화장을 지운다. 만득, 선물 상자를 들고 들어온다.

조만득 (종이 가방을 내밀며) 여보, 생일 축하혀.

정옥 웬 선물, 뭔데? (쇼핑백을 열어본다. 그러나 이내 촌스런 옷을 보고 심드렁해진다. 옷을 한쪽에 치워둔다.)

조만득 맘에 안 들어?

정옥 (계속 화장을 지우며) 아니야, 고마워.

조만득 (다가가 정옥의 머릿결을 만지며) 당신 오늘 참 예쁘다.

정옥 왜 이래?

조만득 (머릿결의 냄새를 맡으며) 향수 냄새가 아주 좋은디?

정옥 (만득을 밀친다.) 비켜!

조만득 (다가가 정옥을 안으며) 여보.

정옥 아이, 이이가. (만득을 세게 밀치며) 더워, 저리 가!

만득, 뒤로 벌렁 자빠진다.

조만득 (벌떡 일어서며) 내가 누구여?

정옥　　무슨 소리야?

조만득　　당신 남편이잖여.

정옥　　누가 아니래?

조만득　　남편을 이렇게 무시해도 되는겨?

정옥　　언제 무시했다구 그래?

조만득　　하! 돈 없으믄 사랑도 못 하겄구먼.

정옥　　이이가 오늘 왜 이래? 시끄러워! 어서 잠이나 자!

만득, 갑자기 굳어진다.

조만득　　누가 모를 줄 알아?

정옥　　뭘?

조만득　　너한테서 냄새가 나. 어느 놈팽이의 썩고 더러운 냄새가 난단 말여.

정옥　　당신 미쳤어? 냄새는 무슨 냄새가 난다구 그래?

이때 노모의 벽 긁는 소리. 신음하는 소리가 난다.

정옥　　(돌아서며 소리친다.) 아유 지겨워, 저놈의 소리!

조만득　　(갑자기 비굴해지며) 걱정 마. 적금 조금만 더 부으면 입원시켜 드릴 수 있으니께.

정옥　　웃기고 있네. 입원만 시켜놓으면 그 뒤는 누가 공짜로 있게 해준대? 그리고 낼 모레 전셋값 올려달라는데 그건 또 어떻게 할 거야?

조만득　　돈, 돈, 제발 그 소리 좀 그만혀!

정옥 누군 하고 싶어서 해? 나도 지겨워. 돈만 있으면 이 더럽고, 냄새나고, 구역질 나는 동네 떠나고 싶어!

조만득 그놈의 돈, 돈, 돈! 벽에서도 돈, 천장에서도 돈, 바닥에서도 돈, 사방이 온통 돈, 돈, 돈!

노모의 벽 긁는 소리, 신음 소리 커진다.

조만득, 정옥, 조만수

이발소

천둥소리, 번개, 술에 취한 만수와 정옥, 만득.

조만수 이런 썅! 전세금 빼서라도 만들어놓으랬잖아, 돈 내놔!

정옥 여기다가 돈 맡겨놨어? 그동안 뜯어간 돈이 얼만데 또 와서 행패야, 행패가?

조만수 허이구, 이거 세상 좋아졌네? 막가자는 거구만? 어디서 시동생을 눈깔 뒤집고 쳐다보는 거여? 엉?

조만득 만수야. 형수한테 그게 뭔 말버릇이여.

조만수 형수 좋아하시네. 형수다운 짓을 혀야 형수 대접을 하지. (만득에게) 어서 돈이나 줘.

정옥 야! 내가 이 집에서 못한 게 뭐 있다구 그래, 엉?

조만득 여보, 당신이 좀 참아.

조만수 이런 씨발것, 내가 뭘 모르는 줄 아나? 머저리 같은 형, 똥 싼 바지 만들어놓구… 이거 확 불어버려? 불어버려?

정옥 그래, 불 테면 불어봐! 불어봐!

조만수 잔말 필요 없어. 돈 내놔! 돈 내놔! 안 내놔? 이런 좆같은 것들이 있나. (가위를 들고 자해할 듯) 나 죽는 꼴 볼텨?

조만득 만수야, 내가 어떻게 해볼 테니께 제발 그것 좀 내려놓구 얘기혀.

정옥 (악을 쓰며 만수를 밀친다.) 그래, 해봐.

조만수 이게 왜 이랴.

정옥 찔러봐!

조만수 (만득에게 정옥을 가리키며) 저리 데리고 가.

정옥 (만수를 밀치며) 해봐, 돈 못 내놓겠어. 해볼 테면 해봐?

조만수 이거 환장허겄네.

정옥 해볼 테면 해봐, 이 새끼야!

만수, 가위를 번쩍 든다. 만득, 이들 사이에 끼어들며

조만득 여보! 만수야!

이때, 이층 노모 방이 화염에 싸인다. 노모의 기괴한 웃음소리, 천둥소리, 번개, 만수와 정옥, 놀라서 이층으로 달려가 불을 끈다. 혼자 남은 만득, 눈에 초점이 흐려진다.

오장군, 꽃분

계속되는 클라리넷과 구음…. 같은 태양. 울창한 나무 한 그루가 미끄러지듯이 등장. 꽃분이가 물동이를 이고 손에 커다란 궤짝을 들고 나온다. 무대 가운데에 그 궤짝을 놓자 궤짝은 우물이 된다. 물동이에 물을 길으며 부르는 꽃분이의 노래.

꽃분 퐁퐁퐁퐁 샘물은
우리 엄마 젖같이
오줌싸개 오줌같이
밤이나 낮이나
퐁퐁퐁퐁 퐁퐁퐁퐁

그때 무대 뒤에서 꽃분이를 부르는 소리가 가까워지더니 오장군이 등장해서 꽃분이 앞에 선다.

오장군 (마지막으로 한 번 더 크게 길게) 꼬옷부운아!

꽃분 니 목소린 언제 들어도 좋구나.

오장군 (다시 한 번) 꼬옷부운아아! 이거 읽어봐.

꽃분 먼데?… (읽고 나서 멍해진다.)

오장군 난 아마 대포알에 맞아서 죽을라는가 봐.

꽃분 …군대 간다구 다 죽나 뭐!

오장군 다 죽었잖아, 쇠돌이, 북쇠, 칠보… 그리고 칠월이, 돌쇠….

(멀리서 수소 암소가 서로 부르는 소리)

꽃분 장군아, 우리 지금 당장 결혼하자.

오장군 …?

꽃분 저 나무 뒤에 가서 지금 결혼하는 거야. 니가 군에 가기 전에 우리 애를 만드는 거야.

오장군 미쳤니 너!

꽃분 (장군의 손을 잡고 나무 뒤로) …. (요란스러운 까치 소리, 종달새 소리, 얼굴을 돌리는 태양. 나무가 허리를 굽히며 그들을 가려준다. 클라리넷 주자와 구음자가 나무 가까이 가서 사랑을 반주해주다가 물러난다. 이윽고 두 사람 나온다. 허리를 펴는 나무)

오장군 (온몸의 여기저기를 긁어댄다.)

꽃분 …? 왜 그러니?

오장군 개미들이 들어왔나 봐. (드디어 몇 마리를 붙잡아서 던지며, 그 때마다) 저리 가! ….

꽃분 (함께) 얌체 없는 놈! 나쁜 놈! ….

오장군 난 그만 가봐야겠어. 군대 가기 전에 감자밭을 더 갈아야 해. 그래야 나 없는 새 엄마가 덜 고생할 것 아냐.

꽃분 아들일까, 딸일까?

오장군 (가다 말고) 쌍둥일 낳아줘, 아들하구 딸하구…. (퇴장)

꽃분 (멍해 있다가 불쑥) 내 남편.

(클라리넷, 구음)

무대가 어두워지며 오장군 이등병만이 남는다. 멀리서 먹쇠가 뫼에 우는 소리가 들려온다.

오장군　(자면서) 꽃분아… 꽃분아…. (어느새 꽃분이가 옆에 와 있다.)

꽃분　어머나, 너두 이제 제법 군인답구나.

오장군　(줄곧 누워서 눈을 감은 채) 나두 다른 군인들처럼 무섭게 보여?

꽃분　응, 총도 쏴봤니?

오장군　그럼! 오늘은 하마터면 내가 쏜 총알에 내가 맞아 죽을 뻔했단다. 오발을 했거든.

꽃분　어머나!

오장군　내가 보낸 편지 몇 번 받았니?

꽃분　열한 번.

오장군　열두 번째는 내 머릿속에 있다. 읽어줄까?

꽃분　그만둬. 받는 쪽이 더 기쁘단다.

오장군　매일 저녁 꽃분이 꿈을 꾼다.

꽃분　같이 자는 꿈?

오장군　넌?

꽃분　나두야.

오장군　어젯밤엔 샘터 옆에서 꽃분이와 나와 나란히 오줌을 쌌단다. 넌 앉아서, 난 서서 싸구. 청개구리 두 마리가 우릴 보고 있더라.

꽃분　호호.

오장군　히히…. (누운 채 이리저리 뒤채면서 웃는다. 한참 웃더니 뚝. 그리고 쿨쿨 자다가) 참 우리 앤 아직두 소식 없니?

꽃분　며칠 전부터 좀 이상한 것 같애.

오장군　어떻게?

꽃분　뭔가 아랫배에서 자라고 있는 것 같애.

오장군　틀림없다. 너와 내가 만든 아이야. 쌍둥이다. 아랫배를 잘 간수해라. 이불도 꼭꼭 덮어주구.

꽃분 그래 조심할게. (아랫배에 치마를 겹으로 두르고 나서) 그럼 간다.

오장군 잘 가. (하며 스르르 일어난다. 한참 서 있다가 불쑥) 내 아내. (스르르 무너지더니 다시 쿨쿨 잔다. 구음… 뒤따르는 클라리넷…)

꽃분, 어머니, 관료 A, B, C

관료 지대

무대에 삼각형을 이루며 서 있는 관료 A, B, C. 어머니와 꽃분이가 A 앞에 서 있다. A, B, C는 모두 무표정한 관료적 포즈.

관료 A 이런 착오의 원인은 오장군이란 이름을 가진 장정이 한 동네에 두 사람이나 있었다는 데에 있습니다.

어머니 하지만 얼굴은 영 다르지 않습니까요.

꽃분 제 약혼자는 황소처럼 몸집이 크고, 오 부자님네 아들은 사슴처럼 날씬한걸요.

관료 A 우리는 징집영장을 잘못 전달한 집배원을 즉시 파면했습니다. 동시에 제5지구 모병 사령부에 이 사실을 통보했습니다. 그러나 이 착오에 대해선 오장군 씨도 책임을 져야 합니다.

꽃분 무슨 책임을요?

관료 A 그는 왜 남의 징집영장을 받았습니까?

어머니 그야 주니까 받았습죠.

관료 A 징집영장 뒷면엔 생년월일이 적혀 있습니다. 서기 몇 년 몇 월 며칠이라고. 그것은 오 부자 아들인 오장군 씨의 생년월일이지 댁의 아드님인 오장군 씨의 생년월일이 아닙니다.

어머니 나으리들께서 아들의 생년월일을 잘못 적은 줄로만 알았겠습죠.

관료 A　번지도 적혀 있었습니다. 124번지는 오 부자네 번지고, 할머니네 번지는 125번집니다.

어머니　…? 언제부터요?

관료 A　… (어처구니없다는 뜻의 침묵) … 아가씨, 할머닐 모시구 모병 사령부에 가보십시오. 소개장을 써드리겠습니다. (메모지를 꺼내서 몇 자 적고 봉투에 넣어 건넨다. 엄마와 꽃분이가 B에게로 옮겨가는 것을 지켜보다가) 오장군이란 이름의 어디가 좋아서 두 놈이나 그 이름을 쓴단 말인가.

관료 B　우리 모병 사령부가 발부한 두 개의 징집영장은 완전무결했습니다. 우체국에서 그런 얘길 안 하던가요?

꽃분　우체국에선 여길 가보라고 하셨어요. 여기서 해결해줄 수 있을 거라구요.

관료 B　우리 모병 사령부로선 즉시 군에 잘못 입대한 댁의 아드님에게 징집영장을 반환하도록 요구하는 문서를 발송했습니다. 그것은 댁의 아드님인 오장군 씨가 아닌 다른 오장군 씨에게 전달되어야 할 영장이니까요.

어머니　그럼 그 잘못 받은 영장을 되돌려 드리기만 하면 제 아들도 되돌아오겠네요?

관료 B　글쎄요. 우리로선 그 질문에 대해서 대답해드릴 입장이 못 됩니다. 육군 당국에 소개장을 써드리죠. (할머니와 꽃분이가 C에게 옮기는 동안) 우리로선 오장군이란 이름을 세 사람이 나누어 가졌더라도 상관없어. 생년월일과 번지를 정확하게 기입만 하면 되는 거야.

관료 C　육군 당국은 이런 착오에 대비하기 위해 장정 집결지에서 인적사항을 재확인합니다. 조사에 의하면 오장군 이등병은 장정 집결지에서 생년월일과 주소 번지를 확인했을 때 한마디의 부인도 하지 않았습니다.

어머니 (신경질적으로) 제 아들은 남이 물으면 무턱대고 예예 하는 버릇이 있답니다. 원체 순해빠져서요.

관료 C 우리 육군 당국이 잘못한 게 없다는 걸 인정하시는 거죠?

꽃분 우린 다만 그이를 되돌려주시길 원할 뿐이에요.

관료 C 알았습니다. 하지만 남 대신 육군에 잘못 입대하였다는 사실과 일단 군번을 받은 육군 이등병이라는 사실과는 전연 별개의 문제임을 이해하시기 바랍니다. 오장군 씨가 남의 영장으로 입대하였다면 그는 당연히 육군에서 추방되어야 합니다. 그러나 현행 육군 규정에는 군번을 받은 병사를 남 대신 입대하였다는 이유로 제대시키는 절차가 명시되어 있지 않습니다. 우리는 곧 새로운 육군 규정을 제정하여야 할 필요를 느낍니다. 육군 규정을 제정하기 위해서 시일이 필요합니다. 전시라 모두 바쁩니다. 육군 규정 제정위원들이 한자리에 모이기가 어렵다는 겁니다. 제네랄 최를 아시죠? 제네랄 최를 모르세요! 우리 동쪽 나라의 가장 뛰어난 군사 전략갑니다. 그분은, 어제 저녁 며느님이 쌍둥일 낳았다는 전보를 받고도 너무 바빠서 절반밖에 읽지 못했습니다. 그래서 나머지는 제가 읽어드렸습니다. 하하하… (뚝 그치고) 참, 그 문제는 아무튼 최선을 다해서 신속히 처리하겠습니다.

꽃분 며칠 전에 편지가 왔는데 곧 일선으로 배치될 거라더군요.

어머니 훈련소로 간 지 한 달밖에 안 됐는데두요.

관료 C 일선에서 사상자들이 예상 외로 급증하기 때문에 신병 훈련

기간을 부득이 단축했습니다.

꽃분 일선으로 가기 전에 처리해주세요.

관료 C 최선을 다하겠습니다.

어머니 오오, 장군아 운수 나쁜 장군아, 내 아들아.

꽃분, 엄마를 한 손으로 감싸고 한 손으로는 자기 배에 손을 댄다. 엄마를 부축하며 천천히 퇴장.

관료 C 오장군, 다섯 개의 장군, 다섯 개의 별, 파이브 스타아…. (자기 계급장에 손을 대본다.)

클라리넷…

동쪽 나라 사령관, 오장군, 정보참모, 작전참모, 전속부관

동쪽 나라 사령관실

커다란 상황 지도, 그 앞에서 정보참모가 브리핑 중이다.

정보참모 또한 공중 정찰에 의하여 적의 포병부대들이 일제히 10킬로 이상 전방으로 이동하였음을 확인하였을 뿐 아니라, 방어진지 구축 작업을 중단하고 연일 침투 훈련만을 계속하고 있음을 확인했습니다. 이상의 여러 정보 자료를 종합 판단컨대, 1. 적은 아군이 공세를 취할 능력이 없다는 것을 알고 있음이 확실하며, 2. 적이 일주일 내에 우리를 공격할 것이 확실하며, 3. 적이 공격할 시, 그 주공 방향은 제4군단 전면임이 확실합니다.

사령관 으음, 제4군단 담당 지역이야말로 우리들의 최대 취약 지역임을 적이 알고 있다니.

정보참모 ….

사령관 정보참모, 귀관의 정보 보고에는 적의 사령관이 나보다 훨씬 유능한 정보참모를 거느리고 있다는 사실이 빠져 있다.

정보참모 ….

사령관 작전참모.

작전참모　예.

사령관　(나가서 설명하라고 턱으로 지시)

작전참모　정보참모의 정보 판단대로 적이 반격 작전을 감행할 것이 확실하다면 아군은 B선으로 철수할 것을 건의합니다. B선에서라면 그 유리한 지형상의 이점이 우세해 적의 전력을 크게 상쇄시켜 주리라고 판단합니다.

사령관　현 진출 선에서 방어 작전을 펼 때 아군의 손실은 어느 정도일 것으로 예상하는가.

작전참모　2개 사단이 소모될 것입니다.

사령관　B선에서 현 위치까지 진출하는 데 1개 사단 병력이 소모됐다. 우리가 B선으로 철수했다가 다시 현 위치까지 진출하려면 또다시 1개 사단이 소모될 것이다. 게다가 B선에서 방어를 한데도 또 1개 사단은 소모된다. 그럴 바에는 차라리 현 위치에서 2개 사단을 소모하길 원한다.

작전참모　하지만 B선에서 방어하면 현 진출 선에서보다 훨씬 더 적의 손실을 극대화시킬 수 있는 이점이 있습니다.

사령관　난 한 번도 전선에서 후퇴한 적이 없다. 아니 꼭 한 번 있었지. 지난번 어깨를 부상당했을 때… (어깨를 들썩이고 얼굴을 찡그리면서) 이놈의 어깨 상처는 꼭 암캐의 꼬리 같단 말이야. 자기 이름을 부르기가 무섭게 요사를 떨거든… (단호하게) 현 전선을 고수한다. 지금부터 각급 지휘관에게 후퇴하는 장병을 즉결 처분할 수 있는 권한을 부여한다. 일주일 후면 우리 야전군 산하에 2개 신설 보병사단과 1개 기병연대, 그리고 1개 중포병 여단이 추가된다. 그때까지 우리는 현 위치에서 적의 공격을 견디다가 반격으로 전환한다. 정보참모만 남고 해산.

참모들 나간다. 긴 사이.

사령관 … 적이 공격 작전으로 나오면 우린 일거에 유린당할 거야. 그렇지?

정보참모 ….

사령관 따라서 내 결심은 아주 무모해. 그렇지?

정보참모 ….

사령관 전쟁은 도박이야. 난 지금 도박을 하려는 거야. 도박에선 끗발이 높다구 반드시 이기는 게 아니야. 세 끗밖에 안 쥔 놈이 팔 땡 쥔 놈의 기를 죽이는 수가 있지. (지그시 본다.)

정보참모 사령관 각하께선 역정보 공작을 암시하고 계십니까?

사령관 맞았네. 적이 우리 능력을 과대평가하도록 역정보 공작을 해서 적으로 하여금 공격 계획을 포기하게 하는 거다. 나는 이 역정보 공작의 성공을 전제로 하고 현 전선을 고수하겠다고 결심했던 거야.

정보참모 하지만 역정보 공작이 성공하리라는 보장은….

사령관 성공을 확신하는 것, 승리만을 생각한다는 점에 있어서 도박사와 군인은 서로 닮았지. 더욱이나 이 도박은 밑져야 본전이야. 실패했을 경우에 우리는 단 한 명의 역정보 공작원을 잃을 뿐이지.

정보참모 ….

사령관 … 유능한 정보장교로 하여금 적에게 자연스럽게 붙잡히고 저들이 포로 심문을 할 때 그럴듯한 거짓 정보를 늘어놓게끔 공작을 꾸미게.

정보참모 알았습니다.

사령관 (어깨를 만지면서 턱으로 나가라고 한다.)

정보참모 (나간다.)

사령관 전속부관!

전속부관이 들어온다.

사령관 내 어깨를 주물러줄 병사를 골라봤나?

전속부관 예, 오늘 도착한 신병 가운데에 고릴라처럼 힘이 센 놈이 있었습니다.

사령관 그래! 어서 들여보내게.

전속부관 예. (나간다.)

사령관 (어깨를 주무르며 의자에 앉는다.)

오장군 나타난다. 너무 긴장해서 마치 뻗장다리처럼 걷는다.

오장군 (사령관에게서 멀리 떨어진 곳에 우뚝 서더니 번개같이 손을 올리고 소리를 질러댄다.) 육군 이등병 오장군, 사령관 각하의 어깨를 주물러드리러 왔습니다. (목소리가 갈라져서 무슨 뜻인지 알아들을 수 없다.)

사령관 음, 이름이 뭐랬지?

오장군 오장군입니다.

사령관 오장군?

오장군 옛!

사령관 음. 오장군이라?

오장군 (오해하고) 옛!

사령관 … (싱긋 웃고) 이제부턴 큰소리 지르지 않아도 돼. (어깨를 손짓하며) 부탁하네.

오장군 옛. (뻗장다리 걸음으로 사령관 뒤로 가서 주무르기 시작한다.)

사령관 (대번에 신음 소리를 낸다. 오장군의 손 기운이 너무 센 것이다.) 으음… 고향이 어딘가?

오장군 까치골입니다.

사령관 가족은?

오장군 엄마뿐입니다.

사령관 보고 싶겠군.

오장군 옛. (코를 쿨적 들이마신다. 엄마 생각이 왈칵 난 것이다.)

사령관 아버지는 언제 돌아가셨나?

오장군 제가 세상에 태어난 지 1년하고 닷새 만입니다. (또 코를 쿨적)

사령관 어머님 나이는 몇인가?

오장군 환갑하구 두 살입니다. (목소리가 울먹해진다.)

사령관 군인 정신이 전혀 안 들었군.

오장군 옛.

사령관 (어처구니없다. 사이.) … 군대에 들어온 지가 얼마나 됐지?

오장군 한 달하구 나흘쨉니다.

사령관 어떤가, 군대 생활 해보니.

오장군 ….

사령관 상관이 질문하면 즉시, 명확하게 대답해야 한다.

오장군 … 무, 무섭습니다.

사령관 뭐가?

오장군 다압니다. 무섭지 않은 것은 하나두 없습니다.

사령관 겁쟁이군.

오장군 옛.

사령관 (어처구니없다.)… 너 같은 군인답지 않은 군인은 처음 본다. 그만하고 내 앞에 서봐.

오장군 옛. (사령관 앞으로 가서 선다.)

사령관 (한참 말없이 본다.)

오장군 (부동자세로 잔뜩 긴장한 채 서 있다. 손가락이 긴장을 이기지 못해서 까닥거리고 있다.)

정보참모가 들어온다.

사령관 (오장군에게) 전속부관에게 가 있게.

오장군 옛. (고함) 육군 이등병 오장군 용무 마치고 돌아갑니다. (번개같이 경례를 하고 홱 돌아서—너무 급히 돌아서 균형을 잃고 휘청이며 나간다.)

정보참모 (서류를 내밀며) 역정보 공작에 투입할 장교의 인사 기록입니다.

사령관 (물리치며) 내가 직접 선발했네. 방금 나간 병사에 대해 귀관은 너무 무관심하더군.

정보참모 그 병사를….

사령관 영감을 주는 얼굴이야. 그 얼굴을 보는 동안 난 또 하나의 도박을 생각해냈다. 아니, 이건 도박이랄 수도 없지. 아무리 유능하고 강직한 정보장교를 역정보 공작에 투입한다고 해도 위험률은 매우 높다. 적의 정보장교들도 바보는 아닐 테니까. … 그 병사로 하여금 자신이 역정보 공작에 이용되고 있다는 것을 전혀 모르는 채 적에게 포로가 되도록 꾸미는 거야. 이제부터 참모회의 때마다 그 병사는 내 어깨를 주무르면서 나와 함께 브리핑을 받게 된다. 물론 그 브리핑 내용은 모두 거짓이지. 그 거짓 브리핑 내용은 그 병사가 적에게 포로가 되었을 때 고스란히 적에게 제공되는 거야. (정보참모를 지그시 본다.)

클라리넷…

성순표, 오지선, 차영수

몸을 잔뜩 웅크린 채 자고 있는 성순표. 갑자기 요란한 자명종 소리에 잠을 깬다. 그는 매우 중요한 날 그러는 것처럼 침대에서 발딱 일어나 앉는다. 무늬 없는 흰 면 티셔츠에 고동색 트레이닝복을 입고 있다. 자명종 시계를 들어 시간을 확인하고 나서 곧 거울 앞으로 가 서는 성순표. 머리를 대충 매만지고 칫솔에 치약을 짠다. 그는 양치질을 하면서 침대로 기어 올라가 창밖을 내다본다. 누군가를 기다리는 듯 먼 곳을 쳐다볼 때는 몸을 창밖으로 쭈욱 빼기까지 한다. 이윽고 포기한 듯 침대에서 내려와 철문을 열고 밖으로 나가는 성순표. 창밖으로 자동차 지나가는 소리, 경적 소리, 놀란 비둘기들이 푸드득거리며 날아가는 소리 등이 들린다. 잠시 후 양치질을 끝낸 성순표가 들어온다. 그는 칫솔을 상자 위에 내려놓고 못에 걸린 셔츠를 꺼내 입는다. 하나하나 단추를 채워가는 모습이 매우 정성스럽다. 셔츠 단추를 모두 잠근 후 바지를 반쯤 내렸을 때 육중한 철문이 쿵 소리를 내며 열린다. 화들짝 놀라는 성순표. 오지선이 들어선다.

오지선 아저씨!

성순표 아이구, 깜짝이야. (급하게 바지를 올리며) 다 큰 처녀가 총각 방 들어옴서 노크도 안 혀는 겨?

오지선 옷 갈아입고 계셨어요?

성순표 봤음서 기양 섰기는….

오지선 어쩐 일로 오늘은 일찍 일어나셨네요.

성순표 일 나가는 날이니깨 그렇지.

오지선 어머! 그럼 오늘 방송국 나가세요?

성순표 그려. 그러니께 방해하지 말고 내려가 있어.

오지선 뭔데요? 어떤 역인데요? 드라마게임이에요? 아니면 베스트 극장? 그것도 아니면 설마…. 어머머! 아저씨 드디어 연속극 따냈나 부다!

성순표 아녀.

오지선 칫! 그럼요? 그럼 대사는 있는 역이에요?

성순표 난 대사 없는 역은 절대로 안 햐.

오지선 그럼 뭐해. 난 한 번도 못 봤는데. (담배를 꺼내 문다. 침대에 걸터앉아 다리를 까딱거리며) 아저씨 혹시 거짓말하는 거 아니에요? 어떻게 한 번도 못 봤지? 내가 이래봬도 리모컨의 여왕인데. 어느 프로에 누가 나온다, 어떤 드라마는 무슨 내용이다, 귀신같이 다 알아요. 맞다! 교육방송은 절대 안 본다! 아저씨 혹시 교육방송 출연해요?

성순표 교육적인 프로인 거는 확실허지만 교육방송은 아녀. 더 엄밀히 말허자면 교양적인 프로라고 헐 수 있지.

오지선 그럼 뭐예요? 맨날 그렇게 슬슬 돌려서 말하지만 말고 무슨 프로에 나온다, 어떤 드라마에 어떤 역으로 나온다, 확실하게 밝히시란 말이에요.

성순표 니가 열심히, 지금보담도 더 열심히 보기만 허면 언젠가는 저절로 알게 될껴.

오지선 답답해 죽겠네.

성순표 인저 그만 나가. 너랑 노가리 풀고 있을 시간 없으니께. 너 여기 올라와서 담배 피고 있는 거 사장님 아시면 가만 안 두실 껴.

오지선 (껌을 꺼내 씹으며) 으이그~ 우리 사장님 별난 거 알아줘야 된다니까. 내가 삼류 극장 매표원이지 일류대 여대생이라도 되나? 왜 남 담배 피는 거까지 간섭하고 난리야.

성순표 좋은 어른이시라 그렇지.

오지선 아~ 좋은 어른이라서 맨날 남의 엉덩이나 슬쩍 만지는구나.

성순표 뭐여? 그놈이 니 엉덩이를 만졌어? 너, 그걸 가만있었냐?

오지선 흥분하시긴….

성순표 (당황하며) 좋은 어른인 줄 알았는디 못쓰겄네. 어디 딸 겉은 미쓰 오헌티….

오지선 암튼 이놈의 지긋지긋한 삼류 극장을 떠나든지 해야지… 아저씨! 오늘 피디 아저씨 만나면 내 얘기 좀 해줄래요? 내가 키가 좀 작아서 그렇지, 이 정도면 얼굴도 괜찮고 몸매도 받쳐주잖아요. 사실 텔레비 나오는 애들 실제로 보면 나보다도 쪼끄맣다면서요. 아저씨는 방송국 다니니까 자주 봤을 거 아니에요.

성순표 시끄려. 내려가서 청소나 혀. 괜히 사장님한테 들켜서 혼구녕나지 말고.

오지선 여기가 내 흡연실인 건 죽었다 깨나도 모를 텐데요, 뭐. 아저씨, 장동건도 본 적이 있어요? 정말 잘생겼지요?

성순표 바쁘다니께 그러고 섰네.

오지선 알았어요. 내려가려고 그랬단 말이에요. (일어선다.) 대신 이따 저녁 때 오늘 촬영한 얘기 꼭 해줘야 돼요.

이때 문이 열리고 차영수가 들어온다. 사십 대 후반의 마르고 왜소한 체격의 남자다. 오지선을 보자 다소 놀라는 표정. 성순표 역시 당황한다.

성순표　　아이고, 선상님이 여긴 왠일이시래유?

차영수　　(대답은 않고 오지선을 아래, 위로 훑어본다.)

성순표　　안 나갈껴? 어여 나가.

오지선　　알았어요. (차영수를 훔쳐보며) 근데 어쩐 일로 손님이 다 찾아오셨어요? 그것도 이렇게 이른 시간에. 제가 커피라도 한 잔 뽑아다 드릴까요?

성순표　　됐어. 필요하면 내가 뽑아다 마실 테니깨 어여 내려가.

오지선　　이상하네. 그럼 이따 또 봐요, 아저씨. (나가려다 다시 돌아본다.) 혹시…

성순표　　(억지로 밀치며) 빨리 못 나가!

오지선　　알았어요. 아프니까 밀지 마요.

오지선은 퇴장하고 성순표는 문 앞을 서성이며 어쩔 줄 모른다. 차영수, 못마땅한 표정으로 성순표를 잠시 노려보다가 방 안 이곳저곳을 살피기 시작한다. 쌓아놓은 간판 더미를 들춰보거나 삐걱거리는 침대를 발로 툭 차다가 창문을 발견하자 다가가 밖을 내려다본다.

차영수　　아이구… 생각보다 아찔한데?

성순표　　어떻게 이 누추한 디를… (침대 위를 정리하며) 이짝으로 좀 앉으셔유. 보시다시피 변변한 의자도 하나 없네유.

차영수　　(창 밖을 내다본 채) 그 아가씬 누구야?

성순표　　예? 누구 말여유?

차영수　　이 사람이… 방금 여기 있다 나간 그 쥐방울만 한 애 말이야.

성순표　　아… 미쓰 오유? 여기 극장 매표소에 있는 아가씨여유.

차영수　　근데 여긴 왜 올라와 있어? 내가 사람들 가까이하지 말라고 했을 텐데.

성순표 지가 오라고 한 게 아니구유… 담배 필라고 가끔 올라오고 그러는디, 그러지 말라고 아무리 타일러도 글씨 말을 들어먹어야지유.

차영수 쯧쯧쯧…. 특히 여자는 더 조심해야 돼. 자고로 여자들이란 찰거머리처럼 붙어서 꼬치꼬치 캐물어야 직성이 풀리는 족속들이니까.

성순표 맞아유, 선상님 찰거머리가 따로 없다니깨유.

차영수 뭐?! 그럼 벌써 낌새를 챘단 말이야?

성순표 아니유! 절대 아녀유. 지는 입 꾹 다물고 암 말두 안 했구먼유.

차영수 앞으로는 드나들지 못하도록 단단히 일러! 괜히 꼬리라도 잡히면 골치 아프니까.

성순표 예….

차영수 (방 안을 휘이 둘러보며) 여기서 얼마나 지냈나?

성순표 예? 서울서유?

차영수 이 창고에서.

성순표 아… 이 창고에서유…. 그게 그러니깨 작년 장마철이었으니깨 팔월달, (손가락으로 헤아린다.) 구월, 시월, 십일월….

차영수 일 년 좀 넘겠군.

성순표 예. 아마….

차영수 그럼 아까 그 쥐방울만 한 애도 일 년 넘게 드나든 거야?

성순표 아녀유! 걘 여기 다닌 지 몇 개월 안 됐구먼유.

차영수 사장은?

성순표 예?

차영수 여기 극장 사장 말이야.

성순표 사장님은 쭈욱 사장님이었는디유.

차영수 가깝게 지내느냐구?

성순표 아녀유! 그럴 리가 있나유? 그저 왔다 갔다 허다가 인사나 좀 허구…. 한 달에 한 번씩 방세 받으러 올라오고 그러지유.

차영수 여기까지 올라와서 방세를 받아가나?

성순표 그럴 때도 있고, 밑에서 만날 땐 그냥 지가 갖다 드릴 때도 있구유.

차영수 방세는 언제 내는데?

성순표 매달 말일날유.

차영수 그럼 이번 달엔 올라오기 전에 미리 갖다 줘.

성순표 예…. 근데 뭣 땜시….

이때 누군가 철문을 두드린다.

차영수 누구야?

성순표 글씨유…. 올라올 사람이 없는디…. 오늘따라 무신 일이랴?

한 번 더 두드리는 소리. 대답을 기다리지도 않고 문이 벌컥 열린다. 오지선이 들어선다. 입술에 빨간 립스틱을 짙게 바르고 쟁반을 들었다.

오지선 노크를 하면 빨리빨리 열어줘야죠. 쟁반 들고 이 무거운 철문 열기가 얼마나 힘든 줄 아세요?

성순표 넌 또 왜 올라왔냐?

오지선 손님이 오셨는데 그냥 있기가 미안하잖아요. 아저씨 손님은 자주 오는 것도 아닌데. (종이컵을 차영수에게 내밀며) 커피 드세요. 취향이 어떠신지 몰라서 그냥 밀크 커피로 뽑았어요.

차영수 (마지못해 잔을 든다.)

오지선 우리 사장님이 대빵 짠돌이라서 커피 맛이 싱겁거든요. 그래서 숨겨놓고 저만 먹는 커피를 더 탔어요. 아마 맛있을 거예요. 어서 드세요.

성순표 그려. 고마우니께 그만 내려가 있어.

오지선 (성순표에게) 아저씨도 마셔봐요. 평소 먹는 설거지물 같은 커피랑은 차원이 다를 테니까.

성순표 너, 오늘따라 왜 그러는겨? 손님도 기신디 소리 지르게 할겨?

오지선 근데 아저씨 뭐 하는 분이세요? 혹시 방송….

성순표 (급하게 오지선의 입을 틀어막으며) 나중에 애기허자. 지발 내려가 있어!

오지선 손 치워요! 립스틱 다 지워지겠네. 오늘따라 왜 이래요? 수상하게스리.

차영수 (종이컵을 구기며) 잘 마셨어. 아가씨.

오지선 뭘요. 커피 정도야 얼마든지 뽑아드릴 수 있어요. 그보다도….

성순표 (버럭) 빨리 못 내려가!

오지선 치사해서 정말! 알았어요. 간다구요! (나가며) 커피 값만 괜히 날렸네!

오지선 씩씩거리며 '쾅' 소리 나게 문을 닫고 나간다. 성순표는 얼굴이 벌겋게 달아오른 채 어쩔 줄 몰라 하며 서 있다.

성순표, 차영수

차영수 두 번 말하지 않게 알아서 해.

성순표 예….

차영수 그럼 나도 바쁘니까 용건으로 들어가지.

성순표 용건이유?

차영수 내가 한가해서 자네 어떻게 사나 구경하러 온 줄 알아?

성순표 그건 그렇지만서두….

차영수 도대체 연락이 돼야 말이지. 이건 답답해서 원…. 이번 일 끝나면 더 바빠질 테니까 당장 전화부터 한 대 놔.

성순표 이번 일이라니유? 오늘 찍을….

차영수 아 참! 오늘 촬영은 취소됐어. 다른 사람 시키기로 했으니까 그렇게 알고 오늘은 나올 거 없어.

성순표 아니 왜유? 대사도 다 외웠고 잠도 안 자고 열심히 연습했는디. 지 연기가 부족했다면 선상님께서 조금 더 지도를 해주시고….

차영수 그게 아니라 오늘 건 쉬운 연기니까 새로 시작한 촌놈한테 맡기기로 했단 말이야.

성순표 아무리 그려도… 지가 일주일이나 연습한 건디….

차영수 그렇게 서운해할 거 없어. 이번에 큰 거 하나 맡기려고 일부러 뺀 거니까.

성순표 큰 거유?

차영수 특집이야. 100회 특집.

성순표 100회 특집…. 특집이면….

차영수 축하해.

성순표 시방 그게 참말이여유?… 참말이여유, 선상님?

차영수 자네가 제일 베테랑이 아닌가. 게다가 이번 배역하고 분위기도 잘 맞아 떨어지는 거 같구. 그래서 특별히 자넬 지목했지.

성순표 (볼살을 꼬집으며) 이게 꿈이랴, 생시랴? 고맙구먼유, 고맙구먼유, 선상님!

차영수 방송은 다음 달 말이지만 특집이다 보니까 사전에 치밀한 구성도 필요하고 말이야, 그래서 일부러 찾아왔어.

성순표 예, 예. 고맙구먼유, 선상님. 그럼 한 달 동안 열심히 훌륭한 연기를 보여드리겠구먼유.

차영수 그래. 자네라면 충분히 해낼 거야.

성순표 근디 어떤 역이어유? 사기꾼이어유? 제비여유?

차영수 이번엔 대사 몇 마디로 휙 끝나버리는 단역을 시키려는 게 아니라 특집 프로 내내 자네한테 집중적으로 포커스를 맞출 생각이야.

성순표 예? 그럼 지가 드디어….

차영수 그래! 주인공이 되는 거야. 주인공!

성순표 지가 참말로…. (팔소매로 콧물을 훔치며) 시골에 계신 엄니한테 전화부터 드려야겠네유.

차영수 무슨 소리야?

성순표 드디어 주인공으로 발탁됐으니께 엄니께서 월매나 좋아하시겄어요?

차영수 그럼 지금까지 일을 죄다 말씀드렸단 말이야?

성순표 아니유! 엄니는 기양 지가 배우라는 것만 아시지 다른 건 하나도 모르셔유. 게다가 눈이 가물가물하셔서 테레비도 제대로 못 보시는디유.

차영수 조심하라구. 가족들한테도 극비 사항이니까. 알았어?

성순표 예….

차영수 이번에 해야 할 역이 얼마나 중요한 건지 알아? 그 어느 때보다도 정신 바짝 차리고 조심하지 않으면 큰일 난다 이거야.

성순표 그건 걱정 마시고, 어떤 역인지만 말씀해주셔유. 그래야 지금부터 공부를 허지유.

차영수 '자살하는 사람들.'

성순표 예?

차영수 특집 프로 타이틀이야.

성순표 그럼 지가 맡은 역은 자살하는 사람이겄네유?

차영수 두말하면 잔소리지. (방을 훑어보며) 이 방을 무대로 쓰자고. 어딘지 으시시한 맛이 있잖아? 전에 한두 사람 목을 맸을 만도 해. 한 남자가 전깃줄에 매달린 채 발버둥친다. 죽어가며 갑자기 삶에 대한 욕구가 뻗쳐 나오는 그 남자의 표정. 그러나 이미 때는 늦었고 그의 발버둥이 점점 약해지는 거야. 그러다 어느 순간 멈추는 거지. 고요함 속에 움직임을 멈춘 사지가 흔들거린다. 으아~ 소름이 끼치는군.

성순표 그만하셔유, 선상님.

차영수 겁내긴. 분위기가 그렇다는 것뿐인데. 사실 목을 매다는 게 제일 쇼킹하긴 해. 전에 왜, 오대양사건 기억나? 그때 사람들이 천장에 단체로 죽어 자빠져 있는 장면이 테레비로 막 나갔잖아. 몇 개 방송 데미지를 먹긴 했지만 그때를 기억하는 시청자들은 그런 쇼킹한 장면 다시 없나 하고 굶주린 사냥개처럼 채널을 이리저리 돌려대거든. 원래 시청자들의 심리라는 게 그래. 심의 규정을 지키지 않는 프로일수록 인기는 높아진다 이거야.

성순표 예….

차영수 인기를 위해서는 데미지를 먹는 한이 있더라도 쇼킹한 걸 보여줘야 된다구. 그런데 아쉽게도 목을 매다는 건 아무래도 한계가 있어. 화면 처리를 아무리 뿌옇게 하더라도 어딘지 어설프게 보이거든. 근데 이 방에 딱 들어와 보니까 꼭 목을 매달지 않더라도 분위기가 벌써 쭈악 깔려. 으시시하고 어두컴컴한 데다 낡아빠진 창문도 아주 근사하고 말이야. 게다가 5층짜리 건물 위의 창고라…. 아주 좋아. 적당히 아찔하구. 뛰어내리기엔 안성맞춤이지.

성순표 예?! 그럼 지가?

차영수 아, 물론 연기만 하라는 거야. 진짜 뛰어내렸다가 큰일 나게?

성순표 하지만 그걸 지가 워떻게….

차영수 (창가로 성순표를 끌고 가서 창문틀 밑을 가리킨다.) 저기 간판 걸림대 보이지? 꽤 튼튼해 보이는데. 자넨 이 창 밖으로 떨어지는 척만 하고 저 걸림대에 매달려 있으면 돼. 잠깐이니까 버틸 수 있겠지, 뭐. (성순표의 걱정스러운 표정을 보자) 걱정 마. 안전장치 해놓으면 절대 아무 일도 없을 거야.

성순표 예… 허지만 여지껏 했던 연기하고는 다른 데가 있어서….

차영수 그렇지. 말 잘했어. 이번 작품은 지금까지 했던 시시한 대역하고는 천지 차이야.

성순표 그런 걸 지가 어떻게….

차영수 살면서 자살하고 싶다는 생각 해본 적 한 번도 없나? 인간이라면 누구나 그런 걸 생각할 때가 있잖아. 예를 들면 실연을 당했다거나, 혹은 보증을 잘못 서서 집을 날렸다거나 어쨌든 궁지에 몰렸다는 느낌이 들 때 말이야. 이런 경우는 죽는 게 사는 것보다 낫다고 생각하는 케이스지. 근데 가끔 명예를 위해 죽는 경우도 있긴 있어. 예를 들어 자기의 결백을 주장하기 위해 자살을 한다든지, 아니면 의리를 위해 끝까지 입을 다물겠다는 뜻으로 할복하는 경우도 있잖아. 물론 요즘이 일제시대도 아니고 그런 이유로 할복까지 하는 미친놈이야 없지. 어쨌든 그런 사람들의 심리를 잘 생각해보라구. 그리고 자네가 한 번이라도 죽고 싶다는 생각을 해본 적이 있거든 그때를 돌이켜봐. 아니지. 아예 자살을 결심해봐. 막판에 맘이 변한다고 치고 일단은 진짜 자살을 결심한 사람처럼 행동해보라구. 삶을 정리하기도 할 거구, 뭔가 흔적을 남기려고 할 거 아니야.

성순표 자살… 결심이유….

차영수 우선 체중 조절부터 좀 해야겠구만. 자살하려는 사람답게 고통에 찌든 그런 얼굴을 연출해봐야 될 거 아니야. 그렇게 펑퍼짐하고 번들거려서야 어디 실감이 나겠어? 자네 로버트 드니로 좋아하지? 그 사람이 '레이징 불' 이라는 영화에서 몇 킬로를 뺐다 늘렸다 한 줄 알아? 무려 이십 킬로야. 이십 킬로!

성순표 허지만 지는 별로 안 먹어도 살이 찌는 체질이 돼놔서…

차영수 누가 이십 킬로씩 빼래? 그냥 적당히 동정심이 우러나올 정도로만 빼란 말이야.

성순표 예….

차영수 며칠 있다 사람 보내서 카메라 설치하라고 할게.

성순표 카메라유?

차영수 (창문을 가리키며) 저기 창문 쪽을 비추는 게 좋겠어. 아주 쓸쓸한 느낌이 드는 게 죽기엔 아주 안성맞춤이네. 침대를 중심으로 연기를 펼쳐보라구. 밑을 내려다보면서 아찔하다는 표정을 짓는다든지, 다리 한쪽을 밖으로 빼본다든지 하는 거 말야. 한두 번 시도했다가 망설이고, 망설이는 그런 거 있잖아.

성순표 그럼 카메라맨이 자살하는 걸 말리지도 않고 계속 찍어유?

차영수 그러니까 자네 혼자 작동하고 혼자 찍어야지. 그래야 시청자들도 의심을 안 할 거고. 들어봐. 자살하는 사람들한테는 공통적인 몇 가지 특징이 있어. 그중 가장 큰 특징은 흔적을 남기려고 한다는 점이야. 유서든 육성테이프든 뭐든지 간에. 그러니까 가정용 홈비디오로 촬영한 테이프라면 전혀 의심을 사지 않을 수 있다 그거지.

성순표 예….

차영수 실제로 취재 중에 만난 어떤 여편네도 남편이 비디오테이프를 남겼다고 하더라구. 이게 웬 횡재냐 싶어서 좀 보여달라니까 자살한 게 무슨 자랑이라고 그걸 동네방네 보여주냐며 소리를 고래고래 지르잖아? 무식한 여편네! 그것만 손에 넣으면 정말 대히트를 칠 텐데 말야. 하지만 그렇다고 해서 포기할 내가 아니지. 나야 뭐든지 만들어낼 수 있으니까.

성순표 그러니깨 우리가 그걸…

차영수 그렇지. 나한테는 천재적인 대역배우인 자네가 있잖아. 우리 마지막이라는 생각으로 혼신을 다해보자구. 이번 작품의 성패에 자네 목숨이 달렸다고 생각해야 돼. 알았어?

성순표 예! (갑자기 울적해지며) 근디 그럼 뭐해유.

차영수 (성순표의 표정을 살피며) 왜?

성순표 지는 인저 얼굴 안 나오는 역은 안 할래유.

차영수 얼굴 안 보여서? 그게 그렇게 중요하나? 얼굴이 나오고 안 나오고는 나중 문제야. 오히려 얼굴이 나오는 것보다…

성순표 지는 인저 얼굴 안 나오는 역은 안 할래유.

차영수 좋아. 이번 특집 잘만 끝내면 드라마 피디 소개시켜줄게.

성순표 정말유?

차영수 이래봬도 내가 자네 매니저 아닌가. 자네 일은 더 잘 알아서 한다구. 얘기 다 해놨으니까 벌써 된 거나 마찬가지야.

성순표 정말이지유? 지가 드디어 드라마로 데뷔하는 거지유?

차영수 흥분은 나중에 하고 이번 일부터 신경 써. (가방에서 대본을 꺼내 건네며) 이게 대본이야. 아직 완성된 건 아니지만 일단 분위기부터 파악하라고 가져왔어. 사업 실패로 자살한 어떤 30대 남자의 유서를 기초로 해서 우리 구성 작가가 그럴싸하게 손질 좀 했지. 거기다 살을 붙이는 건 자네가 할 몫이야. 진짜 죽음을 결심하는 건 자네니까.

성순표 예!

차영수 며칠 있다가 미스타 리가 카메라 설치하러 올 거야. 나도 조만간 다시 들르지.

성순표 한번 열심히 해보겠구먼유.

차영수 그럼 난 이만 방송국으로 가봐야겠네. 참! (주머니에서 접은 신문을 꺼내 성순표에게 준다.) 자네 이거 모으지?

성순표 뭔디유?

차영수 신문에서 오려 왔어. 자네 주려고. 지난번 '성추행' 프로 때

시청률이 또 3%나 올랐대.

성순표 정말유?

차영수 다 자네 덕분이야. 그 리얼한 연기 덕을 본 거니까. 지하철 성추행 충격 고백! 특히 죄의식이라곤 눈꼽만큼도 없어 보이는 그 뻔뻔스러운 말투 말이야. 아주 일품이었거든! 시청자들이 어찌나 분개했는지 그놈 얼굴을 공개하라고 방송국에 전화까지 걸고, 아주 난리가 났었어. 자네 별명이 뭔 줄 아나? 낄낄… 1호선 변태야. 1호선 변태. 낄낄….

성순표 (따라 웃는다.)

차영수 자넨 정말 대단한 배우야. 타고난 배우. 1호선 변태라니…. 낄낄 ….

성순표 예. 고맙습니다. 선상님.

차영수 고맙긴. 기사 읽어봐 자네 얘기도 있으니까. 성추행범에 대한 법적인 규제를 더 강화한다나? 우리 '현장증언' 이 일으키는 사회적인 파문을 좀 보라구. 덕분에 내 인기도, 내 몸값도 점점 더 하늘을 찌를 듯하고 말이야. 아! 물론 자네만 한 인기를 누리려면 아직 멀었지만. 1호선 변태!

성순표 과찬이시지유…

차영수 이번에도 기대하겠어.

성순표 예, 선상님. 최선을 다해보겄습니다.

차영수 그럼 난 바빠서 이만 가보겠네. 1호선 변태. 낄낄…

차영수는 서둘러 나가고, 성순표 계속 인사를 한다. 잠시 멍하니 서 있는 성순표. 신문을 펼쳐 읽으며 점점 흥분한다.

성순표 엄니! 지가 드디어 주연배우가 됐구먼요! 하느님, 부처님 감사합니다.

계단을 뛰어 올라오는 소리와 함께 오지선이 '아저씨' 하고 부르는 소리가 들린다.

얼른 신문을 침대 밑 상자 속에 넣는 성순표.

암전

〈날 보러 와요—영화 '살인의 추억' 원작〉중에서…① 김광림 作

이영철 용의자, 김우철 친구, 조 형사, 김 형사, 김 반장

취조실

김 형사와 조 형사가 범인 옆에 서 있다. 범인은 의자에 앉아 있고 반장은 한쪽 구석 의자에 앉아 심문 과정을 지켜보고 있다. 작은 탁자 위에 증거물로 우산과 손톱깎이 칼이 놓여 있다.

조 형사 너 이 우산 본 적 있지?

이영철 네, 그때 그 여자가 쓰고 가던 우산이에요.

조 형사 이 칼은 어디서 난 거지?

이영철 그 여자 가방에서 꺼냈어요.

조 형사 그래서?

이영철 후벼 팠지요.

조 형사 뭘 후벼 파?

이영철 콧구멍을요.

조 형사 (범인을 후려 패며) 이 새끼 장난칠래?

이영철 그 여자 거기를 후벼 팠어요.

조 형사 그리구?

이영철 냄새를 맡았어요. 코에다 대고 이렇게.

조 형사 미친놈! 너 혈액형이 뭐야?

이영철　BA형이요.

조 형사　(한 대 쥐어박으며) 무슨 형?

이영철　AB형이요.

김 형사　범행을 저지르고 나서 뭘 했어?

이영철　바다로 갔어요.

김 형사　뭘 타고?

이영철　걸어서요.

김 형사　걸어서 가?

이영철　아니, 막 뛰어갔어요.

김 형사　얼마나 걸렸어?

이영철　시간은 몰라요.

김 형사　어느 길로 갔어?

이영철　어느 길인지 몰라요. 산으로 들로 막 뛰어갔어요. 가다 보니까 바다가 나오데요.

김 형사　그 밤에 산으로 들로 뛰어서 어떻게 바다까지 가나? 너 왜 거짓말하는 거지?

이영철　거짓말 아니에요.

조 형사　왜 이래, 김 형사!

김 형사　그래, 바다 가서 뭘 했어?

이영철　누워서 생각해봤어요.

김 형사　누워? 바닷가에?

이영철　네.

김 형사　춥지 않았어?

조 형사　별걱정을 다하네. 씨팔.

김 형사　그날 비가 와서 바닷가가 축축했어. 기온은 영상 5도. 바람이 강하게 불었는데 새벽에 바닷가에 누워?

이영철 네.

김 형사 너 거짓말해봤자 나중에 다 탄로나.

조 형사 (김 형사를 밀치며) 넌 좀 빠져. 자식이 완전 푼수로 놀아요….

김 형사 이놈이 말도 안 되는 소리를 하고 있잖아.

김 반장 (못마땅하게) 김 형사!

조 형사 (이영철을 한 대 때리며) 똑바로 앉아 이 새꺄! 너 지금까지 거짓말했어?

이영철 아니에요. 거짓말 안 했어요.

조 형사 그래, 바닷가에 누워서 무슨 생각 했어?

이영철 그 여자.

조 형사 그 여자 뭐?

이영철 거기를 떠올려 봤지요. 처음엔 달콤했는데 점점 싫어졌어요. 냄새가 역겨워져서 칼로 막 찔렀지요.

조 형사 누굴 칼로 찔러?

이영철 그 여자를요.

조 형사 그 여자가 어딨는데?

이영철 바닷가에서.

조 형사 (다시 한 대 후려치며) 정신 차려, 새끼야? 누굴 칼로 찔렀어?

이영철 어디서요?

조 형사 바닷가에서 말야, 새꺄.

이영철 바닷가에선 혼자 있었어요. 아무도 해치지 않았어요.

조 형사 조금 전에 바닷가에서 그 여잘 찔렀다고 했잖아?

이영철 아, 그건 그냥 그런 생각을 했다는 거죠.

조 형사 이 새끼가 이거… 좋아, 그리고 나선 뭘 했어?

이영철 그냥 앉아 있었는데 얼마 있으니까 산 쪽에서 해가 떴어요. 햇살이 물에 어른거렸어요. 그 여자 모습이 물 위로 비쳤어요. 그 여자가 불쌍해지데요. 가슴이 아려왔어요. 눈물이 나데요. 그래서 막 울었어요.

조 형사 이 새끼, 누구 닮았나? 시 쓰지 말구 그냥 말로 해, 이 개새끼야! (사이) 그래, 언제까지 거기 있었어?

이영철 저녁때까지요.

조 형사 누굴 만났어?

이영철 아무도 안 만났어요.

조 형사 바닷가에 하루 종일 아무도 없었단 말이야?

이영철 사람들이 있었던 것 같은데… 누군지는 몰라요.

조 형사 하루 종일 바닷가에서 뭘 했어?

이영철 물수제비 놀이도 하고 노래도 부르고…

조 형사 이 새끼, 사람 죽여놓고 노래가 나와?

이영철 너무 슬프니까 또 노래가 되데요. 아—아—아—

조 형사 시끄러, 이 새끼야! 또 뭐 했어?

이영철 그러다 보니까 해가 지더라구요. 바다가 붉은 황금빛으로 물드는데…

조 형사 (이영철을 후려치며) 시 쓰지 말구!

이영철 그래서 춥기도 하고 배도 고프고 그래서 친구네 집에 갔어요.

조 형사 친구 누구?

이영철 우철.

조 형사 우철이네 집이 어딘데?

이영철 오산.

조 형사 뭐 타고 갔어?

이영철　걸어… 아니 막 뛰어갔어요.

김 형사　거기서 오산까지 뛰어가? 너 왜 장난치지?

조 형사　(김 형사에게) 넌 좀 빠지란 말이야, 이 새끼야!

김 반장　됐어. 그만 내보내!

조 형사　일어나!

김 반장　그 친구놈 들어오라구 해.

조 형사　(이영철을 내보내며 바깥에다 소리친다.) 김우철이 들여보내!

김우철이 들어와 의자에 앉는다.

조 형사　너 엉뚱한 소리 했다간 나중에 깜빵 가는 거 알지?

김우철　야!

조 형사　4월 3일, 꼭 일주일 전이네. 그날 밤에 이영철이가 찾아왔지?

김우철　야.

조 형사　이영철이하곤 어떤 사이야?

김우철　초등학교 동창인디유.

조 형사　친했어?

김우철　초등학교 때는유.

조 형사　지금은 안 친해?

김우철　야.

조 형사　왜?

김우철　자식이 사춘기 지나면서 이상해지더라구유.

조 형사　뭐가?

김우철　자식이 이상한 그림이나 보면서 좋아하고 기지배들 치마 들추다 동네에서 몰매나 맞구… 글구유 짜식이 어렸을 때부터 워낙 손버릇이 안 좋았슈…

조 형사　뭘 훔쳤나?

김우철　처녀 애들 빤쓰 훔치는 데는 아주 도가 텄구유, 부라자, 속치마 하여튼 여자들 꺼는 가리지 않고 훔쳐유. 짜식 방 안에 여자 빤쓰만 라면 상자루 열 상자가 넘어요. 거기다가 이상한 책 열 상자. 짜식 방에 가보면요, 라면 상자로 꽉 차 있어유. 글구유 자식이 글씨, 쓰레기통 뒤져갔구 쓰다 버린 생리대 수집하는 게 취미유. 그 추접은 자식이 말여유. 그걸 코에다 대고 킁킁거리면서 좋다구 지랄 염병을 떠는디…

조 형사　그래, 그날 밤 얘기 해봐.

김우철　야. 그러니께 그날 밤… 근디유, 지는 아무것도 몰랐슈, 참말로요. 짜식이 오밤중에 창문을 두드리면서 하룻밤만 재워달라고 하드라구유. 안 된다고 그랬쥬. 그런디도 사정사정을 하드라구유.

조 형사　그래서?

김우철　또 병원에서 도망질 했는 개비다 했쥬. 하두 불쌍해 보이길래 좀 추접긴 하지만 내가 참아야지 하면서 들어오라고 그랬슈.

조 형사　그래서?

김우철　옷이 완전히 젖어갖구 물이 뚝뚝 떨어지드라구유. 벗어서 말리라구 그랬쥬. 빤스 하나만 냄기고 옷을 다 벗었슈. 배고프다고 라면을 끓여달래요, 그 오밤중에 말예유. 그래서 엄마 몰래 라면 끓여다가 김치하고 해서 줬슈. 계란까지 풀어서 말여유. 나 참!

조 형사　그래서?

김우철　아 짜식이 국물 한 숟갈 안 남기구 완전히 작살을 내더니 떡하니 드러누워서 한다는 소리가 지가 사람을 죽였다나요?

조 형사 그래서?

김우철 근디유 저는 농담인 줄 알았쥬. 참말로요. 근디도 올깍질 나는 소리만 하더라구유.

조 형사 무슨 소리?

김우철 그러니까… 아, 다 아시잖아요?

조 형사 몰라. 니 입으로 말해.

김우철 아, 참… (조 형사, 위협한다.) 알았슈. 그러니까 아 짜식이 말이에요 여자를 죽여갖곤 그러니까 거시기를 숟가락인가 뭔가로…

조 형사 손톱깎이지?

김우철 아, 네. 손톱깎이유. 그걸로 후벼 파서는 냄새를 맡았더니 오르가즘이 와가지고는 딸딸이를 치고 어쩌고 하면서 개지랄을 떠는데 저는 하도 추접어서 귀 틀어막고 듣지도 않았어요. 장난치는 줄 알았대니께요. 지는.

조 형사 그래서?

김우철 그래서… 추접은 소리 하지 말고 자빠져 자라고 그랬죠. 저도 귀 틀어막고 있다가 갠신히 잠들었쥬. 그런데 새벽에 무슨 소리가 나서 깨보니까 아 짜식이 훌쩍거리면서 울고 있드라구유? 너 왜 그냐 하니까 그 여자가 불쌍하대남유? 아, 이 미친 놈이 그러면서 딸딸이를 치는 거예유. 남의 이부자리 위에서… 이 추접은 놈이 말이에유. 더러워서 참을 수가 있어야쥬. 귀빵맹이를 한 대 후려쳤쥬. 그런데도 계속 울면서 용두질을 해대는 거예유. 어떻게 해볼 수가 없드라구유. 그래서 생각다 못해 그랬쥬. 너 붙잡히면 사형이니께 빨리 도망가라고. 지두 순전히 장난으로 말이에유.

조 형사 그래서?

김우철 그래서 아, 제가 사형이다 그랬더니 짜식이 용두질을 멈추면서 안색이 바뀌데요. 그러면서 가겠다고 그러는 거여유. 지는 얼싸 잘됐다 싶어 어서 가보라고 했쥬. 그것이 그 날 밤 일어난 일의 전부유. 지는 그놈이 범인이라고는 꿈에도 생각 못 했슈. 짜식이 말이유… 정말 나쁜 놈이유. 그런 놈은 내 친구도 아니에유.

조 형사 너 솔직히 말해. 이영철이가 범인인 줄 알면서 숨겨주고 도망시켜줬지?

김우철 아유, 참말로 아니에유. 아 제가 미쳤슈? 그런 추접은 놈을. 짜식이 범인인 줄 알았으면 당장에 메가지 잡아서 파출소로 끌고 갔쥬.

조 형사 짜식 이거… 너 한번 거꾸로 매달려볼래?

김우철 아니, 참말로 지는…

김 반장 됐어 조 형사! 그만 내보내.

조 형사 너 우리 반장님 덕분에 살은 줄 알어. 너 법정에서 오늘 한 말 그대로 진술할 수 있어?

김우철 아, 여부가 있겄슈.

조 형사 다시 부를 테니까 가서 기다려.

김우철 퇴장.

조 형사 조서 꾸며서 검찰로 송치할까요?

김 형사 반장님! 이건 앞뒤가 안 맞아요.

김 반장　(짜증스럽게) 뭐가?

김 형사　피해자의 옷에서 다량의 염분이 검출됐죠. 범인은 범행 당일, 태안 염전에서 일했거나 바닷물 속에 옷 입은 채로 들어갔다 나온 놈입니다. 그런데 이영철이는 범행 후에 바다로 갔다고 그랬잖아요?

조 형사　전이건 후건 사고 친 건 사실 아니냐?

김 형사　시간을 따져보자구! 정신병원에서 탈출한 게 저녁 7시 무렵. 범행 시간까지 두 시간. 그 사이에 오산서 태안까지 달려가 바다 속에 들어갔다 다시 안녕리 현장까지 달려왔다? 말이 안 되지.

조 형사　뭐가 말이 안 돼? 그놈은 탈출해서 바로 안녕리로 간 거야.

김 형사　소금을 어떻게 설명할 거야?

조 형사　그건 땀이라구.

김 형사　억지 부리지 마.

조 형사　자기 입으로 자백을 했잖아?

김 형사　그놈 말은 죄다 거짓말이야. 그 정도 상상은 누구든지 할 수 있다구.

조 형사　나 이 새끼 때매 진짜로 못해먹겠네. 야 임마, 제 발로 현장 가서 제 손으로 손톱깎이 찾아낸 놈이야. 제 입으로 다 불었어. 또 그놈이 손톱깎이로 후벼 팠다고 하는 소리 들었지? 그놈 말대로 손톱깎이에서 그 여자의 체액이 채취됐어. 그럼 된 거 아냐?

김 형사　손톱깎이가 증거가 될 수가 없어요. 지문이 없잖아?

조 형사　뭐?

김 형사　네가 교육시킨 거 다 알아. 거꾸루 매달아놓고 패가면서 가르

첬잖아?

조 형사 (멱살을 잡으며) 이 새끼가!

김 반장 왜들 이래? (잠시 생각하다가) 조 형사! 바닷가 가서 그놈 있던 자리 다시 한 번 잘 살펴보고 그 날 그놈을 바닷가에서 본 사람 없나 한번 알아봐. 그리고 그 친구 놈 방도 한번 다시 수색해보고.

조 형사 검찰 송치는요?

김 반장 하루만 더 생각해보자구.

조 형사 기자들이 지금 난린데…

김 반장 그 문제는 내가 해결할게. 가서 일들 봐!

조 형사 김 형사를 잡아먹을 듯이 노려본다.

암전

박 형사, 김 형사, 김 반장, 조 형사, 미스 김 다방 레지

사무실

김 형사가 혼자 앉아 음악을 듣고 있다. 잠시 후 박 형사 등장한다. 목욕탕에 근무한 후 살결이 뽀얘지고 머리도 윤기가 흐른다.

박 형사 서울 좋아?

김 형사 똥냄새밖에 안 나요.

박 형사 이게 무슨 냄새야? (킁킁거리다가) 와 지독하네. 당신한테서 나는 냄샌데? 똥냄새도 아니고 이거 뭐 썩는 냄새 같은데? 당신 옷이 왜 그래? 엉망이네.

김 형사 쓰레기 좀 뒤졌어요.

박 형사 방송국 간다던 사람이 쓰레기는 왜 뒤져?

김 형사 엽서가 다 쓰레기 하치장으로 가서요….

박 형사 그래 엽서 찾느라고 쓰레기장을 뒤졌단 말이야? 그래 엽서 찾았어?

김 형사 못 찾았어요.

박 형사 제기랄, 짭새들 팔자가 이거 왜 이 모양인가? 난 이거 새벽 네 시부터 밤 열 시까지 매일 목욕탕 근무니… 삼십 분에 한 번씩 목욕탕 바꿔가면서 옷 벗고 옷 입고 또 벗고 또 입고… 하루에 목욕 값만 돈 십만 원씩 나가요. 요새는 삥땅도 못 치는 데 수사비로 목욕비용 십만 원씩 청구할 수도 없고… 이거 뭐 목욕탕이라구 들어가서 남의 사타구니 털 났나 안 났나 들여다보고 있재니까 말야… 때밀이 놈들한테 털 안 난 놈 있으면 연락하라고 명함 주면 이상한 눈으로 보면서 시익 웃어요. 사람 미치는 거지. 오늘은 아 어떤 놈이 뒤돌아 앉아가지고 때를 벗기는데 이놈이 이거 한참을 기다려도 샤워 꼭지 붙잡고 벽만 보고 앉았는 거라. 빨리 확인해보고 딴 데로 떠야 되는데, 이놈이 앞을 안 보여주는 게 점점 수상해지더라구. 거기다가 옆에서 보니까 팔다리가 맨들맨들해요. 계집애처럼 말이야. 옳다, 저놈이다 싶어 또 기다렸지. 저놈이 앞이 민대가리니까 뭔가 캥겨서 저러는 게 틀림없다 싶더라구. 한 시간을 기다려도 이놈이 돌아서줘야 말이지. 그래 어떡해? 할 수 없이 실례합니다 하면서 그놈 앞으로 대가리를 쑥 딜이밀었지. 이놈이 기겁을 하면서 일어서더니 냅다 악을 써대는데… 아 보니까 그 부분만 유난히 시커먼 게 완전 밀림지대라. 제미 완전 호모에다 변태 취급 받고 거기다 또 경찰을 부르겠다고 그러는데 아 내가 경찰이요 할 수도 없고… 미치겠더구만.

김 반장과 조 형사가 심각한 표정으로 등장한다.

김 반장 박 기자 연락 없었어?

박 형사 없었는데요.

김 반장 (손에 든 신문 뭉치를 던져주며) 난리 났다.

박 형사 화성사건 범인, 기자에게 범행 일체 자백 후 도주. 경찰은 또

뒷북. 이게 뭐야?(다른 신문을 들춰 본다.)

김 반장 박 기자가 범인을 만났대. 경기 신문이 대서특필을 했어요. 중앙지들이 덩달아서 난리를 치고.

박 형사 일면 톱기사네. 본보 기자 화성 범인과 단독 인터뷰. 범인은 경기도 화성군 병점리에 사는 남현태(38세). 박영옥 기자는 어제 오후 5시경 남 씨를 만나 끈질긴 설득을 하였으며 남현태는 결국 3차 사건과 5차 사건이 자신의 짓임을 밝혔다. 가출한 부인이 빨간색 옷을 입었기 때문에 빨간색 옷을 입은 여자만 보면 억제할 수 없는 성충동과 함께 살의를 느낀다는 남은 자백 후 박 기자의 자수 권유를 뿌리치고 도주. 야, 이거 보통 일이 아니네.

김 형사 내가 뭐랬어? 그년 그거 조심하라 그랬지?

조 형사 온 동네 소문 다 났는데 모르고 있던 우리가 잘못한 거지 박 기자가 무슨 잘못이 있어?

김 형사 웃기고 자빠졌네. 박 기자가 너 좋아하는 줄 알아?

조 형사 뭐야?

김 형사 널 이용해먹고 있는 거야 바보야, 알아?

조 형사 이 자식이… (멱살을 잡는다.) 어, 이거 무슨 냄새야? 우엑, 우엑…

박 형사 김 형사가 범인 잡느라구 똥통에 빠졌다 나왔대.

김 반장 시끄러! 지금 위에서 난리 났어. 장관이 길길이 뛰고 본부장이 까무라쳐가지고 입에 거품을 물고 있는데 이 사람들… 조 형사. 이유 불문하고 한 시간 내로 박 기자 잡아 와. 신문사에 심어논 애들 있지?

조 형사 없는데요.

김 반장　이 사람들… 일을 어떻게 하는 거야? 전화 도청하던 거 어떻게 됐어?

박 형사　전부 철수시켰죠. 박 기자가 데스크하고 전화 통화를 할 텐데… 선 빼가지고 기다리지.

김 반장　박 형사, 이 동네 토박이죠. 나하고 같이 병점리 가봅시다. 오늘 중으로 그놈 못 잡으면 장관 모가지 날라가게 생겼다. 그리고 김 형사는 가출했다는 그놈 부인 찾아와. 자, 빨리 움직이자구.

이 때 전화벨 소리. 김 반장이 전화를 받는다.

김 반장　여보세요. 뭐야. 이봐! 당신 이럴 수 있는 거야? 사람을 엿 먹여도 분수가 있지… 뭐? 아니라구? 아니긴 뭐가 아니야? 온 신문이 다 당신 때문에 난린데… 뭐야? 데스크에서 쓴 거라구? 그럼 남현태 못 만났단 말이야? 나 이거야 원. 응? 그래. 오산에 어디? 세진실업? 스티카 공장? 알았어. (전화를 끊으며) 이거 개판이네, 개새끼들.

박 형사　뭐래요? 아니래요?

김 반장　박 기자는 남현태 만난 사실이 없다는데?

박 형사　하여튼 신문 이 새끼들!

김 반장　(다시 전화벨 소리) 여보세요. 네. 네 본부장님. 넷. 아닙니다. 삼십 분 내로 남현태 신병 확보하겠습니다. 네. 그런데요… 네, 알고 있습니다. 그런데요… 그 신문기사는 사실이 아닙니다. 기자가 남현태 만난 적이 없구요… 그냥 마을 사람들 말만… 네, 네… 아… 알겠습니다. (전화 끊으며 한숨) 이거 사람 말을 다 듣지도 않고 이래? 아니, 부하 얘기는 듣지도 않고 신문에만 나면 단가? 이거야 원… 박 형사, 병점리 갈 필요 없으니까 여기서 전화 대기하고 있어. 본부장 전화 오면 진행 상황 보고드리고. 조 형사, 나랑 오산으로 가자. 세진실업. 여기 남현태가 있대. 박 기자도 그리로 오겠다고 하니까. 자, 가자구.

모두들 퇴장하고 박 형사만 남는다.

박 형사 이거 도대체 뭐가 어떻게 돌아가는 거야? 젠장… (전화를 건다.) 아, 여보세요. 집에 있었네. 오늘은 수영장 안 갔어? 그래, 잘했어. 답답해? 내년에 내가 앞뜰에 뿌르장 파줄 테니까 조금만 참아. 알았어? 그리고 말야, 나 오늘 못 들어가. 여기 지금 정신없어. 문 잘 잠그고 자. 알았어. 내일 봐서. 그래. (전화를 끊고 다시 건다.) 자기? 나야, 나. 에이, 서방님 목소리도 잊어먹었어? 요새 바빠서 그래. 이따가 봐서 갈게. 열두 시 넘어야 돼. 늦을 테니까 기다리진 말고 문 잠그지 말고 자고 있어 케끼? 아스케끼? 생크림케끼! 알았어. 안녕. (전화를 끊고 신문을 뒤적거린다. 전화벨 소리) 아, 여보세요. 네? 네. 본부장님. 네, 박 형삽니다. 범인 체포하러 나갔습니다. 아니, 왜 저한테 이러십니까? 저는 전화 당번입니다. 박달홉니다. 아니, 기자가 범인 만난 적 없다는데 왜 그러세요? 신문이 그런 걸 저보고 어떡하란 겁니까? (전화를 끊는다.) 씨발놈이 왜 지랄이야? 난 임마 여기 터줏대감이야. 우리 증조할아버지 때부터 여기 살았어. 니가 암만 지랄해야 눈 하나 까딱할 줄 아냐? 씨발놈.

내가 임마 수원 오산 지역에 물려받은 땅만 십만 평이다. 이 자식아. 너 같은 개털하고 상대나 되냐? 씨발놈이… 내가 임마 너보다 학벌이 뒤지냐, 재산이 없냐, 인품이 못하냐? 왜 이래, 이거? 씨발놈. 좆까는 소리 하고 있어.

미스 김, 헐레벌떡 들어오다가 이 광경을 지켜보고 있다.

미스 김 박 형사님. 뭐하시는 거예요?

박 형사 어, 미스 김. 웬일이야?

미스 김 다들 어디 가셨어요?

박 형사 김 형사? 범인 잡으러 갔어.

미스 김 무슨 범인이요?

박 형사 저녁 신문 못 봤어?

미스 김 남 씨요? 지금 우리 다방에 와 있어요.

박 형사 정말이야?

미스 김 술에 취해갔구요. 무서워서 전화도 못 걸고 바로 이리로 달려오는 거예요.

박 형사 가자구! (달려 나가다 돌아와 권총을 겨드랑이에 차고 다시 나간다. 암전.)

〈날 보러 와요—영화 '살인의 추억' 원작〉 중에서…③ 김광림 作

남현태용의자, 김 반장, 박 형사, 조 형사, 그 외

취조실

남현태가 걸상에 앉아 있다. 이영철과 같은 인물이다. 그러나 형사들은 이를 모르고 있다. 남현태의 얼굴에 강한 스포트라이트. 그 둘레로 얼마간의 거리를 두고 김 반장, 조 형사, 박 형사가 포진해 있다. 김 반장은 손에 신문을 들고 남현태를 취조 중이다.

김 반장 이보셔. 이거 다 당신 입에서 나온 말이지 누가 지어낸 거 아니잖아? 속 시원하게 얘기 좀 해보셔.

남현태 난 그 여자가 기잔 줄은 꿈에도 몰랐습니다.

김 반장 그 여자가 누구야?

남현태 오산에 삼경물산 연구실에 연구원이라구 그러드라구요. 서울 살다 시골 오니까 너무 심심하다고 술 한 잔 하자길래 따라갔죠. 술이라 그러면 제가 또 안 빠지거든요.

박 형사 이봐! 그 여자가 어떻게 생겼어?

남현태 뭐 그냥 여자답게 생겼지요, 뭐.

조 형사 이 새끼야, 똑바로 대답해!

남현태 그러니까… 얼굴이 그냥 보통이구 키도 보통 정도 되구…

박 형사 조 형사, 당신 지갑에서 사진 좀 꺼내봐.

조 형사 (머뭇거리며) 무슨 사진이요?

박 형사 박 기자 사진 말이야.

조 형사 박 기자 사진이라니요, 뜬금없이…

박 형사 다 아는데 왜 이래? 어서!

조 형사가 박 기자의 사진을 꺼내 박 형사에게 준다.

박 형사 (사진을 남현태에게 보여주며) 이 여자 맞아?

남현태 긴 거 같으네요.

조 형사 똑바로 보고 얘기해 이 새끼야! 기야, 아니야?

남현태 예 똑바로 봅니다. 깁니다.

김 반장 이거 이래도 되는 건가?

박 형사 (사진을 돌려주며) 김 형사 말이 맞아.

조 형사 (뛰어 나가며) 내 이년을 당장…

김 반장 이거 봐, 조 형사!

조 형사 네.

김 반장 가서 어떡할라구?

조 형사 당장 패 죽여버리죠, 뭐.

김 반장 패 죽인다구 뭐가 달라지나? 당한 놈들이 쪼다지. (남현태에게) 그래 이보셔. 기자한텐 사실대로 다 불구 우리한텐 딱 잡아떼?

남현태 그건 사실이 아닙니다.

김 반장 그럼 그 여자한테 거짓말 했단 말야?

남현태 네.

김 반장 왜?

남현태 그 여자가 하도 심심하다 그러기에 장난으로…

김 반장 (남현태의 뺨을 내리치며) 장난? 이게 장난이야, 이 새끼야? 우리가 장난감으로 보이냐?

남현태 잘못했습니다.

조 형사 이런 새끼들은 살려둬 봤자 세상에 도움이 안 돼요. (밧줄을 꺼내며) 거꾸로 매달아서 개 패듯 패 죽여갖구 산에 갖다 묻어야 돼. 발 앞으로 내밀어, 개새끼야!

남현태 정말 잘못했습니다.

조 형사 어서 발 이리 내.

박 형사 조 형사, 한 번만 기회를 줍시다. (밧줄을 뺏어 손에 들고) 당신 어떡할래? 계속 거짓말할래 아니면 사실대로 불을래?

남현태 사실대로 불겠습니다.

김 반장 좋아. 그럼 길게 끌 거 없어요. 당신 했어, 안 했어?

남현태 했습니다.

김 반장 정말이야?

남현태 네. 정말입니다.

김 반장 박은숙 니가 죽인 거야?

남현태 죽인 건 아니구요…

김 반장 이 사람이 또 왜 이래?

남현태 확실하게 기억은 안 나는데요… 그런 꿈을 꾼 것 같아요.

조 형사 이 새끼가 이거 갈수록 개판이네. 야, 이 씨발놈아!

남현태 제가… 꿈을 꿨거든요, 그건 사실인데요…

김 반장 좋아, 그 꿈 얘기 좀 들어보자.

남현태 그러니까 그날은 꿈에 비가 왔습니다.

김 반장 그래, 비가 왔지. 그런데?

남현태 저녁에 혼자 있자니까 술 생각이 나데요… 소주나 한 잔 할라구 마을가게에 갔더니 문이 닫혔더라구요. 그래서 옆 마을까지 걸어갔지요. 비를 맞으면서 원바리 고개를 넘어가는데 웬 빨간 옷 입은 여자가 우산을 받고 걸어오더라구요. 그 여자 옆을 지나갔어요. 바로 그때, 빨간색 옷을 보는 순간 뭔가 불끈 가슴에서 뻗쳐오르는 것 같았어요. 머리 위까지 말입니다. 그러면서 소리가 들리는 거예요. 죽여라, 죽여! 빨간 옷 입은 년들은 다 잡아 죽여! 그 다음은 저도 잘 모르겠어요.

김 반장 뭘 몰라?

남현태 잘 기억이 안 나네요.

김 반장 기억나게 해줄까? (사이) 조 형사, 이 양반이 기억이 안 난다는데…

남현태 아니, 기억이 안 난다기보다는 자세한 걸 잘 모르겠어요.

김 반장 그럼 아는 만큼만 얘기하셔.

남현태 그러니까… 뒤에서 달려들면서 후래쉬로 그 여자 목덜미께를 후려쳤던 것 같아요.

박 형사 그 후래쉬 지금 어딨어?

남현태 아마 집에 있을 거에요.

김 반장 그래서?

남현태 그 여자가 비틀거리면서 달아나려고 했던 것 같아요. 다시 후래쉬로 가슴 근처를 내려찍었습니다. 욱 하면서 쓰러졌겠죠? 빨간색 추레이닝 윗도리를 벗겼습니다. 그리고 바지도 벗겼어요. 청바지! 청바지라서 벗기기가 쉽지 않았던 것 같아요. 여자가 반항을 하면서 제 얼굴을 발로 찼습니다. 이상하지요? 꿈에서 맞았는데도 멍이 들더라구요.

김 반장 어디?

남현태 여기

김 반장 응! 박 형사, 이거 사진 찍어둬.

박 형사 네. (카메라를 가져다 찍는다.)

김 반장 그래서?

남현태 그 부분을 한방 먹였지요. 겨우 바지를 벗겼는데 이 여자가 또 저항을 하는 거예요. 그래서…

김 반장 그래서!

남현태 그래서 목을 졸랐지요.

김 반장 뭘로 목을 졸랐어?

남현태 기억이 잘 안 나네요.

김 반장 왜 기억이 안나?

박 형사 브라자 끈으로 졸랐지?

남현태 그랬던 것 같습니다.

조 형사 그런 거야, 아니야?

남현태 그렇습니다.

김 반장 그래서?

남현태 목을 조르니까 버둥거리다가 숨이 넘어가는 것 같았어요. 갑자기 무서워지데요. 그래서 여자를 팽개쳐둔 채 막 도망쳤어요.

김 반장 이 양반이 또 결정적인 데 가서 꼬리를 빼네. 이거 봐. 어차피 다 부는 거야. 뭘 또 감추고 그래?

남현태 전 사실대로 다 불었습니다.

조 형사 너 안 했어?

남현태 뭘 말입니까?

박 형사　뭔지 몰라? 여자를 벗겼는데!

남현태　아, 그거요? 전 원래 그게 잘 안 돼요.

조 형사　너 정말 이럴래?(남현태의 의자를 걷어찬다.)

남현태　(바닥으로 떨어져 주저앉으며) 아이구, 사실은…

조 형사　사실은?

남현태　사실은 하려고 하긴 했는데 잘 되진 않았어요.

김 반장　그래서?

남현태　그래서… 잘 되지는 않고 너무나 힘이 들더라구요. 그런데 보니까 그 여자가 눈을 이렇게 뜨고 나를 물끄러미 바라보고 있는 거예요. 소름이 쫙 돋더라구요. 죽은 줄 알았던 여자가 이렇게 눈을 뜨고…

김 반장　그래서?

남현태　그래서 너무나 놀라가지고 허리띠도 못 맨 채 바지춤을 잡고 냅다 뛰기 시작 했어요. 그런데 이상하게 발이 땅에 붙어서 떨어지질 않는 거예요. 끈적끈적 묻어나면서 겨우 한 발 띄면 나머지 발이 붙어서 안 떨어지고 그쪽 발을 띄면 또 이쪽 발이 안 떨어지고… 미치겠더라구요.

김 반장　그래서?

남현태　온 몸이 땀으로 흠뻑 다 젖었지요.

김 반장　그래서?

남현태　안간힘을 쓰다가 잠에서 깼어요. 이불도 다 축축하더라구요.

박 형사　바지는 왜 도로 입혔어?

남현태　무슨 바지요?

박 형사　그 여자 바지를 도로 입혀놨잖아?

남현태　그런 적 없는데…

박 형사 잘 생각해봐. (사이) 정말 기억 안 나?

남현태 글쎄요. 그렇다면 잘 기억은 안 나는 사항이지만 아마 비가 오니까 추울까 봐 그랬겠죠.

박 형사 끝에 또 인정은 있네.

김 반장 당신 옷은 어디다 감췄어?

남현태 무슨 옷이요?

김 반장 그때 입었던 옷 말이야?

남현태 땀으로 다 젖었길래 다음날 빨아서 말렸습니다.

김 반장 지금 어딨어, 그 옷?

남현태 이 옷이 그 옷이에요.

김 반장 벗어.

남현태 네?

김 반장 벗으라구.

남현태 옷을 말입니까?

김 반장 그래.

남현태 여기서요?

조 형사 그래, 이 살인마야!

남현태 난 사람 안 죽였어요.

조 형사 (후려치며) 벗으란 말야!

남현태 옷을 왜 벗어요?

조 형사 안 벗을래?

남현태 예 벗습니다. (허겁지겁 옷을 벗는다.)

김 반장 너 그날 신발은 뭐 신었어?

남현태 농구화 신었습니다.

김 반장 그거 지금 어딨어?

남현태 집에 툇마루 밑에 있습니다. (옷을 벗다가) 빤쓰도 벗습니까?

조 형사 니 마음대로 해, 새끼야.

김 반장 조 형사, 이 옷 증거물로 보관하고 지금 이 친구 집에 가서 후래쉬하구 농구화 찾아와. 그리고 박 형사는 이 친구 우선 박은숙 사건으로 조서 꾸며서 지난 사건들 범행 여부 추궁해봐. (모두 퇴장)

남현태 (끌려나가며) 아니 민주 경찰이 이럴 수 있는 겁니까?

〈날 보러 와요—영화 '살인의 추억' 원작〉중에서…④ 김광림 作

정인규, 김 형사, 김 반장, 그 외

김 반장과 김 형사가 취조실 안으로 정인규를 데리고 들어온다. 정인규는 지난번 용의자와 같은 배우이다.

김 반장 앉아, 이 나쁜 자식! 뭐? 고문에 못 이겨 허위로 자백했다구? 우리가 언제 널 고문했어? 대답해! 언제 고문했어?

정인규 고문 안 했습니다.

김 형사 근데 아까 현장 검증할 때 왜 고문했다구 그랬어?

정인규 기자들이 자꾸 고문당했냐구 묻는 데다가 검사님까지 고문 받았으면 그렇다구 얘기하라길래 얼떨결에 그랬습니다.

김 반장 이 자식 정말로 악질이네.

김 형사 범행은 왜 부인했어?

정인규 나 사람 안 죽였어요.

김 형사 (자술서를 들이 밀며) 이거 니가 서명한 거 아니야?

정인규 맞는데요…

김 반장 그런데?

정인규 그때는 저 형사님이 하도 다그치길래 홧김에 그냥 서명한 거구요…

김 형사 뭐야? 니가 니 입으로 불었잖아? 그거 그대로 받아 적은 거 아냐? 그런 거 아냐?

정인규 그건 그런데요… 형사님이 자꾸 그랬지, 그랬지 하니까 귀찮아서 그런 거구요…

김 형사　내가 그랬지, 그랬지 그랬어?

정인규　네.

김 반장　이 자식 정말 나쁜 놈이구만. 정인규!

정인규　네.

김 반장　난 고문 안 해.

정인규　알고 있습니다.

김 반장　그냥 패 죽여버려.

정인규　네?

김 반장　갖다 묻어버리면 그만이야. 한 번밖에 묻지 않아. 사실대로 대답해.

정인규　네.

김 반장　이 엽서 네가 보낸 거 맞지?

정인규　맞습니다.

김 반장　전에도 보낸 적 있지?

정인규　네, 있습니다.

김 반장　그때마다 여기서 사건 난 거 알지?

정인규　그건 모릅니다.

김 반장　왜 몰라? 여기 방송 기록 뽑아 왔어. 봐! 그때마다 일 터졌어. 이래도 몰라?

정인규　전 그게 언젠지도 몰라요.

김 반장　좋아. 너 지난 6월 2일 저녁에 방송 들었지?

정인규　네.

김 반장　네가 신청한 곡이 나왔지?

정인규　네.

김 반장 들었어?

정인규 네.

김 반장 듣고 나서 뭐했어?

정인규 그냥 집에 있었습니다.

김 반장 (조서를 들여다보며) 왜 먼저 번에는 외출했다구 그랬어?

정인규 제가 착각을 했습니다. 다른 날로.

김 반장 집에서 뭐 했어?

정인규 그냥 라디오 들었습니다.

김 반장 저녁의 클래식?

정인규 네.

김 반장 계속?

정인규 네.

김 반장 끝날 때까지?

정인규 네.

김 반장 네 신청 음악 나오고 나서 무슨 곡 나왔어?

정인규 기억이 잘 안 나는데요.

김 반장 8시 25분부터 9시까지 모두 여섯 곡 나왔어. 하나도 기억 안 나?

정인규 안 납니다.

김 반장 왜 안 나?

정인규 그건…

김 형사 기억할 수가 없지? 듣질 않았으니까.

정인규 들었어요!

김 형사 (모짜르트 레퀴엠을 튼다.) 좋아, 그럼 네 신청곡이 끝난 후 DJ가 뭐라고 했는지 말해봐. 아주 인상적인 말을 했거든. 끝까지 들었다면 그걸 기억하지 못할 리가 없지.

정인규 …

김 형사 잘 생각해봐, 정인규. 바로 며칠 전 일이야. 비 오던 날 말이야. 네가 신청한 곡이 나온다. 미현이 얼굴을 떠올린다. 넌 서서히 흥분되기 시작한다. 시계를 보니까 8시 20분. 넌 마음이 급해졌어. 8시 반이면 미현이가 뚝방을 건너니까. 라디오를 끄고 방 불도 끄고 넌 몰래 집을 빠져나온다. 있는 힘을 다해 달린다. 뚝방까지. 뚝방 아래 숨어 미현이를 기다리고 있다, 숨을 헐떡이며. 뚝방 저쪽 끝 어둠 속에 미현이의 모습이 어렴풋이 보인다. 우산을 받고 오고 있다. 가슴이 뛴다. 숨이 가쁘다. 하지만 이 벅찬 가슴을 눌러야 한다. 그 순간을 맛보기 위해서는. 드디어 미현이가 머리 위로 지나간다. 이때다. 뛰어 올라 뒤에서 미현이를 덮친다. 미현이는 너무 놀라 소리 한 번 질러보지 못하고 너의 포로가 된다. 미현이를 뚝방 아래 미리 봐둔 장소까지 끌고 간다. 제대로 반항도 못 하면서 허우적거리는 미현이의 명치 부분을 정확하게 가격한다. 비를 맞으며 땅바닥에 누워 숨을 몰아쉬는 미현이의 모습에 참을 수 없는 충동을 느낀다. 난폭하게 옷을 벗긴다. 어둠 속에서 미현이의 알몸이 뽀이얗게 빛난다. 실신한 상태에서도 미현이는 버둥거리며 몸을 웅크린다. 얼마간의 반항은 괜찮지. 오히려 즐거움을 더해주니까. 미현이의 여린 살을 혀로 핥아낸다. 속살의 따스함과 빗물의 차가움이 동시에 혀로 전해온다. 이 쾌감! 아직 다 여물지 않은 젖꼭지. 이빨로 꽉 깨물어주고 싶지만 치흔을 남겨서는 안 된다. 허리띠를 끄르고 바지를 내린다. 그리고 네 물건을 미현이의 거기에 문질러댄다.

힘껏 더 힘껏. 그렇게 안간힘을 쓰지만 절정의 그 순간이 오기도 전에 망할 놈의 물건이 쪼그라들고 만다. 추위도 공포도 아닌 어떤 기억 때문에. 너를 괴롭혀오던 열등의식. 미현이가 두 팔로 밀쳐내는 순간 그놈의 기억이 되살아난 것이다. 두 팔로 따뜻하게 감싸 안아주기를 바랬는데… 빌어먹을! 손을 더듬거려 스타킹을 찾는다. 검정색 스타킹이 미현이의 흰 목을 감는다. 세게 당긴다. 아주 세게. 있는 힘을 다해서. 미현이는 사지를 버둥거리다가 이내 축 늘어지고 만다. 차갑게 식어가는 시체를 눕혀놓고 다시 한 번 해본다. 안 된다. 화가 난다. 도저히 참을 수가 없다. 미현이의 가방을 뒤져 필통에서 연필 깎기 칼을 꺼낸다. 미현이의 가슴에 엑스자를 긋는다. 한 번 두 번 세 번. 배에도 허벅지에도 미친 듯 엑스자를 그어댄다. 비가 미현이의 살갗을 계속 씻어내리는데도 벌써 미현이의 몸은 시뻘건 피로 범벅이 되어 있다. 나쁜 년! 나를 밀쳐내? 그까짓 구멍이 뭐라구? 넌 우산을 들어 그걸 미현이의 몸 깊숙이 밀어 넣는다.

김 형사가 이 말을 하는 도중 정인규는 이를 계속 부인하다가 나중에 가서 그 부인은 범행을 시인하는 혹은 참회하는 듯한 울음으로 바뀐다.

김 반장 (음악을 끄며) 자, 이제 말해봐. 어차피 넌 못 빠져나가. 혈액형은 이미 B형으로 확인이 됐고 이제 DNA 감식 결과가 나온다. (울고 있는 정인규에게) 다 털어놔, 사실대로. 털어놓고 나면 시원할 거야.

정인규는 계속 울고 있다. 이때 박 형사가 감식 결과 봉투를 들고 허겁지겁 들어온다.

김 반장 나왔어?

박 형사 네.

김 반장 어떻게 됐어?

박 형사가 김 반장에게 귓속말을 한다.

김 반장 뭐라구? 어디 봐. (박 형사 봉투에서 서류를 꺼낸다.) 이럴 리가… 이럴 리가…

김 반장이 쓰러진다. 박 형사와 김 형사가 김 반장을 흔들어 깨운다. 무표정하게 정면을 응시하는 정인규.
암전

〈서툰 사람들〉중에서 장진 作

유화이, 장덕배

약간 겨울, 그러니까 초겨울쯤 되겠지. 유화이의 독신자 아파트. 음악이 흐르고 조명이 들어오면, 집주인 유화이 집 안에서나 입는 헐렁한 옷차림으로 책을 보고 있다. 커피 물이 끓자 책을 덮고 커피를 따른다. 한 번에 마시려다 입을 덴다. 호호 불어 천천히 커피를 마시며 다시 책을 편다. 전화벨이 울린다. 유화이. 음악을 줄인 후 전화 수화기를 든다.

유화이 여보세요. 네, 제가 유화이예요. 그런데요? 누구요? 서팔호씨요? 아~ 교감 선생님이 말씀하시던—그런데 이렇게 늦은 밤에 그런 일로 전화하시는 건 실례 아닌가요? —그건 댁의 시간대죠? 전 지금 잠자리에 들 시간이라구요. 죄송합니다만 어차피 이런 일은 전화로 말할 일이 아니고—전화를 하시더라도, 날 밝을 때 다시 해주세요. (전화를 끊는다.) (혼잣말로) 참—별—(유화이. 다시 음악 볼륨을 높이고 침대로 올라가 책을 본다. 그러다가 다시 일어나 실내등을 끄고 스탠드의 불을 켠다. 다시, 전화벨 소리가 울리고 짜증나는 듯 수화기를 집어 든다.)

유화이 네—참. 이거 정말 왜 이러세요? … 글쎄. 절 소개해주신 건 교감 선생님이시지 제가 언제, 당신을 소개해달라고 했습니까? 여자 혼자 산다고 너무 편하게 생각하시나 본데—글쎄, 나중에 만나서 얘길 하던가 아니면 내일 전화를 하세요. —. 열두 시가 넘었는데 어디를 나오라는 거예요. 여보세요. 참

딱도 하십니다. 반하실 게 따로 있지 손바닥만 한 사진 한 장에 무턱대고 이러시면 어떡하자는 거예요? —됐습니다. 전 아직 결혼 같은 거 생각해본 적도 없고, 행여 남자를 만나더라도 이런 식은 아니라구요. (전화를 끊는다.) 정말로 죽겠군. 뭐 이런 따위가 다 있어. (유화이, 다시 침대로 돌아와 책을 보려다 기분이 상했는지 신경질적으로 덮고는, 음악을 끄고 잔다. 잠시 후 눈을 뜨며 스탠드 불을 끄고 옆의 커다란 곰 인형을 껴안는다.)

유화이 김 군아. 난 너밖에 없다. (유화이, 곰 인형을 꼭 껴안으며 잠에 빠진다. 잠시 후. 현관 쪽에서 딸그락 딸그락 소리가 들린다. 그 소리는 지루할 정도로 길다. 유화이, 잠결에 소리를 듣고 스탠드 불을 켠다. 소리 잠시 멈춘다. 유화이 이상하다는 듯 고개를 갸우뚱하며 다시 불을 끈다. 그러자 딸그락거리는 소리가 다시 들린다. 유화이 천천히 스탠드 불을 켜고 현관 쪽으로 간다.)

유화이 (나지막이, 조심스럽게) 누구—세요? (그때, 왈칵 문이 열리며, 서툰 도둑 장덕배가 들어온다. 플래시로 실내 전등 스위치를 찾아 켠다.)

장덕배 시끄러워. 조용히 해. (집안을 둘러본 후)—. 어휴. 이거—정말 이젠 이 짓거리도 열통 터져 못 해먹겠구만. 야!—너—그래 일단. 몇 살이슈?

유화이 (떨며)—네?

장덕배 나이가 어떻게 되냐구요?

유화이 스—스물—다—섯이요. 살려주세요.

장덕배 스물다섯—그래. 나보다 어리니까 말 놓을게. 야. 이 멍청한 계집애야. 문을 안 잠갔으면, 안 잠갔다고 얘길 하던가, 〈문 열려 있음〉이라구 대문에다 써놓던가. 빌어먹을 열려 있는 문구녕에다 자물쇠만 돌렸다 뺐다 돌렸다 뺐다 쓸데없이 추운 데서 얼마를 떨은 거야. 어째 이게 계속 그냥 돌아가드라구.

유화이　제발, 살려만 주세요—제발 저에게 나쁜 짓만 하지 말아주세요.

장덕배　알아 알아. 뭔 말인지 알아.

유화이　제발—부탁이에요. 돈이며 물건이며 다 가져가도 좋으니 제발 제게 해꾲은 짓만 하지 말아주세요. 부탁이에요.

장덕배　알았어. 알았어. 나도 바빠. 시간도 없고, 날 밝기 전에 몇 집 더 뛰어야 돼.

유화이　선생님 부탁이에요.

장덕배　(소리친다.) 아. 알았다니까. 그만 좀 해. 이 여자가 사람을 뭘로 보고—내가 그렇게 나쁜 놈처럼 보여. 칼 들고 도둑질 하러 다닌다고, 사람 다 그렇게 보지 마. 나 그래도 사나이다운 의리와 양심은 있는 놈이야.—그리고 기본적인 도덕성은 가진 놈이란 말이야.

유화이　(떨리는 소리로) 도—도덕성을—가지신 분이—이런 도둑질을—하신단 말이에요.

장덕배　조용히 안 해. 그런데 이 여자가 겁도 없이—. 이리와.

유화이　살려주세요.

장덕배　아. 알았으니까 이리와. 여기 앉아. (유화이, 조심스럽게 걸어온다.) 가만히 있어.(손을 뒤로 해서 묶는다.)

유화이　이—러실 필요는—없잖아요.

장덕배　손 아프더라도 참아. 잠깐만 이러고 있으면 되니까. 그래도 명색이 도둑놈인데 주인한테 물건 챙기는 거 도와달라고 할 수는 없는 거잖아.

유화이 보시면—아—시겠지만, 저희 집은 뭐 돈 될 만한 것도 없어요. 현금도 얼마 없고—아직 미혼이라 값나가는 패물도 없고요.

장덕배 자랑이다!

유화이 죄—죄송해요. 며칠 전 봉급 탄 것도 다 은행에 넣었어요. 일주일 치 생활비만 빼놓고요. 그것도 삼 일 치는 벌써 다 써버렸구요.

장덕배 이 여자, 참 말 많네. 조용히 좀 해. 헷갈려! 이걸 어떻게 묶드라. 매듭법이 있는데—(장덕배 손을 묶는 거에 끙끙대다가 주머니에서 수첩을 꺼내본다.) 가만있자—여기서—한 번 돌려가지고—거꾸로—이봐, 오른손 좀 살짝 올려봐. 됐어.—아, 왼손은 가만히 있고—빌어먹을 풀렸잖아.

유화이 죄송해요.—힘드시면 그냥—칭칭 막 묶으세요.

장덕배 이거 봐. 이게 다 당신 안 아프라고 하는 거야. 괜히 나 간 다음에 다 큰 처녀가 손목에 밧줄 자국 나가지고 다니는 게 볼꼴 사나워서—아까—집에서 할 때는 잘됐는데—됐어. 가만히 있어.(시계를 보며) 어, 죽었나, 왜 안 가—. 이런 빌어먹을 아무튼 훔쳐도 사람을 봐가면서 훔쳐야지. 그 자식 진짜 로렉스라고 부들부들 떨면서 주던데 이거 뭐 이틀도 못 가서—어휴, 하여간 좋은 것도 훔쳐놓으면 오래 못 가.(집안 이리저리 둘러본다.) 자, 어디서부터 해볼까. 야~ 정말 돈의 혜택을 전혀 못 받은 집이구만 뭐가 이리 허전해. 이거 시작부터 애를 먹었더니만—(목이 마르는 듯) 이봐. 뭐 좀 마실 거 없어?

유화이 저기 냉장고를 열어보면 우유하고 물이 좀 있을 거예요. 맥주도 있었는데—아까 저녁에 제가—.

장덕배 됐어. 난 근무 중엔 술 안 마셔. 가만 방금 맥주라고 했어? 스물다섯 살 여자가 집에서 술까지 사다 마셔? 이거 불량 학생이구만.

유화이 스물다섯이면 성인이에요. 더구나 전 학생이 아니라, 학생을 가르치는 교사라구요.

장덕배 어허, 나이 많은 사람이 말하는데 어디 꼬박꼬박 말대꾸야. 잠깐 당신 지금 교사라고 했어? 선생님?

유화이 네—. 중학교 선생님이에요.

장덕배 아니, 무슨 선생님이 이렇게 어려, 원래 스물다섯 살에도 선생이 될 수 있는 거야?

유화이 네. 저—. 작년에 대학 졸업하고 올 봄에 발령 받았어요.

장덕배 그래?—이거, 내 나이도 젊은 게 아니구만, 난 선생님이라고 하면 죄다 40대 중반은 넘어야 선생님처럼 보이는데, 하긴, 나 학교 다닐 때도 젊은 여선생들이 있긴 있었어. —아무리 그래도 그렇지, 선생이라는 여자가 혼자 살면서 술이나 사다 퍼마시고 있고, 그게 뭐 잘한 일이라고 떠들어. 그래가지고 애들한테 뭘 가르치겠어. 당신 같은 여자한테 배우는 애들이 어린 나이에 불량기는 죄다 배어가지고, 타락의 길로 빠지는 거 아냐.

유화이 아니—어—어떻게 그렇게 말씀하실 수가 있으세요? 아무리 도둑놈이지만 그렇게 함부로 말씀하실 수 있는 거예요?

장덕배 뭐—. 뭔 놈?

유화이 그렇잖아요. 도둑놈이면 도둑놈답게 물건이나 들고 나가면 될 것이지, 나—남의 직업을 욕하면서 여자의 자존심을 이렇게 상하게 하실 수 있는 거예요. 세상에—. 도둑질 당하는 것도 이번이 처음이지만 도둑놈한테 이런 모욕을 당하는 건 평생에 이번뿐일 거예요.

장덕배 그런데 이 여자가 말끝마다 도둑놈이네. 말이 나왔으니 얘긴데, 내가 당신 직업에 대해 뭐라 하건 당신 직업을 욕한 게 아니고 그 직업에 종사하는 사람으로서의 당신 태도에 문제가 있다는 거야. 결코 당신 직업을 욕한 게 아니라구. 그런데 당신은 뭐라구? 도둑놈—! 이봐. 이것도 어디까지나 나한텐 평생 먹고 살아야 될 직업이고 내 후세한테까지 물려줄 천직이라구. 그런데 도둑놈이라니? 그렇게 따지자면 당신은 시작부터 깔아뭉개고 얘기하는 거 아냐. 내가 언제 당신한테 선생년이라고 한 적 있어?

유화이 그럼, 도둑놈을—아니, 도둑님이라고 불러야 하나요?

장덕배 왜 못해?

유화이 참—기가 막혀서—그리고 뭐요? 직업에 종사하는 내 태도에 문제가 있다구요? 이봐요 도둑—님 씨, 요즘 맥주가 술이에요? 내 나이 또래의 젊은이들한테, 맥주 몇 캔은 그저, 음료수라구요.

장덕배 음 료 수?—. 허허, 맥주가 음료수라면 소주 두 잔 먹고 뻗는 나 같은 사람은 술 한 잔 먹으려면 석 달 열흘 동안 훈련이라도 받고 마셔야겠네.

유화이 그거야 아저씨 체질에 문제가 있는 거죠.

장덕배 아저씨. 아저씨 하지 마, 나 아직 총각이야.

유화이 하기사, 도둑질이 천직이라는데 변변한 여자 친구 하나 있겠어?

장덕배 뭐야? (소리친다.) 야!—(사이) (유화이는 지금까지 자신의 행동을 생각하며 다시 겁먹는다.) 잠깐—내가—내가 지금 뭐하고 있는 거야. 내가 지금 여기 왜 왔지—나참, 저 여자 때문에 내가 무슨 소릴 하고 있는 거야. 이거 동네 반상회 온 것도 아니고—잠깐 이거 몇 시지? (죽은 시계를 본 후, 이리저리 살핀다.) 이놈의 집구석엔 시계도 없어? 이봐, 시계—. 없어?

유화이 있어요. —. 내 손목에—

장덕배 (유화이 뒤로 와 시간을 본 후) 휴. 그리 오래되진 않았군. (냉장고 문을 열고, 물을 들이키려다)

유화이 저기,—컵에 따라 마셔요. (장덕배, 머슥한 듯 컵에 따른다.)

장덕배 (물맛이 이상한 듯) 이거, 물맛이 왜 이래? 이거 수돗물 아냐?

유화이 아니에요. 그거 약수물이에요. 저희 아버지가 갖다 주신 거라구요.

장덕배 약수물?—그래서 그런가, 물에서 이상한 약 냄새가 나는 거 같은데—

유화이 왜 그러세요?— 그거, 지하 150미터에서 나온 암반 천연수인가 뭔가 하는 건데 미네랄과 철분이 다양하게 함유되어 있는 초자연수예요.

장덕배 나—참. 그렇게 좋은 물이라면 이런 거 냅두고 맥주는 왜 마셔?

유화이 아닌 게 아니라, 다 마셨으면 저도 한 잔만 주시겠어요. 너무 놀랐더니—목이 타네요.

장덕배 뭐야? 나 이거 원—. (물을 한 잔 따라서 유화이 앞으로 간다. 입에다 대주려고 하다.) 이—. 이봐. 어—어디 빨대 같은 거 없어?

유화이 없어요.

장덕배 나—참—(입에다 물려서 먹여준다.) (천천히 마시는 유화이의 표정을 귀엽게 바라본다.) 입술 쭉 내밀고 마시는 게 꼭 오리새끼 같네—

유화이 (그 말에 웃음을 참지 못하고) 푸—뭐—뭐 라 구 요? (웃는다.)

장덕배 아니, 입술을 쭉 하니 내밀고 꼴깍꼴깍 마시는 게 거, 뭐야 만화영화에 나오는 그 오리 새끼 있잖아—.

유화이 도날드 덕?

장덕배 아. 이름은 뭔지 모르겠는데—. 갑자기 왜 그게 생각이 났는지—(둘 웃는다.) (사이. 어색한 침묵) 더—더 마실래?

유화이 아니—. 됐어요.

장덕배 아, 참. 아까 당신 아버지라고 했는데—이 집에 같이 사는 거야?

유화이 아니요—. 그냥 가끔씩 새벽에 약수 뜨러 가셨다가 들르시곤 하는 거예요.

장덕배 그래?—좋은 아버질 둬서 좋겠구만—

유화이 (장덕배 천천히. 보따리를 푼다.) 참 구식 도둑 같네요?

장덕배 뭐야?

유화이 아직도 그런 자루를 가지고 다니는 도둑이 있어요? 요즘은 그냥, 현금이나 보석 정도만 간단히 들고 나가는 줄 알았는데, 그 큰 자루엔 TV나 전축, 냉장고 뭐 그런 걸 넣을 건가요?—. 그 자루에 모두 채우려면 우리 집 가재도구들을 몽땅 넣어도 모자라겠군요. 하하하. (웃는다.)

장덕배 저 여자가 미쳤나? 아. 조용히 안 해. 이것도 어디까지나—내 스타일이야. 그리고 구식 도둑? 이거 왜 이래 나 이래 봬도 몽따쥬까지 배포된 지명도 있는 도둑이란 말야. 휴, 이젠 구역도 좀 바꿔야지. 연짝으로 이 동네에서만 내리 몇 판을 뛰었더니 이젠 이 동네 경찰들이 날 잡으려고 안달이 나 있을 거야. 몽따쥬가 이미 나돌고 있으니. 그리고, 무슨 여자가 저 모양이냐. 명색이 칼 들고 들어온 도둑놈인데 처음에 잠깐 상징적으로 겁먹더니만 그 다음서부터는 무슨 친척 오빠 대하듯이 하네.

유화이 건방졌다면 미안해요—. 전 그저 도둑질하러 들어오셨어도 그리 나쁜 분이 아닌 것 같고, 또—저한테 해꿎은 짓을 생각 안 하시니 그게 고마워서—

장덕배 참. 선생님 치고는 철이 덜 들었구만, 제집 털리는 건 생각 안 하고—(장덕배 이것저것 뒤진다.)

유화이 그까짓 가재도구나 돈 몇 푼은 다시 벌면 되잖아요. 요즘 같이 흉악한 세상에 그래도 아저씨 같은 도둑을 만난 건 천만다행이에요—. 사실이 그렇잖아요. 손목에 밧줄 자국 남을까 봐 특별한 매듭법으로 묶질 않나, 음료수도 따라주고—

장덕배 저 여자가, 그런데 박약아 아냐. 왜 저렇게 덜떨어진 소리만 하지. 말투하며 목소리하며—. 중학교 선생? 참, 저렇게 덜떨어진 여자가 중학생을 가르쳐? 애들 말아먹지—

유화이 제발—. 제가 가르치는 아이들에 관해서는 이렇다 저렇다 얘기하지 말아주세요. 전 그래도—

장덕배 그래, 그래. 그래. 그래. 알았어. 알았으니 제발 입 좀 다물고 있어. (장덕배 가방에서 지갑을 꺼낸다.) 어디 보자. 6만 5천 원—이게 일주일 생활비야?

유화이 미안해요. 원래는 10만 원인데 삼일 치는 벌써 썼어요.

장덕배 뭐가 미안하다는 건지—하루에 만 5천 원 정도를 쓰네. 혼자 사는 여자가—아껴서 시집갈 밑천 장만해야지. 왜 이렇게 헤퍼.

유화이 아니에요. 하루 밥값, 차비, 생활용품 이것저것—그 정도면 절약하는 거라구요. 차비 아끼려고 가끔씩 걸어도 다니는데—

장덕배 허이구, 장 하 셔. 자, 이거 만 원은 남겨둘게. 내일은 일요일이니까. 은행 문도 안 열 텐데, 밥값 해.

유화이 아니, 괜찮아요. 저 비상금 있어요.

장덕배 거 좀 (소리친다.) 내가 이렇게 하면 그냥 그러는가 보다 하고 가만히 좀 있어 무슨 여자가 말이 저렇게 많아. 이건 완전히, 손만 묶여 있었지 실권은 제가 다 장악하고 있네. 이거 어디 도둑질 할 맛이 나야 뭘 해먹지. 뭐? 비상금이 있으니까 괜찮다구? 아예 비상금 어디다 꼬불쳐놨는지도 가르쳐주지. 왜?

유화이 아닌 게 아니라, 저 책장 맨 오른쪽 백과사전에 끼어 있어요.

장덕배 (소리친다.) 조용히 안 해! 야 이, 계집애야. 나도 자존심이 있는 도둑놈이야. 스물다섯 살짜리 코 묻은 돈 도둑질 하는 것도 양심에 찔리는데 뭐? 비상금까지 털어가라구? 고놈의 주둥아리에 냉장고를 물려놓기 전에 입 닥치고 있어. (유화이, 화난 듯, 조용해진다. 장덕배도 기분 나쁜 투로 담배를 꺼내 피운다.)

유화이 집 안에 냄새 배어요. 창문을 좀 열어요.

장덕배 (창문을 조금 연다.) (—어색한 침묵)

왕건, 선필, 왕철, 그 외

왕건은 조금 전부터 태수 겸용에게 안내되어 상보 선필이며 시중 왕철과 같이 누상에 나타나 태자 일당의 계책을 엿듣다가

왕철 (화가 나서 부들부들 떨며) 저 일당을 저냥 보낸단 말씀이오?

왕건 (불쾌한 미소로) 허허허… 과시 말썽스러운 왈패로고!

선필 태수는 잠깐 물러가오.

겸용 예. (퇴장)

왕철 대왕! 저자들이 장차 무슨 불궤를 도모할지 모르오니 저자들을 신에게 맡기어주옵소서. 단칼에 베리이다.

왕건 나라가 병들었거늘 어찌 그만한 의분이야 없으랴.

선필 왕 시중은 너무 혈기가 많아서 걱정이오. 한 마리 쥐를 잡는 데도 차서가 있고 모책이 있어야 하지 않소!

왕철 대왕의 옥체에 뜻하지 아니한 괴변이 있어도 여기에서 차서만 찾고 모책만 꾀하고 있으란 법이오? 모책은 무슨 모책이오! (칼자루를 더 쥐며) 이것이야말로 가장 좋은 모책이라오.

왕건 왕 시중의 말에도 일리가 있기는 있으되 내가 호구에 들어와서 호랑이를 잡으려 할 적에는 이미 각오한 바 있으니 혈기는 삼감이 좋으리라.

왕철 에이! (할 수 없이 칼자루를 놓는다.)

왕건 상보. 상보도 저 신라의 신하들의 계책을 들었으려니와 장차

나는 어떻게 함이 좋을꼬?

선필 우선 성 밖에 복병시켜둔 우리의 군사 중에서 호위군으로 백 명만 불러들여 만일에 대비하여 둠이 좋을까 하나이다.

왕건 그리하여?

선필 신라의 자객을 한손에 잡아 그 자객을 징계하는 구실로 5천 대군을 풀어 단박에 성중, 궁중을 무찔러버리면 그만이오이다.

왕건 그것은 최후의 방책이렷다. 연이나 되도록 무력은 쓰지 않기로 하였으니… . 병력을 쓰지 않고 삼국 통일의 대공을 이룸이 나의 뜻이매… .

선필 싸우지 않고 신라를 손에 넣으실 양이면 역시 애초에 뜻하신 대로… .

왕건 애초에 뜻한 대로?

선필 첫째, 태자를 휘어잡으시어야 하고 둘째, 상대등 유렴을 없애야 하나이다. 이 두 사람만 잡으면 그 나머지는 날갯죽지를 꺾인 날짐승! 날지도 기지도 못 하리이다. 상대등은 꾀가 많은 위인이오. 태자는 이 나라 뜻있는 젊은이와 정사를 일신하려 하고 있으매 백성의 인심을 한 몸에 차지하고 있는 분인 줄로 아뢰오.

왕건 풍문으로 들은 태자는 고작하여 혈기 방장한 선비님인가 하였더니 와서 보니 소문과는 딴판으로 위인이 비범하여 폭이 넓고 깊이가 있고 기혼이 방일하여 좀처럼 범하기가 어려울 것 같구료.

선필 걱정 마옵소서. 낙랑공주의 그 아름다운 자색이면 천하에 휘어들지 아니할 자 없을까 하나이다. 자고로 현명한 자는 현명하길래 색에 떨어지고 아둔한 자는 아둔하므로 색에 떨어지고 용맹한 자는 용맹하길래 색에 떨어지는 법이거늘, 하물며 태자와 같은 젊은이에랴.

왕건 그리하면 경들은 공주의 단속을 잘하되 첫째, 태자로 하여금 공주와 가까이할 기회를 은근히 만들어주고 둘째, 공주에게다가 항상 태자의 칭찬을 들려주어 공주의 마음속에서 태자의 생각이 떠나지 않도록 함이 좋을까 하오.

왕철 (무뚝뚝하게) 태자의 그 불같은 패기에 비추어 그 길은 너무나 우원한 길인가 하나이다.

왕건 아니로다. 아무리 우원하다 하드래도 덕 있는 자를 내 편으로 끌어놓으면 내 스스로 그 덕 위에 내 왕업을 이룩할 수 있는 법이다.

선필 저기에 태자가!

왕건 같이 오는 처자는 누굴꼬?

선필 먼발치로 똑똑히 보이지는 아니하오나 아마도 태자께서 가까이하시는 상대등 유렴의 딸 백화인 줄로 아뢰오.

왕건 상대등 유렴의 딸? (잠깐 생각하였다가) 상보, 공주에게는 태자가 가까이하는 여자가 있음을 절대로 내밀히 하여야 하오.

선필 마침 백화는 다른 길로 가려고 하나 보오이다.

왕건 (바라보더니) 정말! 그러면 상보, 여기에서 태자와 공주를 서로 만나게 함이 좋을 것이니 궐내에 들어 공주를 불러오오.

선필 예. 그러면 왕 시중은 여기에서 대왕을 모시고 계시오.

왕건 공주를 넌지시 꼬이어 와야 하오.

선필 예. 어허허허…

태자, 김부, 낙랑공주, 겸용, 설효, 그 외

설효는 오른편 방으로 들어가려 한다. 이때 태자 등장. 양인, 시치미를 떼고 공손히 읍한다.

태자 저 소리가 어이한 소린고… 오늘이 뉘 죽는 날인고? 누가 죽었기에 저다지도 통곡들을 하는고?

겸용 태자님, 이 무슨 말씀이시니이까? 오늘이 이 나라의 가장 큰 잔칫날이어늘 죽기는 누가 죽었단 말씀이시니이까?

태자 옳거니, 죽었거니, 죽기는 죽었거니, 큰 것이 죽었으니 모두 다 울어라. 가슴이 터지도록 통곡을 하여라.

겸용 딱도 하여라. 풍악 소리를 통곡 소리로 들으시니…

설효 정말 어이한 일이오니까?

태자 남 딱함이 아니라 너희들이 딱함이로다. 통곡 소리를 풍악 소리로 듣는 너희들이 딱하지 아니하면 뉘 딱할꼬? 제 딱한 줄 모르는 딱한 우리들만 장마 개천에 올챙이 떼와 같이 옥시글거리니 딱함도 딱한지고.

사자 놀리는 광대. 사자를 몰고 분장실에서 나와 잔치 자리로 가려 한다.

태자 오, 사자로고. (사자의 고삐와 사자 놀리는 채찍을 빼앗으며) 자아, 이놈 용맹무비한 사자! (채찍을 획 드니 사자, 껑충껑충 뛰어

춤추는 시늉을 하며 옆에 선 겸용과 설효를 물듯이 몰아댄다. 겸용과 설효, 깜짝 놀란다.) 아하하. 이놈 사자야. 그만둘지어다. 너 무엇에 주려 올챙이를 먹으려 드느뇨? 너도 딱한지고. 국으로 산중에 있지 않고 무슨 청승으로 이 진흙 밭에 끌려 내려와서 마치 어느 나라 태자와도 같이 목에다 처량한 방울을 달고 이리저리 광대 놈의 채찍질에 헤매느뇨?

낙랑공주 이때 잔치 자리에 나타난다.

공주 (태자를 보고 반기어) 오라버니 여기에 계시었소?

태자 (사자의 고삐를 광대에게 주며) 자, 이것을 몰고 가서 왕건을 즐겁게 하여 주어라. 그래서 그를 살찌워라.

사자 놀리는 광대는 사자를 몰고 좌편으로 퇴장. 겸용 설효는 틈을 보아 분장실로 숨는다.

공주 오라버니, 어이하여 나를 모르는 척하시오?

태자 나를 오라버니라 부르시는 이는 누구시오?

공주 누이를 몰라보시니이까?

태자 어허허… 부왕이 근일에 새로 총첩을 두시었다기에 나는 그 여자인가 하고…

공주 부왕의 총첩이라니? 그 어이한 말씀이온지?

태자 무슨 일로 부르시었소? 하오실 말씀 있거든 빨리 하오.

공주 간밤에 혹 소녀로 잘못함이 있었나이까? 어이하여 오라버니께서 이다지도 쌀쌀하게 맞아주시니이까?

태자 나의 갈 길이 바쁘오.

공주 어이하여 소녀를 피하려 하오시오? 이렇게 하오시면 도리어 남의 의심만 사실 것을.

태자 의심이라니?

공주 호호호… 이 몸이 오라버니의 마음을 모르는 줄아오시오?

태자 그런 철없는 소리 말고 저 곡성을 들어보오. 저 흉악한 소리를 듣고 누군들 제정신을 가리리오?

공주 소녀도 저 소리가 싫소이다. 아침부터 늙은 대관들과 더불어 한자리에 있노라니 지루하여 견딜 수 없나이다. (태자의 손목을 끌며) 자! 저 바깥 어원으로 소녀를 데려다주오시오. 바람을 쏘이러 지금 잔치 자리를 빠져나오는 길이오.

태자 가려거든 가오. 이 몸은 공주에게 일없는 몸.

공주 고려 본국으로 다시 돌아갈 일 생각하오면 소녀는 슬퍼지나이다. 아무 데도 가지 말고 오라버니를 모시고 이 나라에 살고 싶나이다.

태자 (비꼬아서) 어허허… 정말일까?

공주 오라버니가 가까이 두어주시오면 소녀는 모든 것을 다 버리리이다.

태자 다 마른 신라의 궁전 우물에서 이 보잘 것 없는 용을 낚기에 공주는 너무 아름다운 것을.

공주 제발 소녀를 고려의 계집아이… 원수의 딸이라 생각지 말아주옵소서. 소녀는 오라버니를 위하여서는 나라도 귀치 않고 공주도 귀치 않소이다.

태자 이 요사스런 것 같으니 색으로써 먼저 부왕을 휘어잡고 그리고 이 몸마저 휘어잡아 마침내 이 왕국을 모조리 휘어잡으려고?

공주 그 무슨 당치 못한 말씀이시니이까?

태자 내 너의 아비의 꾀를 아노라. 쓸개 빠진 이 나라가 깡그리 그 꾀에 빠질지언정 이 몸만은 못 빠뜨리리라.

공주 아아 억울하여라! 간밤에 그토록 아뢰었거늘 어이하여 남의 속을 몰라주심이 이다지도 심하시오? (흐느낀다.)

태자 저리 비키어라! 이 몸의 큰 뜻을 어둡게 하여 이 몸과 같이 이 몸의 넋까지 빼앗아가려는 이 고약한 것!

김부, 좌편에서 등장.

김부 (태자의 떠드는 소리를 듣고) 어이하여 태자는 오늘 미친 사람 모양으로 제 체모를 모르는고?

태자 세상이 다 미쳤거늘 신 홀로 깨어서 무엇하리이까? 차라리 미치어서 보기 싫은 세상을 잊어볼까 하나이다.

김부 동궁은 신상에 길치 못한 일이 있음이로고?

태자 신에게도 길치 못한 일이 있사오니 부왕께서도 상서롭지 못한 일이 있는가 하나이다.

김부 그 무슨 소린고?

태자 폐하. 이 팔찌는 누구의 팔찌이온지?

김부 이것이 어이한 일일꼬? 간밤에 공주에게 준 것이…

태자 놀라지 마옵소서. 천하가 기울어지매 아마도 천지가 실신하여 뜻하지 아니한 요사한 일도 있는가 하나이다.

김부 (의심스러운 듯이) 공주, 이 팔찌를 어이하여 태자가?

태자 공주 대답하오!

공주　오라버니께서는 어이하여 소녀를 괴롭게만 구시려 하시니이까? 폐하의 팔찌를 소녀가 가졌기로 그 무슨 잘못이며 그 무슨 허물이오리이까?

김부　(다정하게) … 공주, 잔치 자리로 그만 돌아감이 어떨꼬? 공주가 나의 곁에 그대로 앉아 있었으면 좋았을 것을 공연히 나의 옆을 떠나오니 이런 일도 생기나니라.

공주　태자께서 소녀를 천하에 몹쓸 계집으로 여기시니 소녀는 그 뜻을 알고자 하나이다. 태자님! 어이하여 이 몸을 그런 죄 많은 계집아이로 생각하시니이까?

김부　공주, 요즘 태자는 기후의 탓으로 제정신을 못 차리는 듯하니 더 묻지 아니함이 좋으리라.

태자　신이 정신을 못 차림이 아니오라 하늘이 분명 미친 듯하여이다. 저 천상에 햇님이 제자리를 잃고, 또 듣자온즉 간밤에 달님은 동에서 떠서 서쪽으로 가다가 길을 잃어 저 북쪽으로 기울어지더라 하오니 저 하늘이 미친 것이 분명하오며 하늘이 미치었길래 땅 위의 왕이 나라를 잊고 이웃 나라 공주의 치맛자락에 싸여 헤어나지를 못하심이 아닌가 하나이다.

공주　(눈썹이 꼿꼿하여진다.)

김부　동궁아! 이것이 신하가 임금에게 하는 소리며 자식이 아비에게 하는 말이냐! 아무리 미치었다기로 너 충효의 길을 잊어버렸나뇨?

태자　충효라 하시오니 충효를 아뢰리이까? 오늘의 충이란 견훤이 힘 있을 제 견훤의 앞에 허리를 굽히고 왕건이 힘 있으면 왕건의 앞에 머리를 숙이고 낙랑공주의 자색이 아름다우매 공주의 허리에 팔을 두르는 것이 충인가 하오며…

공주　　이 또 무슨 당치 못한 말씀이니이까?

김부　　(칼자루를 턱 잡으며) 이 불효 불충한 놈아! 그 입을 닥쳐라. 이 칼로 네 혓줄기를 끊으리라!

태자　　끊으시려거든 끊으시오. 제발 이 아깝지 아니한 목숨을 끊어 주오소서. 그러하오나 신은 이 가슴속에 박혀 있는 말씀을 폐하께 죄 아뢰고 죽으려 하나이다. 부왕 듣조시오. 신이 듣자오니 북한주도독 왕륭의 아들 왕건이 그의 딸 낙랑의 색으로써 이미 옥좌를 휘어잡고, 이전 신라왕은 새 왕의 공주의 손을 핥고 신하들은 새 왕의 발을 빤다 하거늘 이 일은 듣기만 하여도 절통한 일이온데… 저 풍악 소리는 무슨 소리며 춤은 무슨 춤이니이까? (땅을 치며 운다.)

김부　　아아! (괴로워한다.)

태자　　(눈물을 거두며 자기의 칼을 빼어 김부에게 바친다.)… 인제 죽여주오소서. 천 년 사직이 망하여버리고 거룩한 이 서울이 쑥밭이 되는 꼴을 보기 전에 부왕께서 낳으신 몸이니 이 목숨일랑 폐하께서 거두어주오소서.

김부　　보기 싫다. 물러나라! 얼른 물러나라!

태자　　물러나라 하오시면 신은 물러나리이다마는 부왕의 마음이 물러나지 아니하시니 괴로움은 면치 못하시리이다. 부왕께서 이렇듯 괴로우실진대 그 약하신 등에 천 년 사직을 아니 지시었다면 피차에 좋았을 것을, 국운과 기운이 모두 불길하여 부왕께서 높으신 자리에 오르시니 왼손으로 오랑캐를 불러들이고 오른손으로 역적의 발에 매어달리는 변변치 못한 재주를 부리시게 되었나이다. 이러고 보오니 이 나라의 태자로 태어나 신도 전생에 죄 크려니와 이런 나라의 천자로 앉으신 부왕께서도 그 죄 적지 아니한가 하나이다.

김부 듣기 싫다!

태자 원컨대 상감마마. 제발 저 어린 여자를 삼가소서. (나가려 한다.)

공주 (태자를 막으며) 태자님! 그 무슨 말씀이오?

태자 (밀치며) 나의 앞을 막지 마오.

공주 사람을 밀치시기까지.

태자 (발을 옮긴다.)

공주 태자님!

공주 태자를 부르나 태자는 뒤돌아보려 하지 않고 퇴장. 태자의 뒷모양을 꾹 노리고 동치 않고 있더니 공주는 무엇을 결심한 듯이 들었던 부채를 내던진다.

김부 공주.

공주 (이를 바드득 갈며) 두고 보라. 여자의 마음을 이대도록 짓밟고서! 흥, 원수의 자식이라 하여 미워하였으니 그 원수의 매서움을 보여주리라! 고려 계집아이의 차디찬 맛을 보여주리라.

시녀 공주님!

공주 아바마마를 모시고 오라.

시녀 …

김부 공주. 나와 같이 안으로 들어감이 어떨꼬? 공주는 아무 데도 가지 말고 나와 같이 나의 가까이 있어 이 늙은 여생을 위로하여줌이 좋을지어다.

공주 싫소이다. 모두가 귀치않소이다!

김부 (공주를 붙들고) 공주는 모르는도다. 태자는 지금 정신을 잃은 사람이라 겉으로는 모르거니와 속에는 회오리바람이 불어

갈피를 찾지 못하는도다.(팔찌를 끼워주려 한다.)

공주 (뿌리치며) 놓아주오소서. 소녀의 품은 뜻은 이 칼로 태자를 해하고 이 몸마저 죽을 작정이오이다.

김부 공주.

공주는 품속에 있는 칼에다 손을 대며 태자가 나간 쪽으로 퇴장.

시녀 어이하시려고 저러실까?

김부 너 빨리 공주를 붙들어라.

시녀 예!

시녀도 공주 뒤를 따라 급히 퇴장.

김부 (혼잣말로) 공주마저… 잃으면 짐에게 무엇이 남을꼬?

김부, 팔찌를 주워들고 힘없이 공주의 나가는 것을 바라보고 있다가 하릴없이 좌편으로 들어간다.

낙랑공주, 왕건, 왕철, 선필, 그 외

이때 왕철의 인솔로 고려 군사 수인, 왕건이 나간 쪽에서 황급히 들어선다.

왕철 공주, 금방 저 길로 나간 이가 누구시오?

공주 왕 시중께서는 아실 바 아니오.

왕철 (군사에게) 빨리 저 자들의 뒤를 따르라!

군사들 예. (하며 종종걸음으로 태자의 뒤를 쫓으려 한다.)

공주 (군사의 앞을 가로막아 서며 단호하게) 안 되오.

왕철 예?

공주 이 길로 그 군사를 보내실 양이면 제발 그 창검으로 이 몸을 무찌르고 그 시체를 밟고 가소서!

왕철 (우레 같은 소리로) 공주님!

공주 (찔러달라는 듯이 가슴을 내대며) 자!

왕철 에이 참! (쓴 입맛을 다시며 할 수 없이 비켜선다.)

왕건 (나타나며) 공주! 공주는 어이하여 나의 하는 일에 이렇게 훼방만 놓고 다니느뇨? 대체 공주는 이 국가 대사를 어이하려 함이오?

공주 …

왕건 공주는 태자의 부친이신 신라왕 김부의 후궁으로 작정된 몸임을 번연히 알면서 그의 아들과 가까이함은 어이한 일이뇨?

공주 누가 그 늙으신 왕의 후궁이 되겠다 하였나이까? 누구의 승낙으로서 작정하시었느냐 말씀이오?

왕건 부왕의 칙령이로다.

공주 아바마마. 불효 불충한 말씀이오나 이러한 칙령을 내리실진대 차라리 이 몸을 죽여주오소서. 이 몸을 살려놓고는 아바마마의 뜻대로 못하시리이다.

왕건 공주!

공주 제발 지금 북문 턱까지 쳐들어와 있는 저 5천 대군을 오늘 밤 안짝으로 한 사람 빠뜨리지 마시고 죄 성 밖으로 물리쳐주오소서. 그리고 이 나라 태자와 태자의 일당을 작해하시려 수배하신 자객을 모조리 불러주오소서. 제발 소원이오이다.

왕건 그 무슨 망발의 소릴꼬? 공주는 지금 아비가 어떻게 위급한 자리에 처하였기에 그따위 소리를 하나뇨? 공주는 아비의 몸에 칼이 들어와도 아무렇지 않단 말일까?

공주 그러면 소녀의 소원을 들어주시지 않겠단 말씀이오니까? (품에서 칼을 꺼내며) 만일 부왕께서 그러하신 생각이시라면 이 칼을 물고 이 몸은 이 자리에 엎드러져 죽겠나이다. (시퍼런 칼을 뺀다. 달빛에 칼이 번쩍한다.)

일동 (놀라) 앗!

왕건 공주!

공주 이 몸의 죽는 양을 아니 보시려거든 제발 소녀의 소원을 들어주오소서.

왕건 (기가 막혀 구원을 청하는 듯이 고개를 돌려 이때 마침 나타나는 선필을 보며) 상보!

선필 (왕건의 눈치를 알아채고) 공주님. 그 칼을 거두소서. 그리고 그 일은 이 몸에게 맡겨주시고 어전으로 드옵소서. 이 몸이

대왕께 여쭈어서 공주님의 소원대로 하여 드리오리다.

공주 정말이오?

선필 (왕건의 눈치를 살핀다.)

왕건 에이 참! (쓴 입맛을 다신다.)

선필 (좋도록 하여달라는 눈치인 줄 알고) 앞으로 부왕께서는 신라의 것이라면 날아가는 참새 한 마리 죽이지 아니하신다 하시나이다.

공주 (칼을 도로 넣으며) 그러면 또 한 가지 부탁할 말씀 있소. 듣잡건대 부왕께서는 신라왕을 애써 소녀에게 가까이하려 하신다 하오니 이는 너무도 어이없는 일! 제발 신라왕의 침전을 다른 곳으로 옮기시어 신라왕으로 하여금 소녀의 처소에 임의로 출입하시지 못하게 하여 주소서. 늙은이의 따르시는 수작 귀치않소.

선필 (왕건의 눈치를 또 알아채고) 염려 마오소서. 신라왕의 침전을 옮기고 출입을 금하리이다.

공주 그러면 이 몸은 만사를 상보만 믿겠소.

선필 황송하여이다.

공주, 태자 일당이 나간 뒤를 밟아 퇴장.

왕건 누구를 닮아 낙랑의 성미가 저대도록 괴팍할꼬? 애초에 나는 공주의 덫으로써 태자를 잡으려 하였더니 공주는 도리어 태자의 덫에 걸리고 말았구료. 에에. 나의 일생에 이와 같이 어리석은 덫을 놓아본 적이 없는 것을…

선필 이럴 줄 알았으면 공주님을 아니 모시고 올 것을.

왕철 이 실수는 전혀 상보 선필의 그 꾀 때문이오. 애초에 나의 의견대로 들어오던 맡으로 신라를 쳤을 일이면 이러한 일은 없었을 것을. 에이, 분한지고! 지금 일거에 신라 천지를 한 손에 휘어잡을 차비가 다 되었으면서도 공주님의 고집으로 못 하고 있다니.

선필 왕 시중은 모르시는 말씀이오. 대왕의 품으신 뜻은 되도록 불늪일병하심에 있음이 아니었소? 피를 흘려 나라를 빼앗으면 나라를 잃은 그 원한이 백성의 가슴에 깊이 못 박히므로 결국 또다시 나라를 잃게 되는 법이오. 보오. 전날 신라가 병력으로 백제와 고구려를 쳤기 때문에 비록 삼국 통일의 대공은 이루었으되 신라는 그 후 이백여 년을 두고 하루도 평안한 날이 없었고 마침내 견훤은 백제의 유민을 거느려 신라를 괴롭게 하고, 궁예는 고구려의 유민을 거느려 군림하지 아니하였소? 그러므로 우리 고려가 만일 병력으로 신라를 칠 양이면 그것은 손쉬울는지 모르지만 백 년이 지나지 못하여 반드시 신라를 빙자하여 일어날 자가 없으리라고 누가 믿을 수 있겠소?

왕건 자아 폐일언하고 우선 공주의 마음을 사기 위하여 시중은 북문으로 쳐들어온 우리 군사를 급급히 성 밖으로 몰아 내치고 상보는 자객을 모조리 도로 불러들이게 하오.

왕철 대왕께 아뢰오. 지금 이처럼 큰 공을 세워놓은 군사를 도로 물러나게 함은 당치 아니하옵신 분부인가 하나이다.

왕건 이제 군사를 잠깐 성 밖으로 물러서게 한다 하여도 그 동안에 신라가 별안간 강하여질 리는 없는 일.

왕철 하지만…

왕건 나에게 신라는 중하거니와 공주도 귀하오. 더구나 지금 신라왕 김부는 공주를 후궁으로 줍시사고 주야로 나에게 조르매 만일 낙랑의 마음이 돌아서 그의 후궁으로 들어가겠다 허락하면 만사는 나의 뜻대로 되는지라 신라 통일의 대공은 피 한 방울 흘리지 않고 성취될 것이니 경들은 이 며칠만 두고 공주의 마음이 태자에게서 물러나도록 힘써봄이 좋으리라.

왕철 공주님의 그 칼날 같으신 성미를 보아하니 매우 어려운 일일까 하나이다.

왕건 칼 같은 성미인지라 돌아서려 들면 매섭게 돌아서는 법이다. 공주만 돌아서면 태자는 개골산으로 귀양이나 보내어 마의 초식이나 하게 되면 그뿐! 그러하니 경들은 첫째, 태자에게는 상대등 유렴의 딸 백화라는 성례는 아직 아니 이루었을망정 이미 태자비로 작정된 소저가 따르고 있다는 것과 둘째, 태자는 의리를 앞세우는 위인이라 한번 작정된 태자비를 두고 결단코 다른 데로 그 마음을 옮기지 아니한다는 것과 셋째, 태자의 뜻은 꿋꿋하여 아녀자의 정에 쉽사리 끌릴 것 같지 않다는 것과… 이런 것을 낱낱이 따져서 공주에게 들려주도록 하오.

선필 예. 신등의 재주껏….

왕철 그런 묘책은 오히려 공주님의 성미에 불을 질러놓지나 않을까 신은 홀로 저어할 뿐이오이다.

군사 (등장) 대왕께 아뢰오. 저, 저기에 신라 제신이 오는 줄로 아뢰오.

선필 태자 일당을 따라 공주님도 같이 오시는 듯하여이다.

왕건 공주는 어이하여 매양 저자들과 같이 다닐꼬?

일동 에이 참!

왕건 그럼. 경들은 나와 같이 저 나무 그늘에서 그들의 거동을 엿보도록 하오.

일동 예. (일동 퇴장)

장금, 금영, 한 상궁, 최 상궁, 그 외

장금, 어머니의 요리책을 당의 속에 숨기고 금영은 고민 끝에 부적을 그냥 가지고 나가려는데 들어오는 장금이 발견하고 놀라서 부적 떨어뜨린다.

장금 금영아! 너 언제부터 거기 있었어?

이때, 등불 들고 문을 열고 들어오는 한 상궁과 연생, 영로. 장금, 놀라서 얼른 요리책을 숨긴다. 등불 빛에 금영과 장금 발견된다.

한 상궁 밤이 늦었는데 예서 뭘 하는 게냐? 여긴 늦은 밤이면 출입이 금지된다는 것을 모르느냐!

연생, 등불에 발에 밟힌 부적 주워 보고

연생 마마님, 여기 이상한 것이 있사옵니다.

금영 !!!

장금 ?

영로, 한 상궁이 눈치채지 못하게 얼른 밖으로 나간다. 한 상궁, 금영과 장금 보며

한 상궁 (부적 보며) 누구냐?

장금 전 아니옵니다.

금영 … 저도 아니옵니다.

한 상궁 허면 부적이 발이 있어 절로 여기 와 있단 말이야. 이 부적이 어떤 부적인 줄 아느냐? 왕자 아기씨를 공주로 바꾸는 부적이니라! 이는 역모죄에 해당되는 것을 몰라!

장금 (금영 본다.) !!!

한 상궁 금영이 너는 이 시간에 여긴 웬일이냐?

금영 (담담하게) 전 오늘 최 상궁 마마님의 명을 받아 숙번을 한 것일 뿐입니다.

한 상궁 허면 장금이 넌?

장금 …

한 상궁 … 말하지 않으면 의금부에 하옥될 것이야.

장금 부적이 제 것이 아니란 것밖엔 드릴 말씀이 없습니다.

한 상궁 나에게도 말하지 못한단 말이야.

장금 … 예.

한 상궁 장금아, 니 목숨이 달린 일이야.

급하게 등장하는 최 상궁과 영로.

최 상궁 이 무슨 소란인가?

장금 (최 상궁을 노려본다.)

한 상궁 … 부적을 발견했네…

최 상궁 부적이라… 이건!!!

최 상궁, 금영 보지만 금영 고개만 숙이고 있다. 그에 비해 장금, 최 상궁을 노려본다.

최 상궁　해서 어찌하면 좋겠는가?

한 상궁　어찌 하다니 문초를 해서 알아봐야지.

최 상궁　꼭 그리 해야겠나? 장금은 자네가 아끼는 나인이 아닌가?

한 상궁　공과 사는 분명히 해야 하네. 여긴 나랏님의 음식을 만드는 곳이 아닌가. 어찌 내가 아끼는 나인이라 하여 다르단 말인가.

최 상궁　자네 참 팍팍하이.

한 상궁　자네가 그리 말한다 해도 원칙은 원칙이야.

최 상궁　저 두 사람이 했다는 증거도 없네.

한 상궁　하지 않았다는 증거도 없네.

최 상궁　좋네. 우리 최고 상궁을 놓고 경합을 하세.

한 상궁　그 일은 자네가 거절하지 않았나?

최 상궁　자네와 최고 상궁을 두고 경합을 할 테니 두 아이의 죄를 잠시 묻어두게. 내가 이기면 저 둘의 죄를 묻어두고 자네가 이기면 의금부에 발고하기로 하세.

한 상궁　… 대신 두 아인 잠시 궁에서 먼 곳으로 보내야 할 것이네.

최 상궁　굳이 그리 할 것까지야…

한 상궁　잠시라도 이 두 사람에게 수라간을 맡길 수 없음이야.

최 상궁　… 그리 하지.

한 상궁　(장금과 금영에게) 너희들은 지금 곧 상감마마의 보모 상궁이셨던 분의 수발을 들러 운암사로 떠나거라.

장금　마마님.

한 상궁　어서!

장금, 뭔가 말하려다 입을 닫고 한 상궁 안타깝게 쳐다본다.

장금, 민정호, 금영, 그 외

이때, 민정호와 부종사관 함께 들어온다.

민정호 난 사찰 주변을 둘러볼 테니 넌 인삼 밭 주변을 잘 살피고 수상한 자들이 있는지 살펴보도록 해라.

부종사관 넷!

부종사관 나간다. 민정호, 사찰 둘러보는데 장금과 마주친다.

민정호 서 나인!

장금 나으리! 여긴 어떻게?

민정호 전 중요한 일이 있어 운암사에 잠시 들렀습니다.

장금 … 네.

민정호 사실 그렇게 가신 뒤로 언제나 다시 만날 수 있을까 하는 생각뿐이었습니다. 헌데 여긴 왜 와계십니까?

장금 … 잠시 사정이 있었습니다. 하지만 다행히 다시 입궐하게 되었습니다.

민정호 궁으로 돌아가는 게 그렇게도 좋으십니까?

장금 궁궐이 좋아서 가는 게 아닙니다. 좋든 싫든 전 꼭 돌아가야만 해요.

민정호 무슨 사연이 있으신가요?

장금 …

민정호 사람은 누구나 말 못할 사연이 한 가지씩은 있나 봅니다. 그게 살아가는 데 힘이 되기도 하고 힘이 들기도 하지요. 저도 가끔은 그냥 평범한 남자로 태어나 사랑하는 여자를 만나 밭을 일구고 사냥을 하면서 평범하게 살고 싶은 꿈도 꾼답니다. 하지만 내가 하는 일이 나라를 지키고 임금을 섬기고 백성을 구하는 길이기에 그 꿈은 가슴 깊이 접어두었지요.

장금 전 평범한 여인으로 사는 건 꿈조차도 꿀 수 없답니다.

민정호 그럼 서 나인의 꿈은 무엇입니까?

장금 … 저의 어머니는 아주 오래전 수라간 궁녀셨어요. 피치 못할 사정으로 궁에서 쫓겨나와 저를 낳으셨지요… 어머니는 저를 구하시려다 돌아가셨어요… 저는 꼭 수라간 최고 상궁이 되어 어머니의 한을 풀어드려야 합니다.

민정호 제가 도움이 될 수 있다면 좋겠습니다. 아니 꼭 도움이 되고 싶습니다. 서 나인이 다시 환하게 웃을 수만 있다면 무슨 일이든지 하겠습니다.

장금 무슨 일이든지요?

민정호 네.

장금 아무리 힘들어도요?

민정호 네.

장금 그럼 저 산꼭대기까지 업어주세요.

민정호 네?

장금 농담입니다.

민정호 그 미소 잃지 않게 제가 곁에서 지켜드리고 싶습니다. 서 나인은 웃는 얼굴이 참 아름답습니다.

장금 아! 뼈까지 상한 것이면 우거지를 넣은 사골을 고아 드시면 좋사옵니다.

장금을 찾으러 온 금영 두 사람을 보고 멈춘다.

민정호 여긴 절간입니다.

장금 맞다!

민정호 뼈까지 상한 것은 아닙니다…. 표창에 찔린 자상입니다.

장금 허면 살이 다시 오를 수 있도록 어죽탕과… 아참, 그건 또 생선이지….

민정호 (크게 웃는다.) 하하하….

장금 왜 그리 민망하게 크게 웃으십니까?

민정호 그대 같은 사람은 첨 보오….

금영, 두 사람의 다정한 모습 보고 슬픈 듯 질투심에 멈칫거린다.

청년, 아버지, 선생, 용필

T.V IN

(F.I)

아버지, 김치에 소주를 놓고 마시고 있다.

청년 뭐해?

아빠 보면 몰라, 테레비 보잖아.

청년 재미있어?

아빠 별로.

청년 근데 왜 봐?

아빠 그냥 보는 거야.

청년 집에서 놀지 말고 노가다라도 좀 뛰어. (사이) 은실이 들어봐.

아빠 끝났어 지금 몇 신데. 어디서 오냐?

청년 학교요.

아빠 너 퇴학시킨대. 아까 9시 뉴스 끝날 때 네 담임 왔다 갔어. (편지나 봉투 준다.) 학교 오기 싫으면 전화라도 하래. 요번 주 안에.

청년 돈이 어디서 났어?

아빠 가서 벌어! 고등학교는 나와야지 졸업하면 바로 군대나 가! 전방이 밥은 잘 나온대더라.

청년 아버지! 또 천호동 갔었구나. 엄마한테 자꾸 가지 마. 쪽팔리지도 않냐 아버진. (사이) 아직도 그 새끼랑 산데?

아빠　　웅 그런가 봐. 안 물어봤어.

청년　　어유 병신들! 아버지! 우리 일본에 가서 살까?

아빠　　아무나 가냐? 일본이 너를 받아준대?

청년　　내 친구 아버지가 일본서 빠찡꼬 크게 한대.

아빠　　야쿠샤구나.

청년　　빠찡꼬 하면 다 야꾸사야?

아빠　　그럼 야꾸샤 똘마니구나?

청년　　아부진 왜 그렇게 생각이 삐뚤어졌어.

아빠　　네 친구 누구?

청년　　용필이.

아빠　　걔 애비는 홍콩에서 언제 일본으로 갔냐? 미친놈. 친구 골라서 사귀어! 하나를 만나도 제대로 된 인간을 만나. 그래야 나이 들어 고생 안 한다. 나처럼! (사이) 술이나 한잔하자?

둘 대작한다.

청년　　돈 아껴 써. 몇만 원 생겼다구 펑펑 쓰지 말구.

아빠　　이거 괜찮지? 순하지?

청년　　뭐야 조잡스럽게, 술에 정신이 없어.

아빠　　정신?

청년　　영혼이 없어 그냥 진로가 훨 나아.

아빠　　음식 가지구 까탈스럽게 굴지 마. 복 달아난다. (사이) 야! 노래나 하나 불러주라.

청년　　궁상맞게 무슨 노래야.

아빠 하나만…

청년 집에 오면 귀찮게 좀 하지 마. (사이) 누구 거?

아빠 아무거나. 그거 있잖아, 이렇게 하는 거 (자리에서 일어나서) 나나 나나 나나나아아 행복~~하~~여~~라. 이거. (앉는다.)

청년 아버지 행복해지고 싶어?

아빠 너는?

청년 따라하지 좀 마! 친구나 아는 데 없어? 나가서 잘 만한 데.

아빠 나보구 나가라구? 어디로?

청년 같이 있으면 피곤하잖아 서로.

아빠 너는 나 보면 피곤하냐?

청년 조금. 사람이 왜 일을 안 해? 사지 육신이 멀쩡해가지구.

아빠 그럼 멀쩡한 네가 나가서 일해라!

청년 난 학생이잖아.

아빠 미친놈! 나이롱 뽕 학생도 학생이냐. 싫으면 네가 나가! 내 집에서 내가 왜 나가냐?

청년 이게 왜 아버지 집이야.

사이

아빠 나도 마찬가지야.

청년 뭘?

아빠 너 보면 피곤한 거… 넌 친구도 많잖아, 안 찾아다닐게 집 싫으면 나가!

청년 사람이 왜 그래 아버진, 아들 하나 있는 거 못 잡아먹어서.

아빠 너나 하나 있는 아버지 잡아먹을 생각하지 마!

사이

청년 밥은 먹었어?

아빠 아니.

청년 차려줄까?

아빠 됐어.

청년 그럼 라면 먹을래?

아빠 밀가루 냄새 나 지겹다 라면. (사이) 있냐?

청년 사 올게.

아빠 됐다 그럼.

청년 같이 먹자. (나가는데)

아빠 신라면으로!

걸려오는 전화벨. 아버지, 전화를 급히 받는다.

아빠 여보세요? 받아, 네 담임이래.

그냥 나가는 청년, 환하게 밝아오는 텔레비전, 술을 따르는 아버지, 음악 흐른다.

이정선

(F.O)

(F.I) TOP

선생 16세기 중엽에 시작된 서방 동진 정책은 동양의 특산물을 유럽에 전매함으로써 이익을 얻는 중계무역에 그 목적이 있었다. 그러나 산업 혁명이 일어나 공산품이 산더미처럼 쏟아져 나오게 되자 영국을 위시한 유럽 열강은 동양을 단순한 중계 무역의 대상이 아니라 자기 나라의 원료 공급지, 상품 시장으로 바라보게 되었다.

1839년에 일어난 아편전쟁은 이러한 배경이 누적되어 발생했다. 참고로 누가 만들었는지는 모르지만 얼마 전에 중국 감독이 만든 영화가 있다.

제목도 아편전쟁 그대로다.

산더미 같은 아편을 태우는 장면이… 한 번 봐둬도 괜찮다.

예나 지금이나 바뀐 것은 없다.

힘이 없는 민족은 망한다.

힘은 어디에서 나오나?

용필-무대 사이드에서 등장-TOP-(C.I)

용필 용가리 아가리에서요. (담배 연기를 뿜어대며) 하악!

선생 힘은 무턱대고 보이지 않는다. 너희들! 용가리 봤나?

용필 까고 있네.

용필-무대 사이드로 퇴장-TOP-(C.O)

선생 학생들! 감히 말하지만, 속지 마라! 속인다고 속으면 그건 바보다!

(F.I)전체 조명

청년 모습 보인다.

청년　선생님!

선생　야이 치시한 새끼야. 너 정말 약속을 안 지킨다. 너 정말 그러고 싶냐?

청년　죄송합니다.

선생　분명히 일주일이라고 네 입으로 못 박았지. 근데 3주 만에 그것도 내가 겨우겨우 네 집을 찾아가야 네가 학교에 나타나.

청년　죄송합니다.

선생　그거 가지곤 안 돼. 내가 월급 몇 푼 벌라고 선생질 하긴 하지만 너 때문에 머리가 다 빠진다.

청년　잘못했습니다.

선생　네가 봐도 난 참 복이 없지?

청년　네!

선생　왜 나는 4년 동안 네 담임이 되고 너는 왜 아직도 2학년생이냐. 그것도 위태위태하게… 대학교 다니는 친구들 보면 쪽팔리지도 않냐? 답이 없어. 집에서 쉬어! 그게 서로 좋다. 어떻게 생각해?

청년　그 말이 맞습니다.

선생　가져와! 회초리. 넌 아직도 정신을 못 차렸어. 내가 볼 때 선생과 학생을 떠나서 넌 좀 맞아라. 맞고 얘기하자.

청년　네.

회초리를 가져다준다.

선생 이거 열 대 맞고 반성해라. 공분 안 해도 좋다. 내일부터 학교 열심히 나와라 엉?

청년 저 선생님 맞긴 맞는데, 학교 나오는 건 한 일주일만 더 생각하다 오면 안 되겠습니까?

선생 진짜 이 새끼가! (팽개치며) 안 때릴게 내 앞에 나타나지 마! 새꺄.

청년 아직 결론을 못 내렸습니다. 어떻게 해야 할지…

선생 뭘? 뭘? 뭘? 이 개새끼가 진짜… 힘들어도 우선 졸업을 해! 그리고 힘든 건 또 그때 생각해! 맨날 생각만 하지 말고 어? 지금 네가 상상도 못하는 일이 그때 또 나타난단 말야. 이 개 쌍노무 새끼야아~

청년 죄송합니다.

선생 죄송으로 안 끝나. 독후감은? 썼어?

청년 그것도 아직… 아직 다 못 읽었습니다.

선생 읽기 싫으면 찢어버려! 책은 책이야 새꺄. 그냥 종이 뭉치란 말야, 읽지 않으면 야 새끼야! 너 학교가 돈 생기면 오는 나이트클럽이냐? 요새도 술 많이 마시지?

청년 아뇨.

선생 거짓말하지 마! 월급 타면 내가 매일, 집에도 안 가고 너 술 매일 사줄게. 그냥 집에서 쉬어. 차라리 학교 근처에 나타나질 마. 넌 말이 안 통하는 새끼야. 알았어?

청년 그럼 저 짤리는 겁니까?

선생 그래 너 이제 짤리는 거다. 넌 말로도 안 되고 다 안 돼. 나 너한테 포기!가 새꺄 보기 싫어.

청년 알겠습니다. 가겠습니다. 건강하세요.

선생 일루 와. 일루 와서 갈 땐 가더라도 맞고 가. 너 그냥 못 보내! (청년 회초리를 집어준다.) 그래 오늘 날 잡자. 백 대 맞을 자신 있어?

청년 네!

선생 장난 아니야.

청년 네!

선생 숫자 세!

-손들면-(C.O)

청년, 간질녀다방 레지, 아버지

방

빤스의 남, 녀.

청년 그래서?

간질 미안하다 나 지금 그땐데.

청년 그때라니?

간질 배란기!

청년 배란기?

간질 애 배는 때!

청년 허! 나! 그래서?

간질 난 잊지 않을 거야 어제 네 모습! 고마워. (사이) 사랑해! 나 이해해줘서.

청년 나 너 안 사랑해. 나 너 이해 안 해. 너 누군지도 모르고!

간질 거짓말하지 마. 내가 한 번 그러면 다들 나 색안경 끼고들 봐.

청년 나도 똑같애. 징그럽고 내가 취해서 그런 거야. 됐지. 너 빨리 옷 입어! 빨리!

간질 네가 첨이야.

청년 첨이라니? 흉해! 빨리 옷 입어 이년아!

간질 날 위해 화내준 사람.

청년　　널 위해서 그런 게 아냐. 너 간질병 걸린 게 나하고 무슨 상관 있어? 씨발 이년 재수 좆나게 없네.

간질　　욕하지 마! 우린 밤에 사랑을 했잖아.

청년　　술을 마시면 사람이 가! 가는 거야! 무의식으로! 사랑한 게 아니라 그냥 술 취해서 어쩌다 잔 거야. 이년아!

간질　　우리 아버지도 그랬어. 엄마한테…

청년　　너 저능아니?

간질　　아니.

청년　　근데 왜 말귀를 몰라.

간질　　이거 유전이래.

청년　　아! 나! 좆같네. 너 까불면 죽탱이 돌아간다.

간질　　나… 안 믿어도 좋은데 네가 처음이야.

청년　　뭐가?

간질　　난 티켓 안 나가 봤어.

청년　　누가 너 같은 뚱땡이년 불러준데. 미친년!

간질　　몰라서 그래. 나 같은 체형 좋아하는 사람도 꽤 있어.

청년　　그래서?

간질　　저번 달에도 나 불렀다가 내가 안 나가니까 다방 찾아와서 불 지른다고 행패 부린 사람도 있어.

청년　　그래서? 그럼 저번 달에 나가지 년아 왜 나한테 덤터기를 씌우려고 그래. 이 씨발년 아주 씨발년이네.

간질　　욕하지 마. 나 발작 안 할게.

청년　　미친년! 너 간질이 무섭냐? 병신아! 사람들은 너한테 관심도 없어. 세상은 잘 돌아가고 병신아!

간질　　나 너랑 살면 안 될까?

청년　어디서?

간질　너희 집에서 (사이) 아니면 아무 데서나.

청년　내가 집시냐?

간질　내가 봐도 나 착하고 괜찮아.

청년　우리 아버지도 착해.

간질　(사이) 만약에 만약에 애 안 생기면 그땐 내가 너 떠나면 되잖아. 우리 같이 살면 안 될까?

청년　아주 꼴깝을 떠는구나.

간질　나도 생리해 매달.

청년　근데.

간질　여기도 오늘내일해.

청년　아까 얘기했잖아 그 말! 너 다방에서 짤렸다고!

간질　잘할게 너한테.

청년　말 놓지 마 너!

간질　이렇게 옷 벗고 남 앞에 있기는 처음이야.

청년　누군 너 아주 땡 잡았구나.

간질　첨인데도 부끄럽지가 않아. (사이) 사람들이 나 싫어하는 거 봤지 너?

청년　너 자꾸 너, 너 하지 마.

간질　싫어? 내가 너보다 누난데?

청년　너 하나 물어볼게. 빤스만 입구 맞아본 적 있니?

간질　아니.

청년　그럼 입 다물어.

간질　그럼 뭐라고 불러.

청년　돌겠네. 뚱땡아 그냥 너 어~~휴, 나 돌겠네. 네가 뭘 모르는데 나도 참 대충인데 너처럼 정신없는 년 처음이다.

간질 정신 차릴게 나.

청년 미쳤구나 너.

간질 미치면 어때?

청년 허허허 같이 미칠 자신 있어?

간질 웅.

청년 진짜?

간질 너한테 잘할게.

청년 누가 보면 울겠다. 울다가 욕하겠다. 욕하다 아 나 죽이네 얘.

간질 왜?

청년 불쌍한 년놈들이니까. (담배를 입에 문다. 불을 켜대는 간질의 라이터를 뺏으며) 티내지 마. (사이) (담배를 피우다 끄며) 그래 가 보자. 가자 돌아 버리자. 근데 너 이거 알아둬라. 아주 힘들다. 참고로 얘기하는데 우리 엄마 장님이야. 지금은 딴 새끼랑 살고, 안마하다 만났고 행복하겠지 지금은. 우리 아버진 개야. 자세한 건 보면 알고 그리고 나도 개고! 왜 고생을 할려구 하니 뭔가 달라질 거 같애. 사는 게 그래 맛 좀 보자 서로… 개고기 맛 좀 볼래. 허허허허허 미친년… (간질의 얼굴을 어루만지며) 어유 이 미친년아!

간질 청년의 품에 안긴다.

(F.O)

방

청년 뚱땡아!

(F.I)

아버지 김치에 소주를 마시고 있다.

청년 인사해. 아버지야.

간질 안녕하세요.

아버지 누구냐?

청년 우리 집에서 살 거예요.

아버지 누가?

청년 얘요.

아버지 왜?

청년 집이 없어요. 간질병 환자예요.

아버지 그래서?

청년 그래서는 무슨 그래서예요.

아버지 집이 없고 간질병 환잔데 왜 우리랑 같이 사냐?

청년 다방에서 일하는데 툭하면 거품 무니까 기집애들이 놀리고, 쫓겨났어요.

아버지 누구 맘대로 여기서 사냐.

청년 맘은 무슨 맘이에요. 기냥 사는 거지. 내가 좋대요.

아버지 왜?

청년 앞으로 밥하고 빨래하고 얘가 다 할 거예요. 근데 나이는 나보다 많아요.

아버지 몇인데?

청년 다섯 살 많아요.

간질 잘할게요. 아버님!

아버지　　아버님? 같이 살이 부대꼈냐?

청년　　몰라요.

아버지　　네가 모르면 누가 알아.

청년　　얘가 나보구 책임지래요.

아버지　　얘가 왜 댁을 책임지나요? 작정을 했구나 막 살기루…

청년　　사돈 남 말하지 말아요. 야! 보면 알겠지만 우리 돈 가진 거 하나도 없어 너 먹을 건 네가 구해 와.

아버지　　많이 먹겠다.

청년　　사람 무안을 주세요. 전화도 받는 거밖에 안 돼.

아버지　　이젠 받는 것도 안 돼. 앞으로 네가 아버지 해라. 내일 동사무소 가서 호주 이름 바꿔줄게.

청년　　화났어요?

아버지　　응, 화나지 너 같으면 화 안 나겠냐?

청년　　한 번 봐주세요. ―(전환)― 어유, 좀 그러면 안 돼요.

청년 앉으면 아버지 일어난다.

도입부에서 다시 시작–아버지 청년에게 존댓말.

청년　　인사해 아버지야.

간질　　안녕하세요.

아버지　　누구세요.

청년　　우리하고 같이 살 거예요.

아버지　　누가요?

청년　　얘요.

아버지　　왜요?

청년　집이 없어요. 간질병 환자예요.

아버지　집이 없고 간질병 환자면 당연히 같이 살아야죠.

청년　다방에 다니는데 툭하면 거품 물고 그러니까 지집애들이 놀려대고, 쫓겨났어요.

아버지　쯔. 쯔. 쯔.

청년　근데 내가 좋대요.

아버지　왜요?

청년　앞으로 밥하고 빨래하고 얘가 다 할 거예요. 근데 나이는 나보다 많아요.

아버지　실례지만 올해 연세가 어떻게 되세요?

청년　다섯 살 많아요.

간질　잘할게요. 아버님!

아버지　아버님이라니요. 말씀 낮추세요. 같이 살이 부대끼셨나요.

청년　몰라요.

아버지　당신이 모르면 누가 아나요.

청년　얘가 나보고 책임지래요.

아버지　작정을 하셨군요. 막살기로.

청년　사돈 남 말하지 마세요. 야! 보면 알겠지만 우리 돈 가진 거 하나도 없다. 너 먹을 건 네가 구해 와.

아버지　많이 잡수시겠습니다.

청년　무안을 주고 그러세요. 전화도 받는 거밖에 안 돼.

아버지　이젠 받는 것도 안 돼요. 앞으로 당신이 아버지 하세요. 내일 동사무소 가서 호주 이름 바꿔줄게요.

청년　화났어요?

아버지　화나지. 너 같으면 화 안 나겠냐.

자리에 앉는다.

청년	한 번 봐주세요.
간질	밥 차릴까요.
청년	야!
간질	예!
아버지	밥이 넘어가냐?
청년	그럼 라면 먹을래요?
아버지	오순도순 너희 둘이나 끓여 먹어라.

소주를 따라 마신다.

청년	그럼 술이나 한잔할까요.
아버지	됐어. 먹고 싶으면 따루 사 먹어라. 너희끼리…
청년	노래해줄까요. (사이)
아버지	인생 금방이야. (사이) (간질을 보며) 너 노래 좀 하니? 한 잔 따라 봐라? (간질 술을 따른다) 태진아 알아?
간질	예.
아버지	태진아!

간질 일어나 노래를 부른다.– 태진아 〈노란 손수건〉

아버지 장단을 맞추며 청년과 술을 마신다.

청년	(술상을 들러 엎으며—이성을 잃은 듯) 그래서 뭘 잘해서 병신 새끼처럼 내가 안 죽이고 데리고 사는 게 고마운 줄 알아야

지. 사람이면 안 그래. 꼴에 애비라고 지금 폼 잡는 거야.

아버지　앉아라.

청년　까지 마!

아버지　(따귀를 친다.) 정신 좀 드냐. 너는 미쳤어 새끼야.

청년　그래 나는 미쳐서 그런다. 근데 정신은 안 든다. 아니, 아냐 아주 맑아지는데…

아버지　맨 정신에 이러면 몰라도 술 처먹구 이러면 개야 개. 개 되면 그 순간에 인생 끝나는 거야. 이 불쌍한 새끼야.

청년　너나 개 되지 마라. 이 불쌍한 아버지야. 이걸 그냥!

간질　(몸을 떨며) 싸우지 마세요.

청년　가만있어 년아. 너 요러다 전에처럼 지랄할라구 그러지?

아버지　지랄하지 마 새꺄.

청년　너 발작하면 아주 죽여버린다.

아버지　그 전에 내가 너 죽여 이 새끼야.

간질　(몸을 떨며) 욕하지 마세요.

청년　놀고 있네, 떨지 마 이년아. 쇼하지 말라니까. 아버지 이년 되게 웃기지?

아버지　네가 웃겨. 이 웃기는 새끼야!

간질　욕하지 마세요. 싸우지 마세요. 나 떨고 있는 거 안 보여요. 이러면 저 쓰러져요. 아버님! 그만하세요. 저 쓰러지면 아무도 못 말려요. 전에는 바지에 똥까지 쌌단 말예요. 보통 10분이면 되지만, 어떨 땐 한 시간이 넘은 적도 있어요.

청년　(듣기가 짜증이 났던지 병나발을 분다.)

간질　그럼 다들 창피하잖아요. 저 바지에 똥 싼단 말예요. 제발 그러지 마세요. 욕하지 마세요.

간질 절정에 이르자, 청년 부둥켜안으며

청년 그래 미안하다. 내가 잘못했어. 그만해, 그만하라니까.

드디어 발작의 절정, 간질 쓰러져 발작. 이어 들리는 음악

(F.O)

장운, 혜옥, 미영, 기호, 복순

응접실의 여러 가구들은—탁자, 의자, 소파 등은 빼고—대체로 현관문을 중심해서 왼쪽으로만 몰려 있다. 가구 장식 할 것 없이 모두 아담스러운 것들뿐이다. 그중에서도 특히 눈에 띄는 것은 크고 작은 여러 개의 인형들이다. 아직 무대가 밝아진 것은 아니다. 파도 소리, 뱃고동 소리, 갈매기 소리, 그리고 통통배 소리 등 바다의 정경과 대화가 한참 들린 다음 무대가 밝아진다.

복순 (귀를 막으며) 아유 무슨 갈매기 소리가 이래!(탁 끈다.)

버저 소리, 복순, 문을 열자 캔버스와 트렁크를 든 커다란 사나이가 그곳에 서 있다. 장운이다.

장운 여기가 민혜옥 씨 댁이지요?

복순 네, 지금 안 계신데요.

장운 아 그건 나도 알고 있습니다.

복순 어디서 오셨죠?

장운 좀 들어갑시다. (성큼성큼 들어선다.)

미영 (방 안에서 소리만) 누구 오셨나?

방문을 열고 문가에 나타난다.

장운 (응접실 한가운데까지 나와서 짐을 털썩 놓는다.) 민 선생 방은 어느 쪽입니까?

복순 (얼떨떨한 채) 이쪽이에요. (왼쪽을 가리킨다.)

장운 그럼 이쪽 방인 모양이군. (짐을 도로 들고 오른쪽 방문 쪽으로 가면서 사방을 휘 둘러보며) 참 좋습니다. 넓고 밝고 깨끗하고 (혼자 감탄) …

미영 저어 무슨 일로…

장운 아 참, 실례했소이다. 나 저 방으로 이사 오게 된 사람이오. (또 짐을 털썩 놓으며) 이름은 장운. 잘 부탁하오.

미영 (어리벙벙한 채) 네에, 조금 전에 복덕방 영감님이 오셔서 저 방을 세놓는다는 이야긴 들었어요. 하지만…

장운 내가 맘에 안 듭니까?

미영 아, 아네요.

장운 안심했습니다. (턱을 만진다.) …

복순 (웃음을 참지 못해서 급히 퇴장)

미영 그런데 저희 어머니 이름은 어떻게 아시죠?

장운 내 친구 부인이 역시 인형 제작을 부업으로 하고 있습니다. 지금도 민 선생님 지도를 받고 있지요.

미영 그럼 그분 소개로?

장운 아니 그렇지도 않습니다. 자아 우선 짐이나 나르고…

짐을 든다.

미영 저어…

장운 (돌아보며) …?

미영 저어… 장 선생님이라고 하셨죠?

장운 장, 운. 참고로 말씀드리지만 먼저 하숙집 따님은 풍뎅이 아저씨라고 불러주었습니다. 내가 풍뎅이를 잡아준 적이 있거든요.

미영 (유쾌해지며) 호호호… 저도 그렇게 부를까요?

장운 좋을 대로.

미영 호호호… 재미있는 분이군요. 저 참 좋아졌어요, 풍뎅이 아저씨가. 환영합니다.

장운 고맙소. 앞으로 사이좋게 지냅시다.

미영 근데 풍뎅이 아저씬 뭘 하시는 분이죠?

장운 그림쟁이.

미영 네에 역시. 짐은 이따가 풀고 저하고 이야기나 해요.

장운 그것도 좋지. (또 털썩 놓고 미영이 앞에 와서 딱 서며) 자아, 무슨 이야기든 합시다.

미영 후후훗… 우선, 짐은 그것뿐이세요?

장운 침구가 있지요. 하지만 그건 통행금지 시간까지 가져오면 됩니다.

미영 또…

장운 또? 침구에 벼룩이가 몇 마리 묻어 올는지 모르지만… 그것뿐입니다.

미영 가족은요?

장운 가족? 가령 처자식 같은 거 말인가요?

미영 물론이죠.

장운 아직.

미영 그럼?

장운 총각이오.

미영 아이 징그러.

장운 그럴 거요.

미영 후훗… 아무튼 좋아요. 으음… 그렇다면 여태껏 결혼 안 하신 이유를 좀.

장운 내가 너무 잘났기 때문이오.

미영, 장난스레 이 잘난 사람을 쳐다본다. 잘난 사람, 정색하고 턱을 문지른다. 잠시 후 두 사람 함께 웃어버린다. 전화벨.

미영 잠깐만요. (수화기를 들고) 네에, 그렇습니다. 벌써 다 다렸어요? 고마워요, 곧 갈게요. (수화기를 놓고 새새거리며) 저 지금 세탁소에 가서 옷 찾아와야 하는데요, (시계를 보며) 곧 엄마가 돌아오실 거예요. 우리 엄마 미인이란 것도 들으셨겠지요?

장운 아, 물론. 매섭다는 것도 알고 있소. 별명까지도 알고 있는걸. 별명이 뿔토끼시라니까… 그게 뿔이 돋은 토끼란 뜻이 아니오?

미영 조심하세요. 근데 풍뎅이 아저씨가 엄마 마음에 들까?

장운 그보다도 아가씨.

미영 미영이에요.

장운 미영 양 어머님이 내 마음에 들었으면 하오. 난 여지껏 우리 어머닐 빼고는 마음에 드는 여성을 만난 적이 없으니까요.

미영 호호호… 하지만 우리 엄말 보시면 의견이 달라지실 거예요. 사실 우리 엄만 매서웁긴 해도, 그건 미망인의 자기 보호 본능과도 같은 거거든요. 그것만 빼면 다 좋아요. 아무튼 점수

많이 따세요. 그럼 저 갔다 오겠어요. (거울 앞에서 옷매무새를 보고 문께로 가서 돌아보며) 풍뎅이 아저씨! 제 마음에 꼭 들었어요. 호호호… (나간다.)

장운 (턱을 만지다가 생각난 듯이 전화를 건다.) 아, 여보세요. 거기 김 화백 바꿔주시오… 아 이거 실례했습니다. 아주머니 목소린 너무 평범해서 외우기가 힘들어요, 하하하…. 어디 나갔습니까? 아니 나 없는 사이에 전화가 왔었다구 하길래 혹 어디 내 그림을 사겠다는 얼간이나 하나 잡았나 해서… 하하하… 나 지금 막 이사를 했습니다. 어디냐구요? 이번엔 비밀입니다…. 그야 김 화백이 찾아오면 시끄러우니까 그렇죠! 김 화백은 아주머니와 싸운 날엔 꼭 나한테 와서 자거든요. 온밤 자지 않고 술을 마셔대고 아주머니 욕만 하고… 하하하… 오늘도 싸웠다구요? 이사하길 잘했군…. 네, 오거든 이쪽으로 연락해주도록 부탁합니다. 전화번호는 88국의 6838번. 예 그렇습니다. 그럼. (전화를 끊고 짐을 들고 자기 방으로 사라진다.)

이윽고 민혜옥 여사가 돌아온다.

혜옥 얘! 복순아.

복순 (급히 나오며) 이제 오셔요?

혜옥 미영인?

복순 조금 전까지 여기서 이야기하고 있었는뎁쇼.

혜옥 누구하구?

복순 참 아주머니. (목소리를 낮추며) 방금 저 방에 세 든다는 사람이 왔어요.

혜옥 그래? 식구 많든?

복순 한 분뿐이던뎁쇼.

혜옥 한 사람뿐! 남자더냐?

복순 (턱을 만지며) 이렇게 수염이 나고, (한결 수다스럽게 언성을 낮추며) 좀 이상한 사람이에요. (이때 장운이가 턱을 만지며 방에서 나온다. 그것을 보고 질겁하며 급히 퇴장)

혜옥 계집애두, (장을 보고) 어마!

장운 놀라실 줄 알았습니다.

혜옥 그럼 이사 왔다는 사람이 바로…

장운 저올시다. (턱을 만진다.)

혜옥 (어이없는 표정. 잠깐. 폭발) 이런 뻔뻔스러운 짓이 어딨어요. 이런 짓까지 해서 그래 어떡할 작정이세요?

장운 글쎄 아직 별다른 계획은 없습니다만… 그 왜 속담에 이런 말 있잖습니까, 호랑이를 잡으려면 호랑이 굴에 들어가라구.

혜옥 (할 말을 찾지 못하다가) … 강도!

장운 아니 포수지요.

혜옥 (기가 막혀서 주먹만 쥐었다 폈다.)… (잠깐 사이)

장운 (시치미를 떼고) 이러고 섰을 때가 아니군. 먼저 하숙집에 가서 침구를 마저 가지고 와야지. (문께로)

혜옥 당장 나가세요.

장운 곧 돌아올 겁니다. 택시를 잡지요.

혜옥 강도!

장운 (돌아보며) 포수라니까요. (문을 열고 나간다.)

혜옥 잠깐!

장운　(밖에서 목만 들이밀고)…?

혜옥　우리 미영이한테 뭐라고 이야기했죠?

장운　염려 마십시오. (꼿꼿이 서서 되돌아 들어오며) 내가 포수라는 걸 선전할 순 없지 않습니까. (꼿꼿이 나간다.)

혜옥　(화가 나서 왔다 갔다 하며) 능구렁이. 강도. 아니 포수라고 했지? 포, 수 (음미하고 나서) 흥, (문득 무엇을 생각했는지 소파를 중간까지 밀어내다가 새로 놓는다.) 누구 맘대루! (탁자용 의자도 한 줄로 세워놓고 그것들을 노려보다가) 이걸룬 안 되겠어. (급히 퇴장. 이윽고 말뚝 두 개, 빨랫줄, 망치를 들고 나온다. 입에는 못을 잔뜩 물었다. 못을 뱉으며) 어림도 없다. (경계를 눈가늠한 후 현관 가까이에 말뚝 하나를 못질한다.) 강도! 강도! 포수! 포수! 강도! …

미영　(잠시 어리둥절했다가 이내 알아차리고) … 엄마두 참…

혜옥　응, 너 왔구나. 그 줄 이리 보내.

미영　풍뎅이 아저씬 나가셨어요?

혜옥　풍뎅이?

미영　이사 오신 분 말예요.

혜옥　…! 아니 너 첨 본 사람을 함부로 풍…

미영　풍뎅이요.

혜옥　풍뎅이 아저씨가 뭐야, 다 큰 계집애가.

미영　그 아저씨 스스로 가르쳐주신 거라구요. 그것뿐인 줄 아세요. 엄마 별명도 알고 있데요.

혜옥　뭐 그런 말까지! 포수 아니 강도가.

미영　(약간 의아해하며) 엄마 그분과 아는 사이유?

혜옥　아, 알긴. 내가 그런 사람을 알 리가 있니.

미영　그럼 왜? 엄마 벌써 그분하고 다퉜수?

혜옥　다투긴, 다툴 일도 없다.

미영　그럼 이런 거 집어치우세요. 우습잖아요? 글쎄 이게 뭐예요. 싫으면 우리가 그전처럼 또 딴 집으로 이사 가면 될 게 아네요. 참 좋으신 분이던데, 엄마도 차차 좋아하실 거예요.

혜옥　(펄쩍) 내가 좋아할 거라구! 어림도 없다.

미영　싫으심 그만이지 뭐. 그 아저씨두 엄말 좋아하지 않을 거예요.

혜옥　(마구 흥분하며) 남자는 모두 포수다, 아니 강도다. 너두 조심해. 요새 널 따라다니는 그 곤충학인가 연구한다는 녀석, 그 녀석도 보기엔 순하고 어진 것 같아두 속을 들여다보면 날강도가 앉아 있다는 걸 알아.

미영　난 차라리 기호 씨가 강도였으면 좋겠어요. 그이의 유일한 결함은 너무 순한 데 있거든요.

혜옥　너 정말 그 녀석 좋아하니?

미영　아직은 더 좋은 사람 없어요.

혜옥　아무튼 난 그 녀석은 반대다. 사내자식이 그게 뭐야, 맨날 꾸부정거리면서 계집애 꽁무니에서 어정대고, 사내라믄 좀 트인 데가 있어야지.

미영　대신 내가 트였잖아요. 참 오늘 오신 그분 풍뎅이 아저씨 말예요. 그분은 정말 트인 것 같았어요. 뭐랄까, 관대하구 무관심하구 자유스러워 뵈고 유모어가 있구… 게다가 독신이라지 않아요. 그런 분이 우리 아빠람 얼마나 좋을까.

혜옥　(펄쩍) 뭐라고? 말이면 단 줄 아니. 계집애가, 죽을 고생을 하며 겨우 키워놓으니까 이제 겨우 한다는 소리가… 그 줄 이리 보내!

미영 이으 엄마두. 그저 한 번 해본 소린데, 참 매력 없지.

혜옥 (또 흥분) 내가 너를 낳은 건 지금 네 나이보다두 두 살이나 덜 먹었을 때야. 유혹도 많았지만 그래도 너 하나만을 위해서…

미영 (줄을 던지며) 자아요. (시계를 보고) 어머 늦었네.

혜옥 너 또. 그 매깨빌 만나러 가는 거니?

미영 그래요. 엄만 이제 점쟁이까지 되려나 봐. (안으로 들어가며) 난 사실 엄말 위해서 가끔 아버지가 계셨으면 생각했어요. 내가 시집가고 나면… 불쌍한 건 엄마뿐이잖아요? (방으로 들어간다.)

혜옥 (미영의 말에 충격을 받고 그 뒤를 멍하게 보며 생각에 잠기다가) 안 될 소리지.(다시 망치질. 그러나 아까보다는 한결 기세가 꺾여진 것을 알 수 있다.)

미영 (외출차비를 하고 나온다.) 엄마!

혜옥 (고개를 숙인 채) 왜?

미영 엄마 또 화났우?

혜옥 (숙인 채)…

미영 일찍 올게요. (나간다.)

혜옥 비로소 얼굴을 들고 나가는 미영을 본다. 사이. 머리를 흔들더니 다시 기운을 내면서 마저 못질하고 줄을 동여맨다. 김기호, 가만히 출입문을 열고 병신스럽게 방 안을 살핀다. 안경테가 유난히 크다. 민을 보고 섬찟하는 기색. 용기를 내서 들어온다.

기호 저어, 안녕하셨습니까?

혜옥 (얼굴을 든다. 완전한 적의) 미영인 없어요. 방금 나갔어요.

기호 저어… 죄송합니다. (우물쭈물)

혜옥 나에게 볼일이라도?

기호 아닙니다. 그저…

혜옥 (짜증) 미영인 자넬 만난다면서 나갔어요.

기호 네에 그렇습니까, 그럼 (또 우물쭈물) …

혜옥 빨리 쫓아가 봐요.

기호 죄송합니다. (꾸벅. 김기호, 출입문을 열고 나가려다가 막 들어서는 장운과 부딪친다. 장운은 등에 커다란 이불 보따리를 메고 있다.)

기호 죄송합니다.

장운 미안합니다. (이내 태연하게) 요즘 교통사고가 많아서… 몹시 아프셨지요?

기호 아, 아닙니다.

장운 다행입니다. 하하하… 어! (가슴이 결리는 모양. 가슴을 만지려다가 그만두고 이내 또 태연히) 그런데 우리 인사나 합시다. 난 장운이라고 오늘 저 방에 세든 사람이오.

기호 김기홉니다. 많이 지도해주십시오.

장운 그림이라면 좀 도와드릴 수 있습니다만… 혹 미술에 취미라도?

기호 (당황하며) 전혀 없습니다.

장운 유감이오.

기호 (더욱 당황) 예! 그럼. (도망가다시피 나간다.)

장운 (어리벙벙하게 바깥쪽을 보다가 비로소 방 안으로 시선을 옮긴다. 형세 변화를 깨닫는다.) 흠, (이불 보따리를 멘 채 슬슬 줄 옆으로 해서 혜옥에게 다가선다. 혜옥은 망치를 들고 도전적인 자세)

빨래 줄은 아닌 것 같고… (줄을 건드린다.)

혜옥　(흠칫하며) 가까이 오지 말아요.

장운　호오, 어디 지뢰라도 묻었습니까?

혜옥　능청 떨지 말고… 앞으론 경계선 이쪽은 한 발도 디디지 마세요.

장운　알겠습니다. 하지만 전화 걸 때만은 양해하셔야겠습니다. 그 전화는 이 집 주인에게 함께 쓰도록 승낙 맡았으니까요.

혜옥　(잠자코 전화가 놓여 있는 탁자를 들어서 경계선상에 탁 놓은 다음 애써 침착을 가장하며) 당신은 정말 이런 수단으로 저를 설복할 수 있다고 생각하세요?

장운　그거야 민 여사 마음에 달렸지요. 나로선 꽤 자신이 있다고 말할 수 있습니다만… (이불 보따리를 내린다.)

혜옥　(겨우 침착을 유지하며) 제가 그동안 장 선생님과 여러 번 만난 것은 다만 저의 인형 제작을 위하여 여러 가지로 애써주신 데 대하여 예의를 차렸을 따름입니다. 그 점에 대하여는 전 지금도 장 선생님에게 감사하고 있어요.

장운　그러실 테죠.

혜옥　(약간 김이 빠졌으나 이내) 덕분에 저희 가게에서 제작된 인형은 이제 날개 돋친 듯이 팔리고 있습니다. 오늘은 모 미국 상사에서 수출 교섭까지 받았습니다. 물론 모두 선생님 덕인 줄 알고 있습니다.

장운　아닙니다. 팔릴 때부턴 인형 덕이지요.

혜옥　(크게 숨을 들이쉬고 나서) 제 이야길 잘 들어주세요. 전에도 여러 번 말씀드렸지만 돌아가신 미영이 아빠를 위해서 제가 재혼하지 않겠다면 그건 거짓말이 될 거예요. 우린 중매결혼을 했고 그이는 식을 올린 지 이틀 만에 일본군 학도병으로 끌려나갔으니까요. 하지만 옛날엔 그이 생각이 저를 유혹에서 건져준 적도 있기는 있어요. 지금은 달라요. 그 대신 재혼할 생각도 없어요. 전 지금 현재의 생활에 만족하고 있습니다. 인형 연구소에 이제 틀이 잡혔고 딸도 말괄량이긴 하지만 이제 다 자란 셈이고 제 말도 잘 듣고… 하나 부족한 게 없어요.

장운 물론 그러실 테죠.

혜옥 이제 아셨죠?

장운 (능청스럽게) 내가 없는 동안 혹시 전화가 걸려오지 않았습니까?

혜옥 (폭발) 정말 이렇게…

장운 화낼 것 없습니다. 민 여사 이야기에 굳이 답변하라면 할 수 있지요. 첫째 인형 제작에 대한 나의 몇 가지 미술적 조언에 대하여는 전혀 고맙게 생각하실 것 없습니다. 나는 처음부터 인형 따위엔 흥미가 없었으니까요. 그것은 민 여사와 가까이 지내기 위한 하나의 방편이었을 뿐입니다.

혜옥 저도 얼마 안 가서 그걸 눈치 챘어요.

장운 아니 민 여산 처음부터 알고 있었습니다. 그리고 싫어하지도 않았습니다.

혜옥 (항변하려는 몸짓)

장운 가만 계십시오. 그건 당연한 일입니다. 전 대단한 매력을 지니고 있었으니까요. (턱을 만진다.)

혜옥 (그런 장운을 입을 벌리고 잡아먹기라도 하려는 듯한 자세)

장운 둘째로 열녀가 되고 싶은 마음은 없으나 지금대로 살아가는 데에 만족한다고 하셨는데… 그 만족은 얼마 못 가게 돼 있습니다. 미영이를 곧 결혼시켜야 하기 때문입니다. 미영이가 시집가고 나면… 자아 문젭니다, 혼자서 말할 수도 없고, 웃을 수도 없고, 화낼 수도 없고…

혜옥 그땐 더욱 인형 제작에…

장운 (가로채며) 물론 그땐 더욱 열심히 인형을 만들 테지요. 하지만 그렇게 되면 짜증스런 맘 때문에 쭈그러진 인형만 만들게 됩니다. 쭈그러진 인형은 누구도 사가지 않습니다. 그러니 더 짜증이 나게 됩니다. 덕분에 인형은 더욱 쭈그러진 것만 만들게 됩니다. (잠깐 혜옥의 얼굴을 들여다보고) 그러나 그런 일은 없을 겁니다. 어차피 당신은 나와 결혼하게 될 것이고 더욱 어여쁜 인형들을 제작하게 될 것입니다. 당신은 몇 시간이고 나에게 말을 건넵니다. 인형 모가지가 부러졌다든지, 모기한테 물렸다든지 내가 면도하면 좋을 거라든지… 나는 즐겁게 듣습니다. 물론 때때로 귀찮을 때도 있지만 난 절대로 그런 내색을 하지 않을 터이니 당신은 얼마든지 말할 수 있고 즐겁습니다. 그래서 당신은 자주 웃습니다. 때때로 난 일부러 당신을 화나게 만듭니다. 여자는 가끔 남편에게 화풀이를 해야만 더욱 행복감을 맛보기 때문이죠. 당신이 화내면 난 이렇게 죽는 시늉을 합니다. (허리를 꾸부리고 민 여사 쪽으로 궁둥이를 내민다.)

이때 전화벨. 둘이서 동시에 전화 있는 곳으로. 혜옥이 먼저 수화기를 든다.

혜옥 에, 그렇습니다. 네? 장… 그런 사람 없어… (장운, 재빨리 수화기를 뺏는다.)요…

장운 아, 여보세요. 나야 응, 거 우리 집 식몬데 아직 내 이름을 몰라서 그래… 응 아주 좋은 집이야. (혜옥이 노려보다가 소파에 가서 앉는다.) 참 자네 오늘 또 아주머니와 싸웠다면서… 왜 싸웠지? 뭐 술? 자네 또 혼자서만 마셨군… 아냐 그따위 변명은 듣고 싶지 않아. 그래 또 아주머니한테 매 맞았나? 하하하… 아직 오면 안 돼. 근간 한번 초대하지. 그래 용건은? 음… 음, 난 또 내 그림을 사겠다는 얼간이가 나타난 줄 알았지. 어떻든 난 그 회의엔 참석 안 하겠네. 도대체 그림쟁이들이 그림이나 그릴 일이지 회의는 무슨 회의인가. 게다가 난 그 회의할 적마다 사람들이 마치 더러운 공중변소에나 앉았는 것처럼 심각한 표정을 꾸미고 있는 꼴을 볼 수 없어. 그러구 회의라면 정치가들이 잘하니까 정 필요하다면 국회의원들에게 의제를 알려주고 우리 대신 회의해달라면 돼 하하하. 자네도 그따위 회의에 나가느니 차라리 집에서 아주머니와 섰다나 하게. 아 참, 그리고 내 그림 사갈 얼간이를 계속 물색해보게. 금주 내로 잡아야 하네. 뭐? 아 돈 많은 놈들이야 얼마든지 있지 않나. 그럼 또.

장운, 시치미를 떼고 혜옥이가 앉은 소파 등에 아무 탁자나 하나 갖다 대고 앉는다. 그러니 두 사람은 등을 마주 대고 앉아 있는 것이다. 잠깐 사이.

혜옥 식모라고 한 건… (동시에)

장운 사람이 있는데도…

잠깐 사이

혜옥 도대체가… (동시에)

장운 결국은…

두 사람 마주 본다.

장운 어서 먼저.

혜옥 (말하려 하나 막힌다. 잠깐. 벌떡 일어나서 방으로 들어간다.)

장운 (턱을 만지며) 오늘은 웬 교통사고가 이렇게 많담.

남자김문석, 후엔

남자 (여자를 잡아 안으며) 후엔. 아이를 낳으면 북청이라고 해줘. 또 아이를 낳으면 신창이라고 하고, 셋째 놈은 토속이야. 당신이 기억해줘. 나 죽으면 당신이 아이를 데리고 가야 해.

후엔 부탁이에요. 제발 이번 작전엔 가지 말아요. 모두 다 서로를 죽일 거예요. 이 케산 전투는…

남자 케산?

후엔 (당황하며) 당신이 케산이라고 하지 않았나요?

남자 난 작전지를 알지 못해.

후엔 제가 잠시 착각했군요.

남자 군대는 명령을 따를 뿐이야. 그 명령이 옳은 것인지 그른 것인지에 대한 평가는 우리들 몫이 아니야. 우리는 군인이고 혹시 생길지도 모르는 한 번 쓰이는 순간을 위해 훈련했고 우리의 몫은 이제 이 월남에서 총을 내갈기는 거지. 그곳이 케산이든 또 다른 당신들의 남자가 됐든… 그것이 전쟁이겠지.

후엔 당신은 바보예요. 도망가요. 왜 당신이 우리 전쟁에서 죽어야 하죠? 난 당신을 보낼 수 없어요. 당신은 날 보고 당신 고향 주소를 외우라고 하고, 난 여기서 당신이 네이팜탄에 화장당하는지, 부비트랩에 걸려 갈갈이 찢겨지는지 상상하고 주소나 외우면 그만이군요. 누구를 위해 기도를 하나요. 내 형제를 위해서? 당신을 위해서? 모두가 적으로 만나는 당신들. 누구를 위해서 기도하지요? 도망가요, 우리!

남자 나는 명령을 받은 군인이야. 선택은 내 몫이 아니야. 다시는 우리처럼 월남전에 동원되는 것 같은 역사가 없어야 해. 그러나 그것은 우리를 월남에 보낸 사람들이, 우리를 월남으로 부른 사람들이 해야 될 일이지. 당신은 영리한 여자니까 내 말을 알아들을 거야. (후엔 손을 잡으며) 당신이 고향 주소를 기억하고 있다는 것만으로도, 어느 전투에서든 난 안심할 수 있을 거야.

후엔 외우겠어요. 가르쳐주세요.

남자 고마워 후엔. 북청군, 자 북청군…

후엔 북청군.

남자 (고개를 끄덕이며) 신창읍.

후엔 신창읍.

남자 토속리.

후엔 토속리.

남자 일공삼삼번지….

후엔 (울며) 난 외울 수 없어요. 내가 이걸 외우면 당신은 오지 않을 거예요.

남자 후엔! (끌어안는다.)

남자 김문석, 드엉, 후엔

일순 정적, 무대로 들어서는 베트콩.

남자 (일어서며) 후엔, 후엔! 아—!

남자 쓰러진다. 무대 어두워진다. 밝아지면, 무대에 스며드는 햇빛 사이로 포연 자욱한 무대에, 죽어 허공에 매달린 군인들의 시체들. 그 속에 남자 또한 참혹한 모습으로 묶여 있고, 드엉, 칼을 들고 남자 앞에 서서 이야기한다.

드엉 (칼로 남자의 얼굴을 그어대며) 이건 놀이야 놀이. 권력에 눈 먼 자들이 도미노이론을 만들어내듯 사람의 목숨을 담보로 한 놀이. 역사의 죄악이지. 그 놀이에 너희 역할은 개죽음이야. 우리의 역할은, 너희 개새끼들을 다 몰아내고 빛나는 통일 베트남! 드디어 독립을 하는 거지.

남자 (낮은 소리로 간신히) 후엔….

드엉 베트남은 헐벗고 굶주리고 무지한 땅이 아냐. 힘센 놈은 누구나 손쉽게 빼어 먹을 수 있다고 생각하는 이 땅에, 바보 멍텅구리 물고기만 사는 게 아니야. 너희같이 부끄러움을 모르는 침략자들이 있는 한, 역사의 악순환은 되풀이되겠지. 우리 베트남에는 베트남 사람들이 산다. 베트남은 사람이 사는 곳이기 때문이지. 우리는 독립된 우리 땅에서 살고 싶은 거야!

남자 (울먹이며) 최 이병…, 배 상병….

드엉 미국은 미국식 자유와 민주주의 축복을 우리 미개한 베트남인에게 가르쳐주기 위해 폭탄 63만 톤과 야포탄 50만 톤의 불덩이로 세례를 주었지. (칼로 남자의 목을 겨누며) 이제 우리의 세례를 받아보시지.

후엔 (검은 베트콩 옷에 머리를 하나로 길게 묶고 돌아서며) 이제 그만해! 전쟁은 우리만 한 게 아니야. 지금은 저 사람이 쏜 총에 우리 동포들이 죽었지만 앞으로 그 총은 저 사람의 일생을 쏘게 될 거야.

남자 (울며) 후엔….

드엉 춤꾼답게 시도 잘 쓰는군. 그런 감상에 빠져서 민족의 원수를 살려 보낼 순 없어.

후엔 이젠 제발 그만해! 난 네 누나야. 사람이 없는 혁명이 무슨 소용이지? 누나는 네가 없으면 혁명도 없어. 이 사람은 핏—강에서 너를 구했어. 아무리 전쟁 중이라도 잊지 말아야 할 게 있는 거야. 이 사람을 보내기로 했어. 상부의 명령이야.

남자 후엔! 날 차라리 죽여줘! (흐느껴 운다.) 제발 날 죽여줘. 난 이대로 돌아갈 수 없어. (몸부림치며) 후엔, 이 나쁜 년!

드엉 (남자를 향해 칼을 내려친다.)

후엔 드엉!

남자, 나무에 묶여 있던 줄 끊어지며 앞으로 나동그라진다.

달려나가는 드엉.

후엔 (남자를 안으며) 미안해요, 미안해요! 어쩔 수 없었어요. 미안해요….

남자 후엔! 제발 나도 죽여줘! 난 이대로 살 수 없어! 나 혼자 돌아 갈 수 없어!

세조, 신숙주, 그 외

御前

세조 (고함친다.) 귀향 보내지 않았나. 여기서 영월이 천 리.

신숙주 (고함친다.) 그럼 영월로 내통하는 자가 있어도 가만두시오.

세조 삼족이 당할 줄 알면서 누가 영월로 가.

신숙주 신도 가오.

세조 경은 못 가.

신숙주 가만두시오.

세조 단종을 가만두어. 성삼문, 박팽년도 그 애를 가만둬야 했어. 그 애는 과인을 따르고 있지. 그 애는 그저 살아가게 놔두어. 그 천진한 것을 이용하려는 자는 죽어 마땅해. 절대 용서 안 해. 이 점에는 경도 포함돼.

잠시

신숙주 조신들 중에는 어둑한 자도 있고 탐욕한 무리도 있으나 그 역시 전하의 신이오.

세조 단종이 죽는다 해도 어리석은 자는 여전히 어리석을 것이고, 탐욕한 자는 여전히 탐욕할 것이고, 단종이 죽는다고 우매한 것이 총명으로 바뀌고 탐욕이 자비가 된다면 대체 그만한 것들이 무엇이 그리 대단하여 과인보고 같은 탯줄을 죽이라고 그러는가, 경은.

신숙주 어리석은 무리가 너무 많습니다.

세조 얼마간 지나면 달라져.

신숙주 그 얼마간이 전하를 해할 것이오.

세조 단종을 가만두어(신숙주에게 손을 댄다, 잠시 후) 경사(經事)에 박흉하고 대체를 속장하며 작은 일에 까다롭지 아니한 경의 심정을 과인이 취하여 일찍이 경과 친분을 맺음에, 경의 권함이 없이, 경의 헌충이 없이 과인이 마침내 이 임금의 자리에 올랐을 리 천만 없소. 헌데, 시방 경은 과인한테 사람이 못 할 짓을 하라 주장하니 웬일이오. 경은 과인의 중망을 버리지 마시오.

신숙주 다만 상왕 단종이 연명함을 기화로 단종의 복위를 음모하는 무리가 비등하겠고 그로 하여 인심이 흉흉하고 조정이 불안하고 또 얼마나 많은 조신들이 대역의 탈을 쓰고 죽어갈 것이오니까. 바라옵건대, 저들을 구하시오. 전하의 성은을 입어 연명토록 하시오. 살아 있는 자들로 전하의 종이 되게 하시오. 진실로 두려워 머리를 두드리고 삼가 아뢰오니 단종으로 하여 죽은 자들의 군주이게 하시오.

세조 (고개를 젓는다.) 단종은 죽었어. 두 번 죽일 것이 못 돼.

신숙주 내 말은…

세조 과인 곁에 있는 동안 더 이상 단종을 입에 올리지 마시오. 만일 경이… (어느 사이엔가 사육신이 둘러싸듯이 섰는데 피 묻은 강보를 펴들고 있다.) 물러가거라!

신숙주 무엇을 보고 그러시오.

세조　　이 자들이 안 보인단 말인가… 저것을 들고 매일 한 번씩 찾아와서 저러고들 서서… (사육신이 강보를 세조의 손에 걸친다.) 이것을 치워! 경, 이것을 치워!

신숙주　　그것이 무엇이오.

세조　　치워!

신숙주　　(강보를 집어 든다.) 이건 박팽년의 손을 죽여 싸온 강보가 아닙니까. 왜 이것을 들고 다니시오.

세조　　이 자들이 방금 내게 주는 것을 보고 그러나.

신숙주　　누가 무엇을 주었다고 그러시오.

사육신이 따라오라는 손짓을 하며 물러간다.

세조　　(따라나서며) 거기들 섰거라, 거기.

신숙주　　전하. (세조, 고개를 저으며 나간다.) 누가 단종을 두고 어리고 무능하달 것이냐. 천 리 저쪽 영월에 앉아서 전하를 실성도 시키시니… 하물며 신들이야!

신숙주, 왕방연

궁

신숙주 천 리 원정길에 막중한 국사를 이고 지고 노고가 많소. 상왕 단종께서는 무사하시오.

왕방연 옥체만강하옵니다.

신숙주 영월의 풍치가 장관이라 들었는데.

왕방연 상왕께서 출입을 삼가시니 산천경계 돌아볼 날이 없었습니다.

신숙주 전하께서 경이 당도했느냐고 오늘 중에만 세 번을 물었소. 나오시거든 세세한 말씀 소상히 전하시오. 전하 못지않게 경을 기다린 사람이 하나 또 있소. 이 사람. (잠시) 경이 상왕을 모시고 영월로 떠나자 상왕을 복위시키려는 무리가 비등하였기로, 그중에 한 무리가 경을 통해서 상왕께 전한 것이 있다던데.

왕방연 소신 자질 노둔하여 상왕을 모시는 일에만도 힘이 부쳐 생각하면 송구할 따름이오.

신숙주 상왕이 아니고 경 얘기요.

왕방연 그런 일 없소.

신숙주 (백지를 펴주며) 이자들을 아시오?

왕방연 조신들이 아닙니까.

신숙주　거기다가 경의 삼족을 더하면 그 머릿수가 몇이나 되겠소. (잠시) 전하가 나오시면 내가 하는 소리를 그대로 전하시오.

왕방연　무슨 말씀이오니까.

신숙주　전하, 소신이 영월에 가 있는 동안 상왕하고 내통하려는 자들이 있었소, 하고 나서 그자들의 명단을 읽어내리시오.

왕방연　반복하거니와….

신숙주　(소리친다.) 열다섯 살 먹은 아이 하나로 수백 명이 죽었어. 그 중엔 나라에서 고른 충신 여섯이 족멸하였고, 박팽년의 가문에서는 뱃속에 든 것까지 끌어내서 죽였네. 그것도 제 어미 손으로. 자 보아! (강보를 품에서 꺼내 면전에 던진다.) 대역신의 손이라 하여 일개 아녀자가 제 자식을 낳으면서 죽이기도 하는데 아이 하나를 어쩌지 못해서 또 수백 명이 떼로 죽어. 아니, 더는 안 돼. 충신은 여섯으로 됐어.

왕방연　하오나 상왕께서는…

신숙주　그자들과 경은 무사할 것이오. 연이나 고하지 아니하면 경을 포함해서 모두 족멸이야. (잠시) 경이 그대로만 해주면 단종은 사약을 받게 돼. 전하는 그 징표를 구하고 계시오. 그것이 경이오.

왕방연　(땅을 친다.) 오호, 그 무서운 일을 누가 저질렀나!

신숙주　왜 이러시오. 무슨 일이 있었소.

왕방연　(고개를 젓는다.) 신이 영월에 가 있는 동안 이자들과 통정을 하였기로, 하루는 단종을 복위시키려는 음모를 하였기로 나중에 발각될 것을 염려하여 통 잠을 못 이루다가 그만 황망 중에… (오열한다.) 엊그제부터 큰 비바람이 밤낮으로 계속하여 컴컴하여 신이 밤새 편히 자지 못하여, 혼미하여….

신숙주 금부도사—

왕방연 소신이 상왕을 영월로 모시던 중에 모친께서 돌아가시니 가지는 못 하고 빈소 앞에 제문만 써 보냈더니 이제까지 멀리서 한 번도 전(奠)을 드리지 못하여, 애통하여….

신숙주 (멱을 잡고) 영월에서 무슨 일이 있었나. 상왕의 신변은 안전하신가. (왕방연, 고개를 젓는다.) 오호, 어찌 되었느냐. 어서 말을 하여라, 어서.

왕방연 어명을 칭하여 사약으로….

오랜 침묵

신숙주 천만 가지로 옳다 하여도 어명이 없이 상왕을 시해하고 어찌 하늘을 보겠나. (칼을 뽑아 내려치니 왕방연이 쓰러진다.) 전하! (엎드려 운다.) 상왕은 멸하였소. 전하, 어서 어명을 내리시오. 전하께서 상왕을 멸하였노라 명하시오. (일어서서) 어서 영월로 가자. 유해로 해서 폭동이 일기 전에 가 상왕의 유해를 모셔 오리다.

수인, 은경

경쾌한 클래식 음악이 흐르면서 무대 밝아진다.

오른쪽 무대가 수인의 자취방으로 바뀐다. 낮은 탁자에 방석 두 개가 놓여 있다.

무대 밖에서 떠들썩한 소리.

밝은 표정의 은경, 노란 프리지아 꽃다발을 한 아름 들고 등장.

은경 (방을 이리저리 둘러보며) 무슨 승방 같구나.

수인 (소리만) 으응. 방이 워낙 좁아서.

은경 (털썩 주저앉으며) 힘들다 힘들어. 에베레스트산 정복하러 온 것도 아닌데. 니 얘기만 듣고 아주 가까운 줄 알았다. 이사 가~ 이런 데서 어떻게 사니! 방 값 비싸도 하산해. 도 닦는 스님도 아니면서… 듣고 있니?

수인 (한 손에는 빈 커피 병을, 한 손에는 과일이 담긴 접시를 들고 등장) 웅, 살만 해.

은경 장하다 장해. 나 같으면 벌써 하산했겠다. (커피 병에 꽃을 담는 수인) 직장 다니니까 어때? 학교 다니던 때가 그립지 않니? 그땐 말야. 지금 와서 생각하니 완전히 축복받은 생활이었어.

수인 (과일을 깎으며) 그래, 하지만 돈을 버니까 사람 노릇 하는 거 같애… 효녀 노릇도 하고 말야.

은경 아직도, 생활비 부치니?

수인 아, 아니.

은경 막내동생 군에 갔어?

수인 아니, 재수한대… 맘에도 없는 학교 다니기도 싫대.

은경 그래서 누나가 보태줄 테니 맘 놓고 도전하라고 했니?

수인 어, 어떻게 아니?

은경 바보! 한 푼이라도 더 보태서 좀 더 좋은 데로 옮겨야 될 거 아냐. 너 평생 이런 데서 못 벗어나. 결혼은 어떻게 할 거야? 니 인생, 니가 좀 챙겨라.

수인 …

은경 화났니?

수인 아니.

은경 (한숨 쉬며) 난 혼자라서 잘 모르겠어. 가족 간의 희생, 애정…

수인 누구나 혼자 아니니? 이기적인 건 나도 마찬가지야.

매미 소리 들린다.

은경 어머! 이 동네 매미 소리도 들리네.

수인 산이 있어서 그런가 봐. 산 너머엔 국립묘지가 있어.

은경 맙소사.

수인 그곳에 한 번 산책을 가야겠다 생각하는데도 잘 안 돼. 난 생활의 낙을 모르는 거 같애. 방을 꾸밀 줄도 모르고, 어떻게 색을 맞춰 입어야 할지 생각한다는 게 골치 아파.

은경 너 옷 사 입는 게 고민이구나.

수인 시골에서 자란 탓인지, 천성이 게을러서 그런지.

은경 그런 거 걱정 마. 너 옷 살 때 나랑 같이 가자. (사과를 먹으며) 어머! 사과가 왜 이러니?

수인 왜?

은경 퍼석퍼석해. 다 골은 거야. 나 서울 와선 사과 안 먹어. 고향에서 먹던 맛이 하나도 안 나.

수인 하긴, 우리 고향만큼 맛있는 사과는 못 먹어봤어.

은경 과수원에서 금방 딴 빨간 사과. 꿀이 담뿍 든 사과 말야. 한입에 깨물면 얼마나 상큼한지.

수인 서리 맞은 부사는 얼마나 기막히니?

은경 아, 그만해. 당장 달려가고 싶으니까.

수인 … 얼마나 먹었는지 몰라. 특히 빨간 홍옥을. 사과나무를 부사로 바꿀 때 아버진 홍옥 한 그루를 남겨두었지. 너무 시어 아무도 먹지 못했던 홍옥을!

은경 … 아버진 여전히 괜찮으시니?

수인 언니 때문에 충격이 컸어.

은경 이혼했다지?

수인 으응.

은경 우리 아버진 무책임함의 극치를 달린 분이지. 그래서 그런가 봐. 다혈질에, 만족을 모르는 불같은 성격을 나도 이어받았으니.

수인 하지만 너가 부러워. 나에 대해 뭐 카피 쓸 거 없니?

은경 봉급은 올랐니?

수인 일 년에 겨우 삼만 원 올랐어. 수시때때 야근이고… 순위 고사 준비하는 것도 막연한 꿈이고, 그냥 이렇게 살아갈 뿐이야.

은경 (키득거리며) 시집이나 가지 그래.

수인 (진지하게) 그럴까?… 넌 좋은 사람 생겼니?

은경 (얼버무리며) 생기면 뭘 하니?

수인　그럼, 생겼구나! (숨 가쁘게) 어떤 남자니? 뭘 해? 어떻게 만났어?

은경　(홍조를 띄며, 그러나 대수롭지 않게) 그냥, 오다가다 만났어. 가진 거라곤 정말 아무것도 없는 남자야… 뚜렷한 직업도 없어.

수인　(한숨을 쉬며) 그럼, 지금은 뭘 하니?

은경　시를, 써… 간간이 문예지에 발표도 하고 (상념을 뿌리치듯) 하지만 모르겠어. 아직은 아냐. 아무 관계도 아니라고. 서로, 눈치만 보고 있을 뿐이야.

수인　시를 쓴다니, 카피라이터와 뭔가 닮은 것도 같은데.

은경　그만, 그만하자. 이대로 좋아. 내가 누군가에게 마음을 열었다는 사실 하나만으로 성공적인 일이니까. 사랑의 전반전, 뭔가 붕 뜬 것 같고, 짜릿하고… (키득거리며) 가슴이 두근두근, 묘하게 설레이는 것, 그러다 현실로 돌아오면 비참하지. 상대방도 날 좋아할까, 의심이 쌓이다 보면 손해보는 것 같은 감정. 뭐 그런 거지… 사랑이란, 내겐 한낱 꿈 같은 이야기야… (갑자기) 왕자가 아닌 사기꾼을 만난 신데렐라를 상상해 본 적이 있니?

수인　그렇지만 그 사람은 사기꾼이 아니잖아.

은경　그래. 하지만 내게 아무것도 해줄 수 없는 남자야.

수인　그럼, 너가 해주렴.

은경　내가?

수인　그래, 신데렐라가 못 될 팔자라면 평강공주는 될 수 있겠지.

은경　평강공주? (웃으며) 난 믿지 않아. 한 남자를 키울 능력도 없거니와 그렇게 인생을 소모하고 싶지도 않아. 바보온달이 영원히 바보였담 평강공주는 어떻게 됐겠니?

수인 공주도 바보가 됐겠지.

은경 그게 바로 천생연분인 거야.

수인 내게도 천생연분이 있을까?

은경 짚신도 짝이 있다는데 너같이 참한 처녀에게 짝이 없다니 말이 될 소리니? (수인의 얼굴을 들여다보며) 내가 관상을 보건대, 넌 틀림없이 이 나라의 전통이 요구하는 대로 현모양처가 될 상이야.

수인 뭣 때문에?

은경 (수인의 이마를 손가락으로 그리듯이 짚어가며) 복숭아씨 같은 이마하며, 넓고 반듯한 것이 초년에 부모덕이 있었고, 코끝이 도톰하니 재물이 모일 수고, 귓밥이 통통하니 덕이 많을 수다. (손바닥을 내밀며) 자, 복채 내.

수인 좋은 말만 하고 엉터리. (은경의 손바닥을 철썩 때리고 은경의 얼굴을 감싼다.) 이젠 내가 할 테야.

은경 (수인의 손을 잡아 내리며) 난, 내가 더 잘 알아… 네 손 참 따뜻하구나.

수인 네 손은 얼음장같이 찬데.

둘은 서로의 손을 만지작거린다. 사이. 수인의 편안함과는 달리 은경은 불안한 표정이다. 마치 새로운 감정의 변화를 깨달은 표정. 수인에게서 손을 빼는 은경. 애써 냉정한 표정을 짓는다.

수인 (은경의 눈치를 살피며) 너 명애 미워하지 마. 고등학교 2학년 때 너 생각나니? 하긴 그때 내가 말하지 않았지… 할 말이 있다면서 무용실로 가더니 심각하게 널 사랑하니까 나보고 너랑 어울리지 말라더구나.

은경 명애가? 홍 웃기는구나.

수인 처음엔 농담하는 줄 알았어.

은경 (냉소적으로) 결혼해서 잘 살고 있잖아.

수인 그래서 결혼식에도 가지 않았니?

사이

은경 명앤 그 남자를 사랑하는지 안 하는지 잘 모르겠대. 아니, 사랑하지 않는대… 그러면서 결혼하더라. 처음엔 나도 장난 반 호기심으로 그 애 편지를 받았었어. 연애편지 말야. 여자가 여자에게 쓰는, (사이) 걱정하기도 했어. 그 애가 나 때문에 정말 남자를 사랑하지 못하면 어떡하나. (사이) 하지만 그 말을 들으니까 갑자기 배반감이 들었어. 더구나 그렇게 빨리 결혼할 줄은 몰랐어.

수인 … 사랑이란 뭘까?

뭔가 '우르르 쾅' 하면서 무너지는 소리. 포크레인 소리.

은경 이거 무슨 소리니?

수인 (벌떡 일어나며) 문 닫았니?

은경 응?

수인 (재빨리 무대 뒤로 사라졌다 돌아오며) 아휴 먼지투성이야. 정말, 못 참겠어. 오다가 공사하는 거 봤지?

은경 응.

수인 말도 마. 밤새 집이 한 채 무너지더니 퇴근할 땐 새집이 솟아 있다니까. 왜들 그렇게 부수고 지어대니? 이 동네 한옥들 내년엔 자취도 없이 사라질 거야. 난 한옥이 좋던데.

은경 그래서 넌 이런 한옥 집 문간방에서 사는구나.

수인 좀 불편하지만 얼마나 운치 있니? 우리나라 사람들 그저 새것만 좋아해. 미적 감각이 없나 봐. 지어도 정말 볼품없이 막 지어대.

은경 (방구석을 가리키며 경악의 표정) 어! 어! 어! … 바바퀴벌레 (비명을 지르며 탁자 위로 올라간다.) 악!

수인, 가방을 들고 살금살금 다가간다.

이리저리 뛰어다니며 가방으로 바닥을 내리치나 놓쳐버린다.

수인 놓쳤어… 이렇다니까. 집을 부셔대니까 바퀴벌레도 살 집이 없어 극성이야. 골목마다 밟히는 건 바퀴벌레야. 잡아도 잡아도 끝이 없어.

은경 얘, 안 되겠다. 너 당장 짐 싸들고 우리 집에 가서 살자.

수인 내려와. 하긴, 요즘 잠도 못 자. 그놈이 말야. 얼마나 영리한지 너 아니? 어떤 날엔 바퀴벌레와 눈이 딱 마주쳤어. (은경 내려오다 움찔 놀라 다시 책상 위로 올라선다.) 그래 그놈은 어두운데도 내가 노려보고 있다는 걸 알았던 거야. 꼼짝 않고 죽은 듯이 있겠지? … 정말 컸어. (엄지손가락을 보이며) 이만해. 난 커다란 국어사전을 쳐들었어. 그러자 그놈이 재빨리 도망치는 거야. 나도 눈에 불을 켜고 그놈 위로 꽉 내리찍었어. (은경 질겁을 한다.) 푹하고 부서지더구나. 끽하는 비명 소리 같기도 하고… 도저히 사전을 들 수가 없었어. 이상했어. (사이) 난 죄도 없는 한 생명을 죽였단 생각이 든 거야. 냄새가 지독했어. 휘발유 같기도 하고 암모니아 냄새 같기도 하고… 정말 미치겠더군.

은경 그만. 도저히 못 듣겠다.

수인 지쳤어. 직장 생활은 앞이 뻔해. (사이) 나, 이번 주말에 선 봐.

은경 그래?

수인 뭔가 결정지어야 할 것 같아. 변화 말야… 결혼이냐, 새로운 직업이냐. 둘 중의 하나를 택해야 할 시점에 이른 거지.

은경 새로운 직업?

수인 그래. 새로운 직업… 선을 보기로 했어!

암전

수인, 은경, 해설자, 기호

전장과 같은 무대

무대 밝아지면 부른 배를 안고 앉아 있는 수인.

그 옆에 등산복 차림의 은경이 서 있다.

은경 (머뭇거리며 그러나 은경의 배를 내려다보며) 너 힘들겠구나.

수인 앉어. 화분에다가 나팔꽃을 좀 심었어. 베란다를 타고 퍼지면 예쁠 것 같아. (은경은 계속해서 수인을 낯설게 바라본다.) 앉아. 사과 먹을래? 고향에서 한 박스 보냈어.

은경 (넋 놓고 본다.) …

수인 (사과를 재빠르게 쟁반에 담아 와서 깎으며) 왜 그렇게 봐? (자기 배를 내려다보며) 내가 이상하니?

은경 아니, 보기 좋아. 오랜만에 널 만났는데 이런 모습일 줄은 몰랐어.

수인 너무 오랜만이라서 그래.

은경 기분은 어때?

수인 시댁에선 벌써부터 야단이야. 은근슬쩍 아들을 강요해. 그게 어디 내 맘대로 될 일이니?

은경 착잡하겠다.

수인 말도 마. 나란 존재는 그저 튼튼한 암소 역할만 하면 돼. 자아실현? 이 꼴로 뭘 하겠니.

은경　…

수인　안색이 나빠. 무슨 일 있니?

은경　이번 학기는 휴학을 해야겠어. 대학원 공부가 영어와의 싸움일 줄은 미리 짐작은 했지만, 어쩔 땐 하루를 소비했는데 겨우 두 장 해석했을 뿐이야. 아까워. 시간이 아까워 미치겠어.

수인　그래도 공부를 다시 할 수 있으니.

은경　그렇지도 않아. 어차피 나도 너처럼 될 텐데 뭐. (깜짝 놀라며) 참, 내 정신 좀 봐 내가 요즘 이래. 빈손으로 오다니 말도 안 돼. (자리에서 일어나며) 나 잠깐 나갔다 올게.

수인　가긴 어딜 가니. (은경을 잡는다.)

은경　뭐라도 사와야겠어. 너 필요한 거 뭐니?

수인　아냐 됐어. 사과나 먹어.

주저앉는 은경. 지나가는 말투로

은경　나 연애해.

수인　(과장되게) 그 남자구나. 맞지? 내 그럴 줄 알았어.

은경　결국 그렇고 그런 사이가 됐어.

수인　언제 그렇게 됐어?

은경　너 결혼하느라 정신없을 때. (사이) 마음이 허하니까 이런 일도 생기나 봐.

수인　결혼할 거니?

은경　그게 문제야.

수인　웬만하면 혼자 살어.

은경　그게 맙지 않아. (한숨을 쉰다.) 어디서부터 말을 꺼내야 할지 모르겠어. 이렇게 사는 널 보니 내 하소연은 혼란만 줄 것 같아.

수인 무슨 소리야. 말해봐.

은경 아냐. (한숨을 쉰다.) 나, 늙었지?

수인 늙기는. 너는 별 걱정을 다 하는구나. 아직도 여고생 같은걸.

은경 (웃으며) 여고생?

수인 응.

그들 깔깔거리며 웃는다. 은경, 수인의 눈길을 피하며

은경 나 임신했어.

수인 … 그래?

은경 심란해서 점 봤어. 헤어진대. 인연이 아니래. 위안이 되더라. 그곳도 하나의 카운슬링 하는 곳이잖니. 현실에 대해 초연해지기도 하고.

수인 그럼… 결혼하지 그래.

은경 지금은 안 된대. 아니, 결혼하고 싶지 않대. 영원히 친구로 살재. 애는 낳지 말고.

수인 그럼…

은경 수술할 거야. (애써 명랑하게) 난 늦게 결혼하래. 팔자가 센가봐. 하긴 이대로 죽을 때까지 살 수 있을 것도 같애. 돈 있고 하고 싶은 일 있으면 혼자 사는 게 편할 거야. 그치?

수인 솔직히 말해봐. 너 결혼하고 싶니?

은경 모르겠어. 하지만 이런 상황보다 낫지 않겠니?

수인 어떤 상황인데?

은경　　이런 상황 말야. 부초같이 떠도는 느낌. (사이) 난 아이를 낳고 싶어. 수인아.

은경, 눈물을 참는다. 수인, 자신의 부른 배를 슬프게 내려다본다.

수인　　사랑한다면 낳아.

은경　　아냐. 난 이성적으로 살 거야. 더 이상 연애 같은 건 안 해. 할 일이 너무 많아. 배워야 할 것도 많고. 학원을 다녀야겠어. 미루고 있었던 외국어 공부도 해야 되겠고. 평론도 이제 본격적으로 공부하겠어. 어차피 결혼한다 해도 그 사람은 내가 공부하는 걸 원하지 않아. 우린 서로 맞지 않아. 억지로 매달린 느낌이야. 내가 말했잖아. 난 평강공주는 될 수 없어. 그 남자, 거름이 될 여자가 필요한 거야. 난, 내 인생 내가 책임져. 그 사람처럼 누구한테 기대지 않아. 또 누가 나한테 기대는 것도 싫어!

수인　　그래, 꿈꿨다고 생각해.

은경　　꿈이라고 생각하기엔 너무 억울해. 날 용서할 수 없을 거야. 또 다른 내가 날 경멸하고 있어. (떨리는 목소리로) 치사하지만 결혼하자고 매달리고 싶었어. 내가 판 구덩이에 스스로 뛰어드는 거지만, 오히려 그게 명분 있어 보이더군. 정말, 순애보란 없어.

수인　　어차피 결혼이란 자기 무덤 파는 거야.

은경　　그래도 부럽더라. 너처럼 일찍 결혼해서 아이 낳고 사는 애들 보면 그런 생각해. 산다는 건 별거 아니다. 똘똘한 사내아이 낳아 기르면 인생의 반은 성공한 거 아닌가 하고 말야.

수인　(격렬하게) 혼자 살어! 세상에 혼자 사는 여자 한둘이니? 수녀도 있고, 비구니도 있어. (숨이 가쁜 듯 헉헉거린다.) 너 일 하면서 자유롭게 살아. 애는 나을 필요 없어. 애 낳는다고 그 남자 너한테 돌아올 것도 아닌데 낳아서 뭐하니! 잊어버려! 팔자타령 따위는 염두에 두지도 말고 잊어! 그래야 분이 삭을 거 아냐!

사이. 수인과 은경, 서로 마주 서서 바라본다.

은경　그래, 네 말이 맞아.

수인　같이 가줄까?

은경　아냐. 혼자 갈래.

수인　괜찮겠니?

은경　응, (사이) 사실, 나 두려워 수인아.

수인　같이 가줄게.

은경　아냐. 됐어. 수인아. 마취에서 안 깨어나면 어떡하지? 나 말야. 영영 안 깨어나면?

수인　그만 그만. 걱정 마, 그런 일은 안 일어날 거야.

은경　미안해.

수인　미안하긴.

은경　(허리춤을 추스르며) 요즘, 자꾸 살이 빠져. 가야겠어.

수인　벌써?

은경　사실 지나는 길에 들렀어. 몸조리 잘해. 연락할게.

수인　언제든지 놀러 와.

수인, 은경을 찬찬히 관찰하며 배웅한다. 은경 퇴장.

수인, 천천히 안락의자로 가서 앉는다. (사이) 바람 소리.

해설자 무대 끝에 등장.

무대 점점 어두워지면서 부분조명. 여전히 의자에 앉아 있는 수인.

탁자에 앉아 신문을 보고 있는 남편. 오른쪽에 노랗게 물든 은행나무 한 그루.

곳곳에 부분조명. 은행잎이 무대를 밝게 보이게 하는 것처럼, 하늘에서 노란 색종이가 떨어진다. 그 아래에 서 있는 은경.

해설자 그녀는 그날 밤, 남편과 함께 자지 않았습니다. (남편 신문을 내리고 잠시 수인을 바라본다.) 왕좌처럼 거대한 안락의자에 앉아서 그녀는 잠깐 꿈을 꾸었습니다. 한강의 바람이 밤의 적막을 깨고 들려옵니다. 그리고 한 마리 푸른 사슴이 사냥꾼의 화살에 맞아 쓰러지는 꿈을 꾸었습니다. (꿈을 꾸는 수인) 그녀가 꿈을 꾸는 동안에도 그녀의 친구는 거리를 홀로 방황하고 있습니다. 그녀는 등불처럼 환한 은행나무 아래 넋을 잃고 서 있군요.

기호 (신문을 접고) 아내는 가끔 자기가 십대 소녀인 양 착각할 때가 있습니다. 가령 오늘 같은 날, 저 불편한 안락의자에서 자는 것부터가 말이죠. 말이 안락의자지 사실 앉아 있으면 십 분도 안 되어 온몸이 쑤신다니까요… 오늘은 왠지 의욕이 없어요. 산다는 게 원래 그렇지 않습니까. 좋은 날도 있고 나쁜 날도 있고, 그저 아무렇지 않은 날도 있고, 그럴 땐 그저 견디는 수밖에 달리 방법이 없지요. (다시 신문을 본다.)

해설자 이제 밤이 점차 깊어가는군요. 가을이 가면 겨울이 오고 그리고는 다시 봄이 오겠죠. 그러나 아직은 가을이 점점 깊어가고 있을 뿐입니다. 낙엽은 모두 떨어지고 (이제 낙엽은 떨어지지 않는다.) 떨어진 낙엽은 바람에 이리저리 흔들리며 사람들이 지나가는 자동차에 밟혀 으스러집니다. (수인, 나무 아래를 떠나 퇴장) 이젠 아무도 밤거리를 거닐지 않습니다. 가을이 깊어지면 모든 아픔도 깊어갈 테니까요.

상준, 승길

상준, 스탠드 불빛 아래서 편지를 읽다가 소리를 죽여 흐느낀다. 얼마 후 편지를 서럽게 집어넣고 천장을 한동안 쳐다본다. 승길, 바닥에서 자고 있다.
상준. 침대에 앉아서 신문을 읽는다. 갑자기 눈을 바짝 들이대고 보더니 가위로 한 부분을 오려내서 스크랩북에 끼워 넣는다. 다시. 천장을 여기저기 쳐다본다. 상준, 승길이 머리맡에 무릎을 꿇고서 승길이의 얼굴에 자기 얼굴을 바싹대고서 바라본다. 손에는 가위를 든 채다. 얼마 후 승길, 이상한 느낌에 눈을 번쩍 뜬다.

승길 너… 뭐하는 거야? (상준, 씨익 웃는다.) 자라 엉?

상준 응.

상준, 다시 탁자로 가서 신문을 본다. 승길, 상준이를 지켜보다 안심하고 다시 잠에 든다. 얼마 후 승길, 다시 상준에게 다가가서 같은 자세로 승길이의 자는 얼굴을 보고 있다. 승길, 이상한 기분이 들어 눈을 뜬다. 이번엔 더욱 놀란다. 약간 화마저 치민다.

승길 (벌떡 일어나며) 너 왜 이러는 거야? 피곤해서 잠 좀 자려고 했더니 오늘은 또 왜 니가 지랄을 하니? 상준아. 너 왜 자는 사람 얼굴을 쳐다보고 있는 거야 엉?

상준 넌 참 좋은 애야. 그렇지, 응?

승길 그래 알아. 그러니까 밤엔 좀 자자. (상준이를 침대 쪽으로 민다.)

상준 (승길의 손을 뿌리친다.) 난 잘 수가 없었어. 난 눈을 뜨고 천장을 바라보고 있었어. 천장이 나를 보고 있었어. 박상준, 넌 자면 안 돼. 넌 할 일이 있잖아. 천장이 나한테 소근거렸어. 박상준, 넌 자면 안 돼. 넌 할 일이 있잖아. 넌 자면 안 돼. 그래서 난 일어났어. 일어나서 크게 숨을 쉬었어. 숨을 쉴 때마다 난 생각했어. 그래. 천장아 알았어. 그래서 마음속으로 숨을 쉴 때마다 생각했어. 박상준, 넌 자면 안 돼. 넌 할 일이 있잖아. 그런데 넌 자고 있었어. 김승길. 넌 좋은 애야. 가게에서 일할 때 내가 힘들면 넌 도와주었어. 넌 좋은 애야. 나한테 소리를 질러도 나한테 참 잘해주는 좋은 애야. 그런데, 좋은 니가 자고 있었어. 니가 잠들었을 때, 그때는 소리 지르지 않고 아주 조용했어. 난 니가 무슨 생각을 하면서 자고 있는지 궁금해서 니 얼굴을 들여다보았어. (사이) 왜 오늘은 연극 연습 안 하는 거지? 왜 오늘은 연극 연습 안 하고 자는 거지? (사이) 아! (승길의 어깨를 세게 내리치며) 오늘은 자는 연습을 했던 거구나. 그렇지?

승길 (사이) 참. 너도 미국 생활하기 힘들겠구나. 너 미국 온 지 얼마나 됐니?

상준 비밀이야.

승길 비밀? 하긴— 사기 친 것보다는 그편이 낫겠다. 뉴욕에 온 한국 놈들치고 사기 안 친 놈이 없으니까. 우리 가게주인만 해도 그래. 뭐 자기가 한국에서 모 일류 대학을 졸업하고 콜롬비아 대학 유학 왔다가 그냥 눌러앉았다나. 또 그 마누라쟁이는 한국에서 영화에 출연했다는 거야. 말짱 거짓말들이야. 회사 부도내고서 가방 하나 달랑 들고 튀었거나 외항선 탔다가 마이애미에서 도망친 놈들이 수두룩하다니까. 그도 저도 아니면 국제결혼한 양공주 덕분에 미국 땅 밟은 놈들이 이 뉴욕만 해도 부지기수야. 어찌 됐건 너도 고생길이 훤하다. (사이) 근데 너 고향은 어디냐?

상준 비밀이야. (자기 탁자 쪽으로 간다.)

승길 하긴 알아서 뭘 하겠어. (담배를 피운다.) 너 내가 몇 살 때 고향을 뜬지 알아?

상준 몰라. (자기 생각에 잠겨 있다 하모니카를 꺼내서 분다.)

승길 12살 때야. 우리 꼰대가 도박하다가 돈 날린 뒤에 농약 먹고 뒈져버리자 얘기는 뻔한 거 아냐. 우리 엄만 어떤 새끼 따라서 날라버리고 누나하고 나하고 둘이서 친척 소개로 서울로 갔지. 처음엔 서울 장위동에 있는 가죽 공장에 들어갔다가 그 다음엔 철공소에 잠시 있다가 뭐… 이것저것 손에 닥치는 대로 하다가 결국은 의정부까지 흘러 들어갔지. 참 험하게 살았다. 그래도 임마 난 그때 침대 생활했어. 침대 밑에서 살았으니까 탈이었지만. 양공주 침대 밑에 숨어 있다가 양키새끼들이 그 위에서 홍콩 가고 있을 때 고 자식들 호주머닐 터는 거야. 지옥이 따로 없더라. 위에선 삐거덕거리고 헐떡거리고… (하모니카 소리가 높아진다.) 오! 하니 아일러브유… 오 보이… 오케이 오케이… (갑자기 어조를 바꾸어서) 갓 뎀 뻭뀨! (상준. 하모니카를 그친다.) 난 그 밑에서 날 만들어서 이 세상에 내보낸 놈들에게 욕을 퍼붓고 하나님한테도 욕을 해댔지. 허허 이상하지 그러면서도 한편은 그 밑에서 또 누군가에게 간절히 기도를 했어. 아마 하나님은 (손으로 심장을 움켜쥐며) 여기에 살고 있는지도 몰라. 내가 하는 일이 찜찜하다고 생각되면 여기가 아프고 퉁퉁 붓는 거야. 그 밑에 있다 보면 가끔 멀리서 개 짖는 소리 의정부역에서 기적 소리가 들려왔지. 그래, 난 아무도 없는 곳으로 멀리멀리 갈 거다. 아무도 나를 알아보지 못하는 곳으로 언젠간 도망칠 거다. 한번은 나도 모르게 큰소릴 질렀다가 위에 있던 깜둥이 새끼한테 들켜가지고 직싸게 터졌지. 입 안이 찢어져서 피가 나오고 눈을 정통으로 얻어맞아서 하마터면 장님이 될 뻔했었지. 그때 고 새끼가 나한테 뭐라고 했는지 알아? 잊어버리지도 않아. 유! 코리안 애니멀! 씨발 그땐 입이 얼어붙었는지 영어가 한 마디도 안 나오는 거야. 속으로만 오케이 내가 애니멀이 아니라는 걸 보여주마. 그때는 나도 침대 위에서 멋있는 백인 여자와 함께 뒹굴 것이다. 그러기 전까진 절대로 침대 위에서 자지 않을 것이다. 그래 난 아직도 침대 밑에서 살고 있는 셈이야. 어라 내가 뭘 얘기하다가 삼천포로 빠져버렸지? 내가 원맨쇼 해버렸네. 다 흘러간 옛날 얘기들이야. 다 잊어버려야지.

상준 (승길이의 얘기에 몰두하다가 자리에서 벌떡 일어난다.) 아니야! 결코 잊어서는 안 돼. 우린 결코 그 치욕의 역사를 잊어서는 안 돼. 그 미제국주의 놈들은 평화를 위한다는 미명하에 침략군을 앞세워 우리 국토를 양분시켰고 온갖 비인간적인 행동을 자행했어. 그 치욕스러운 과거를 잊어서는 안 돼. 그 미국의 묵인하에 성립된 군부 세력은 정권의 정통성을 인정받기 위해 굴욕적인 종속 관계를 계속했고 소수의 대자본가와 유착된 대외 의존적인 경제정책을 폈으며, 그러한 파행적인 정치 경제적 모순의 산물로 70년대에 이르러 농촌 경제는 피폐해져 무수한 이농현상이 일어났어.

승길 (박수를 치며) 옳소.

상준 그리하여 우리의 불쌍한 농촌의 후예들은 눈물을 흘리면서 고향을 떠나지 않을 수 없었던 거야.

승길 맞어. 그건 바로 내 얘기야. 내 얘기.

상준 정말? 정말이야?

승길 그럼.

상준 그럼 날 믿을 수 있지?

승길 그럼.

상준 정말이지?

승길 그렇다니까.

상준 (승길이를 포옹하며) 동지, 동지. 이 비정한 적국의 심장부에서 바로 자네와 같은 든든한 동지를 만나게 되다니 감개무량해서 눈물이 나올 지경이오. 하지만 우린 연약한 눈물을 보여서는 안 되오. 아직은 다 털어놓을 수 없지만 나는 이 적국의 심장부에서 우리나라의 통일을 가로막고 있는 원흉을 암살함으로써 전 세계에 대한민국 남아의 충정심을 알릴 것이오.

승길 그런가? 동지? 나도 자네가 이렇듯 훌륭한 연기를 나에게 보여주어서 감개무량하네.

상준 뭐? 연기?

승길 응.

상준 이건 연기가 아니오. 아니 엄연한 진실이오. 동지의 그 값싼 원맨쇼와는 질적으로 다른 것이오.

승길 뭐?

상준 자 이제 나는 동지를 믿고 동지는 나를 믿고서 함께 구체적인 계획을 세워보기로 합시다.

승길 관둬. 동지 좋아하네.

상준 아니, 동지. 벌써 변절을…

승길 짜샤, 난 니 동지가 아냐.

상준 (절실하게 승길이를 쫓아가며) 동지. 다시 한 번 더 생각해보시오.

승길 생각할 건덕지도 없어. 내가 하는 연극이 진실하지 않다고? 너처럼 진실을 몰라주는 놈하고 나 다시는 놀지 않겠어.

상준 아니. 동지! 동지! (도망가는 승길이를 쫓아간다.)

승길 (상준이의 태도가 소름 끼친다는 듯) 이 새끼 이거 미친놈 아냐?

상준과 승길. 서로 마주 본 채 서 있고, 무대 서서히 어두워진다. 조명이 희미해지면 상준 침대에 드러눕고, 승길이는 머쓱해져서 혼자 방을 돌아다닌다.

상준, 승길

같은 방

상준. 테이블에 사진을 세워놓고서 저격 연습을 한다. 침대 뒤에 몸을 숨긴 채 승길이의 장난감 권총으로 사진 속의 인물을 향해 열심히 쏜다. 샤워하는 소리와 함께 승길이의 노랫소리가 들려온다. 상준, 화장실 입구 뒤에 몸을 숨기고 승길이를 기다린다. 얼마 후, 승길, 파자마를 입고 수건으로 머리를 털며 나온다. 상준, 권총을 승길이의 머리에 댄다. 승길. 긴장한다.

상준 앉어. (권총으로 승길이를 의자에 앉게 한다. 승길, 장난으로 여기지만 상준이의 진지한 표정에 어느 정도 겁이 난다.) 너… 미국 대통령 알지?

승길 응. 클린튼.

상준 다음 달에 뉴욕에 온다는 거야. 이제 기회가 가까워지고 있어. 난 지금까지 클린튼에 대한 신문기사를 스크랩해왔어. 그에 대한 모든 정보를 수집해왔어. (사이) 그런데, 심각한 문제가 발생했어. (사이) 너, 가게에 자주 오는 미셀이란 여자 알지?

승길 네.

상준 너 오늘 그 여자와 무슨 애기 했어?

승길 왜 이래?

상준 내 얘기 한 건 아니지?

승길 왜 니 얘기를… 해요?

상준 정말?

승길 그럼.

상준 맹세할 수 있지?

승길 그렇다니까.

상준 좋았어. 다행이야. 혹시 누가 나에 대해서 묻거든 그냥 평범한 야채 가게 종업원이라고만 얘기해. 알았지? 그리고 내가 뉴욕타임스를 보고 있다는 얘기도 하지 마. FBI나 CIA가 낌새를 채고 있을지도 모르니까. 아무튼 그 여자 조심해야 돼.

승길 그 여잔 몇 년째 우리 가게 단골이야.

상준 그게 바로 작전이야. FBI의 낡은 수법이지. 자식들 아직도 그런 구시대의 수법이 통할 줄 알다니. 혹시 미셸이 너하고 데이트하자고 하지 않았지?

승길 차라리 그랬으면 좋겠다.

상준 큰일 날 소리야. 매사에 조심해야 돼. 너한테 접근해서 나에 대한 정보를 캐내려고 할지도 몰라. (골똘히 자기 생각에 잠겨 있다가) 너 이 권총 진짜야?

승길 뭐… 진짜나 마찬가지지.

상준 (메모지에 기록한다.) 진짜나 마찬가지다… 알았어. 그건 나중 문제고… 넌 이제부터 몸조심하고 내가 거사할 때까지, 아니 내가 거사를 끝낸 다음에도 굳세게 살아남아야 해. 알았지?

승길 응.

상준 넌 역사의 증인이 되어야 해. 후세의 역사가들에게 이 박상준이에 대해서 얘기해주어야 한단 말이야. 또 한 가지. 가게 주인이나 캐쉬어 수진이도 조심해라. 너 수진이하고 너무 가까이 지내는데, 그 점도 경고해둔다.

승길 임마, 그건 개인적인 문제야. 프라이버시란 말이야. 알어? 너 프라이버시라고 알어?

상준 큰일을 할 사람은 사사로운 감정에 빠져서는 안 돼.

승길 그러면 넌 왜 여자한테 온 편지를 혼자 숨어서 읽으면서 훌쩍거리고 울었어? 난 다 봤어. 임마. 니가 밤중에 그러는 거.

상준 봤어?

승길 내가 보려고 해서 보았던 건 아니었어. 그렇잖아. 혼자 숨어서 편지를 본다면 뻔한 거 아냐?

상준 봤냐구?

승길 내가 니 책상을 뒤진 건 아니야. 맹세해. 정말이야. (상준, 서랍을 열더니 편지를 꺼내서 갈기갈기 찢어버린 뒤에 침대에 주저앉는다.) 임마, 그런다고 편지를 찢어? (바닥에 있는 편지 조각을 주워 들고 읽는다.) 사랑하는 상준 씨에게? 아! 알았어. 너 여자 생긴 거구나. 그것 때문에 여지껏 고민한 거구나. 임마 그런 거라면 진즉 얘기할 거지. 난 니가 날 싫어하는 줄 알았잖아. 여자라면 내가 꽉 잡고 있잖아. (벽을 가리키며) 저거 봐. 저게 다 내 마누라잖아. 어제는 쟤 데리고 잤고, 그제는 저쪽에 다리 꼬고 있는 애, 그리고 그 전날은 눈을 착 내리깔고 있는 애하고 잔 거야. 어떤 날은 내가 아침부터 비실비실하지? 그날은 쟤들을 한꺼번에 데리고 잔 날이야.

상준 너 밖에 나가.

승길 왜? (바닥에 있는 또 다른 편지 조각을 줍는다.)

상준 혼자 있고 싶어.

승길 (편지 조각을 읽는다.) 상준 씨, 전 아이를 지워버렸어요. (상준, 편지 조각을 뺏어간다.) 이 새끼… 너… 알았어. 이제 다 알았어. 긴가민가했더니 이 새끼 주급 타가지고 이 기집애한테 다 갖다 바쳤구나. 임마 이렇게까지 심각한지 몰랐잖아. 너 내가 몸살 났을 때 약 한 첩 지어 온 적 있어? 그런 새끼가 말이야 이 기집한테는 돈이나 뿌려대고… 야채 가게 종업원인 주제에 개폼만 잡고 뒷구멍으로 호박씨 까고 다녀? 임마 나라고 해서 좋은 술 먹고 기집질 할지 모른 줄 알아? 마음은 하늘로 올라가지만 발바닥이 땅바닥에 붙어서 못 날아가는 거야. 나는 니 몸 생각해서 사골까지 과서 먹게 해주었더니 고년한테 다 쏟아 부어. 너 돈 떨어지면 고년을 집에까지 끌어들일 거지. 내가 받아줄 것 같애. 한번 데리고만 와봐. 썅. 내가 방에다 휘발유를 뿌리고서 불을 질러버릴 테니까.

상준 승길아—

승길 내 이름 부르지 마. 나 이름 바꾸었어 임마. 난 재벌 될 놈이야. 록펠로 킴이야.

상준 내가 언제 여자를 데리고 온다고 했어.

승길 속이지 마 임마. 니가 주인아저씨하고 예편네한테 잘 보일려고 고분고분한 것도 내가 다 알고 있어.

상준 내 얘기도 좀 들어주라. 응.

승길 그런다고 너한테 영주권 만들어줄 줄 알아? 그리고 니가 나보다 늦게 들어왔는데도 나하고 똑같이 주급 받는다는 것도 알고 있어 임마. 내가 이 말은 안 하려고 했지만…

상준 됐어.

승길 그럼 그 여자 안 만나는 거지? 그러려고 편지 찢어버린 거지? 약속. (새끼손가락을 내민다. 상준, 마지못해서 손가락을 내민다.) 이 미국 땅에서 너하고 나하고 빼면 누가 있어 새끼야. 니가 만약에 총 맞고 뒈져봐, 내가 니 장사 지내주지 누가 해주겠어? 니네 부모가 한국에서 온다고 해도 그 전에 내가 다 할 거 아냐?

상준 재수 없는 소리 하지 마.

승길 미국에선 언제 뒈질지 몰라 임마.

순간, 전화벨 소리가 들린다. 상준, 벽에 걸린 전화기를 바라본다. 승길이도 상준이의 시선을 따라서 전화를 본다. 다시 전화벨 소리가 들린다. 상준, 무대 왼쪽으로 가서 벽에 걸린 전화기를 떼어낸다.

상준 여보세요! 여보세요!

승길 (여자 목소리로) 여보세요.

상준 예. 전 박상준입니다. 실례지만 누구세요?

승길 어머 저예요. 저.

상준 (사이) 미영이!

승길 그래요. 상준 씨. 요새 왜 전화도 없고 편지도 없으세요? 제가 보고 싶지도 않으세요?

상준 공부하느라고 워낙 바빠서—

승길 (혼잣말로) 공부는 무슨 놈의 공부야. 뉴욕에 있는 야채 가게에서 일하면서—

상준 여보세요?

승길 (다시 여자 목소리로) 상준 씨, 내가 당신을 얼마나 사랑하는지 알고 계세요? (사이) 생각해봐요. 상준 씨. 우리가 대학 다닐 때 자주 갔던 다방에서 들었던 음악 있었지? (음악이 흘러나온다.) 그때 자기가 나한테 뭐라고 했는지 알아? 날 사랑한다고 했잖아?

상준 (자기 생각에 빠져든다.) 미영아 잊어버리자 응?

승길 흑흑흑 이젠 절 버릴 셈이군요.

상준 내가 널 버린 게 아니야.

승길 저— 상준 씨 화내지 말고 내 얘길 들으세요. 자기 그전엔 얼마나 부드러운 사람이었어. 자기 나한테 사주었던 해바라기 생각나?

상준 그래.

승길 그래. 그렇게 대답하면 내가 얼마나 좋아. 상준 씨 난 상준 씰 위해서 이러는 거라구. 상준 씨 기회는 아직도 있어요. 상준 씬 룸메이트인 승길이 같은 놈하고는 차원이 틀리잖아요? 그 자식은 입으로만 까불었지 사실은 희망이라고는 없는 놈이라고요. 그래도 좋은 놈이니까 잘 좀 해줘요. (사이) 상준 씨 제 얘길 잘 들어요. 실망하지 말고 다시 공부하세요. 자꾸 술만 드시면 몸 상하잖아요. 속상해요. 자기 내 얘기 듣고 있는 거야?

상준 (자기 생각에 빠져든다.) 미영이 잘 들어. 난 이미 모든 걸 포기한 놈이야. 니가 알고 있는 박상준이는 오래전에 죽었어.

승길 용기를 잃으시면 안 돼요. 상준 씨 술 마신다고 되는 일이 뭐가 있어요?

상준 괴로워서… 잊고 싶어서…

승길 뭘 잊는다는 거예요? 술 마신다고 잊어질 것 같으세요?

상준 차라리 죽기라도 했으면…

승길 그래요. 사내자식이 병신처럼 그럴 바엔 차라리 죽어버리세요. 바보. 죽지도 못하면서 입으로만 죽는다고 그래?

상준 그래, 니 말이 맞어. 술에 취해서 내 몸을 괴롭히면서 나는 쾌감을 느끼는지도 몰라. 난 한 번도 내 의지대로 살아보지 못했어. 어머니 치마폭에서 그리고 아버지 그늘 밑에서 살아왔었지… 그나마, 내 의지대로 살아본다고 하는 게… 난 이 뉴욕에서 다시 태어나보고 싶었어. 모든 걸 참고 견디면서… 이게 내 생에서 마지막 기회다. 여기서 쓰러지면 난 끝장이다.

승길 상준 씨, 흥분하지 말고 천천히 얘기하세요.

상준 난 용서 받지 못할 놈이야. 그래 난 죽어야 돼. 딴 방법이 없어.

승길 상준 씨. 전 이해할 수 있어요. 전 진정으로 상준 씰 사랑해요.

상준 진정으로 사랑한다고? 니가 날 이해한다고? 넌 내 핏줄마저 지워버렸잖아. 무슨 낯으로 나한테 그런 말을 할 수 있어. 그래 사람을 죽인 놈의 피를 이어받았다고 해서 탯줄에 있는 핏덩이를 지워버리고 딴 남자한테 가버렸잖아. (허탈하게 웃으며) 아니, 아니 잘한 거야. 그래. 축하해줄 만한 일이지. (사이)

승길 상준 씨, 진정하세요. (상준이의 옆에 앉아서 그를 달래준다.) 자, 상준 씨 이제부터 새로운 삶을 사시는 거예요. 룸메이트인 승길이가 적극적으로 도와줄 거예요.

상준 (제정신으로 돌아온다.) 아니 이 새끼. 야, 난 잊어버리려고 했고 다시 여기서 뿌리내리고 살아가 보려고 했어. 괴로웠지만 조금씩 잊혀지는 것도 같았단 말이야. 그런데 넌 왜 남의 상처를 들쑤셔서 괴롭히는 거야? 보기 싫으니까 이 방에서 꺼져버려. (격노해서 전화기를 던지고 의자를 발로 찬다.)

승길 (머쓱해져서) 춘자 전화 끊을게요. 춘자도 고백할 게 있었는데… 이 여자도 서러운 사람이라고요. (의자를 세우고 전화기를 주우며) 상준 씬 이기주의자야. 자기 괴로움만 알았지 다른 사람은 생각도 않고… 난 잘해보려고 그런 건데… 소리만 질러대고… 내가 왜 나가니? (사이. 전화기를 한동안 바라보더니 전화기를 귀에 댄 채 자기 생각에 잠긴다. 불현듯 누나가 보고 싶어진다. 울음을 참는 목소리로) 나야, 춘자 누나.

상준, 승길

끝까지 그 방

승길이가 고개를 숙인 채 바닥에 쭈그려 앉아 있다.

상준 (가방에 짐을 챙기며) 밥 먹었니?

승길 …

상준 몸 생각해야지.

승길 …

상준 잊어버려. 오디션은 다른 극단에서도 얼마든지 볼 수 있어.

승길 나… 한국에 갈까 봐. 내가 가고 나면 너도 방 얻어서 여기서 나가라. 이 지하실은 오래 살 곳이 못 돼. (그제야 상준이가 짐 꾸리는 것을 보고) 그런데, 결국은 니가 먼저 이 방을 떠나는구나. 넌 좋겠다. 배우가 되면 나도 멋지게 고향에 가고 싶었는데… 시골에 누나 한 분이 계시지. 아주 좋은 분이셔. 배우가 되어서 돈을 벌면 우리 누나를 깜짝 놀래주고 싶었었지. 생각해봐. 난 맨 먼저 까만 리무진을 한 대 사는 거야. 그리고 우리 마을 입구에 있는 주막에 도착하면 정자나무 옆에 차를 세우게 한 뒤에 난 그냥 걸어가는 거야. 기사에게 이렇게 말하겠지. "핸드폰으로 연락하겠네." 난 뒤가 두 갈래로 터지고 앞에는 금빛 단추가 두 줄로 달린 까만색 따블에 선그라스를 끼고 손에는 007 빽을 들고서 걷기 시작하는 거야. 아카시아가 늘어진 길을 걷다 보면 길옆에 있는 논과 밭에 땅거미가 깔리기 시작하겠지. 동네 아이들이 몰려들어 수군거리고, 물 길러 가는 동네 아줌마들이 나를 쳐다봐도 모른 척하고 나는 똑바로 걸어가는 거야. 병신쪼다 새끼. 오디션에 떨어진 새끼. 세상천지 가망 없는 이 김승길이가 출세하여 고향에 올 줄이야. 아무도 생각하지 못했겠지. 그 병신 같은 연출 새끼도 몰랐을 거야. 아이들이 너무 가까이 다가오면 고개를 살짝 돌린 뒤에 약간만 웃어준 뒤 다시 길을 따라 걷는 거야. 마을이 가까워지면 밥 짓는 연기가 모락모락 피어오르고 생솔가지 타는 냄새가 날 거야. 그래. 그때쯤엔 앞산에서 뻐꾸기가 울지도 몰라. (상준 뒤에서 뻐꾸기 울음소리를 낸다.) 누가 미리 알렸는지 누나가 밥을 짓다 말고 달려나올 거야. 난 눈물이 나고 뛰고 싶지만 이를 악문 채 천천히 걸어가는 거야. 누나가 바로 내 앞에까지 왔을 때, 난 누나를 번쩍 안으면서 외치는 거야. 동네 아줌마와 아이들이 보고 있어도 난 전혀 부끄럽지 않아. 난 외치는 거야. '누나, 춘자 누나. 난 누나를 결코 미워한 게 아니야.' 난 외치는 거야. 큰 소리로 외치는 거야. '누가 우리 누나를 욕할 수 있어? 엉? 누가 우리 누나를 욕할 수 있느냐고.' (흐느낀다.) 이제 다 틀려버렸어. (상준, 주머니에서 돈 봉투를 꺼내서 승길이에게 준다.) 이거 뭐야?

상준　받어.

승길　아니 너…

상준　이제 난 필요 없어. 모두 정리했어.

승길　너 내가 진짜 거지새끼인 줄 알어?

상준 승길아… 그냥 받아둬.

승길 내 이름 부르지 마. 내가 더 고참이잖아. 날 형이라고 불러.

상준 많지는 않지만…

승길 형이라고 부르랬잖아.

상준 그냥 받아줘.

승길 형!

상준 다른 게 아니라…

승길 형!

상준 정 그렇다면…

승길 형! 형형형형형이라고 불러!

상준 (사이) 형.

승길 다시.

상준 (감정에 겨워서) 형!

승길 좋았어. 형이 얘기하는 거니까 그거 집어넣어. (사이) 난 이제 돈을 벌 거야. 멋있게 돈을 벌고 싶었는데 이제 다 글러버렸어. 돈이 생기는 일이라면 사람이라도 죽일 거야.

상준 안 돼. 사람을 죽이면 안 돼.

승길 (사이) 난 가망 없는 놈이야. (사이) 근데 너 정말 꼭 가야 하는 거야?

상준 …

승길 며칠만 더 있다 가면 안 돼?

상준 난 가야 돼.

승길 거짓말 마! 넌 갈 곳이 없는 놈이야. 가긴 어딜 간다는 거야. 너 갈 데가 없지. 응? 그리고 떠나려면 아무도 몰래 새벽에 떠나버려 임마.

상준 (앞을 멍하니 바라보며 띄엄띄엄 말을 한다.) 매일 밤 악몽을 꾸지. 거의 같은 꿈을. 상준이는 매일 밤 악몽을 꾸었어. 상준이는 매일 밤 악몽을 꾸었어. 상준이는 매일 밤. 상준이는 매일 밤. 매일 밤 악몽을 꾸었어 악몽을 꾸었어. 별이 하늘에 반짝이는 별이 떨어지는 꿈이었어. 별들이 소리 지르며, 살려달라고 비명을 지르며, 나에게 살려달라고. 이 박상준이한테 살려달라고 소리를 지르며, 땅으로 곤두박질하는 거야. 머리가 깨어졌겠지? 아마 피를 흘렸겠지. 별들이, 하늘에 있는 별들이 하나도 남김없이 모두 떨어지는 거야. 안 돼! 안 돼! 아무리 고함을 질러도 소용없었어. 생각해봐. 멀어버린 눈처럼, 눈동자가 사라져버린 눈처럼. 하늘이 시커먼 눈으로 날 내려다보고 있었어. 이 세상이 끝나는 거야. 어떻게 해야 하는 거지? 어떻게 해야 내 꿈속에서 별들을 다시 하늘로 올릴 수 있는 거지? 누구한테 빌어야 하지? 누구한테? 누구한테 빌어야 하는 거지? (사이) 엠파이어 스테이트 빌딩에 올라갔어. 높더군. 여러 나라 사람들이 구경을 왔더군. 저마다 자기나라 말로 쫑알거리더군. 중국 사람은 중국말로, 일본 사람은 일본말로, 미국 사람은 미국말로, 한국 사람은 한국말로, 스페인 사람은… 아니 그것은 몰라. 모르지만 아무튼 여러 나라 말들을 했어. (사이) 바벨탑! 바벨탑이야. 미국은 바벨탑을 쌓았어. 이제 신은 분노하리라. 아냐. 틀렸어. 난 기독교 신자가 아니잖아. 내가 틀린 건가? (사이) 나는 미국 대통령을 죽여야 돼. 그를 죽여야 하늘의 별들이 떨어지지 않을 거야. 이번엔 내가 맞는 거겠지. 그런 얘기는 성경에 나오지 않잖아. 그 사람을 죽이면 나도 죽겠지. 내가 죽으면 난 다시는 꿈을 꾸지 않을 거야. 하늘의 별들이 떨어지는 꿈을 다시는 꾸지 않을 거야. 누군가 속죄를 해야 할 거야. 나는 그를 죽일 거야. 그 사람은 책임을 져야 돼. 누군가 책임을 져야 할 거야. 다시는 하늘의 별들이 떨어지지 않도록. (상준, 말을 마친다. 멍하니 서 있다가 선글라스를 쓴다.) 동지 (가방을 든다.) 난, 시간이 없소.

승길 너 진짜로 갈 거야?

상준 이젠 더 이상 망설일 시간이 없소. Good Bye! (승길이에게 손을 내민다.)

승길 상준아! 나. 다시는 연극 안 하기로 했는데(상준이를 만류하며) 너 나하고 한 번만 더 연극 안 할 거니? 이건 진짜로 재미있는 거라구. 기다려. (탁자 위에 올라가서 하얀색 시트를 얼굴에 두른다. 마치 잠자리에서 갓 깨어난 여인과 같은 모습이다.) 난 지금 엠파이어 스테이트 빌딩 위에 올라가 있는 거야. 난 새처럼 날고 싶어. (팔로 날갯짓을 한다.) 넌 내가 훨훨 날 때 그 총으로 나를 쏘는 거야. 멋있지. 응? (상준. 이해할 수 없다는 듯 유심히 바라보더니 가방을 들고 출입구 쪽으로 간다.) 난 죽었다가 다시 태어날 거야. 아니, 차라리 춘자라는 여자라고 하자. 그래, 난 춘자야. (상준이가 출입구로 나가려하자) 동지! (상준, 멈칫 선다.) 동지! 난 동지의 적이오. 그러니 어서 그 권총으로 나를 쏘시오. (상준, 그 말에 다시 방 안으로 들어와 권총을 뽑아 든다.) 그래, 빨리 쏴. 난 죽고 싶어. 난 죽었다가 다시 태어날 거야. 하늘을 훨훨 날 때 날 죽여줘. 난 죽어서 하늘의 별이 될 거야. 그러니 어서 날 쏴. 난 죽고 싶단 말이야. 빨리. 빨리 나를 쏴!

상준, 승길이를 겨냥하고 쏘려던 권총을 자기 입 속에 집어넣는다.

암전

한영덕, 서학준, 간호원, 원장

수술

무대 전면 우측, 즉 오른쪽 무대 아래에 수술대가 놓여 있고 한영덕과 간호원 수술 준비를 하고 있다.

한영덕 복부파편상이구만.

간호원 수술을 해야갔지요?

한영덕 서둘러야 되갔서.

간호원 아무것도 없읍네다. 약품도 기구도 없시오. 원장 허락 없이 아무것도 타내지 못합네다.

한영덕 기래도 살려내야디.

간호원 이 어린아인 수술규정에 위반되는데두요?

한영덕 이 아이도 인민이오. 어서 취사실에 가서 물을 끓이고 뭐든 약품을 좀 구해보구래!

간호원 예. (퇴장)

한영덕은 환자를 돌보고 무대 왼편에서 서학준이 급히 들어온다. 가운 차림으로 외투를 들고 있다.

서학준 영덕이. 너 또 여기 와 있구나. 정말 어드렇게 할라구 그러네?

원장이레 발세 눈치 챈 모양이야.

한영덕 금방 죽어가는 환자를 놔두고 모르는 체할 수야 없디 않네. 보통병동엔 수술할 의사가 없다는 걸 너두 잘 알디 않아? 마침 잘 왔다. 좀 거둘라우.

서학준 우린 특병동 담당 아니가?

한영덕 당원과 군인만이 사람이가? 난 당원이 아니라 의사야.

서학준 너 정신 똑바루 차리라우. 국군이래 금방 폐양으로 들이닥칠 모양이야.

한영덕 기래?

서학준 (가운을 벗고 외투로 갈아입으려 한다.) 기래서 나 빠져나갈라구 기래. 우리 날래 강서 외갓집으로 피하자우.

한영덕 너, 정신 나갔구나? 기런 생각 애쎄 버리라우. 지금 이 순간에두 얼마나 많은 사람들이 죽어가고 있는지 니 눈으로 보면서두 하는 소리네?

서학준 (옷을 갈아입다 말고) 니 목숨이나 챙길 줄 알라우. 보통병동에 나다니는 건 당의 명령을 위반한 거이야. 여러 소리 말고 나랑 같이 가자우. (옷을 갈아입는다.)

한영덕 이놈의 세월에 너만 살갔다구 하는구나.

서학준 어데 나만 살갔다고 하네? 기러니까 같이 가자는 거지. 막판에 가보라우. 갸들 누시깔에 뭐 보이는 거 있을 줄 아네? 자꾸만 북쪽으로 끌려다니다 보면 영영 빠져나가지 못해야.

한영덕 난 여기 남갔다. 환자가 있는데 의사를 죽이기야 하겠네? 뭐 죄진 게 있어야디.

서학준 넌, 사람이 왜 기렇게 콱 맥혠? 누군 죄지어서 빠져나가는 줄 아네? 괘난히 남아 있다가 처형당하면 우리만 손해 아이가?

한영덕　죽을 때까지 환자를 돌보는 거이 의사의 사명이야.

서학준　죽는 판에 사명이 무신 소용이가? 살아남아서 얼마든지 할 수 있는 일 아니가.

한영덕　이거 보라. 지금 당장 죽어가는 사람이 있어. 의술은 인술이야.

서학준　우선 우리가 살아야 인술도 베풀 수 있는 일 아니가? 내레, 국군이 들어오면 군의관으로 입대하갔다.

한영덕　설사 죽는 한이 있더라도 환자를 두고 떠날 수는 없어.

서학준　정말 고집이 세구나. 내가 없어지면, 넌 고초를 당할지도 몰라야. 속 썩히지 말고 같이 가자우.

한영덕　싫다는데도 기래?

서학준　에이 모르갔다. 난 가갔어.

서학준이 퇴장하면 한영덕은 그가 나간 쪽을 걱정스럽게 바라본다. 그때 간호원이 급히 들어온다.

간호원　선생님, 여기 붕대하고 가제, 그리고 옥도정기 한 병을 간신히 구해 왔시오.

한영덕　지혈겸자하고 마취제를 구할 수 없을까?

간호원　마취제 같은 건 벌써 동이 났시오. 살려만 낸다면 다행이디요. 죽는 것보다는 고통이 나을 거야요.

한영덕　어드렇게 어린것의 맨살을 쨀 수야 있나? 특병동 응급실에 가서 슬쩍 집어가지고 나오면 될 거인데… (나가려 하자 간호원이 말린다.)

간호원　이렇게 원장 동무의 지시에 어긋나는 일만 골라서 하다가 들키면…

한영덕 (할 수 없다는 듯) 알갔소. 날래 시작합시다.

두 사람이 수술에 몰두하는 동안 왼쪽 무대 위로 원장이 몰래 들어온다.

한영덕 아이구, 많이도 참았구만.

원장 한 동무! (수술하던 한영덕과 간호원 멈칫 놀란다.) 특병동에 위급한 환자를 놔두고 거기서 뭘 하는 거요?

한영덕 여기에 더 위급한 환자가 있습네다. 수술 중이라 꼼짝할 수 없습네다.

원장 (화가 난 듯 다급히 수술대 쪽으로 다가가서 지시봉으로 환자를 가린 천을 들춰본다.) 까짓, 애들은 또 낳는 거요. 지금 특병동에는 경무원이 기총소사의 관통상을 입고 피를 흘리고 있는데 이따위 일에 시간을 낭비하갑네까?

한영덕 낭비가 아닙네다. 관통상은 압박붕대 처리만 해놓으면 몇 시간이라도 견딜 수 있습네다.

원장 한 동무! 고발하겠소.

한영덕 어둡습네다. 비켜주시구레.

원장, 뭔가 결심한 듯 황급히 퇴장.

한영덕 (핀셋으로 파편을 집어들고) 파편을 꺼냈소. 이 무쇠 조각, 누구레 어디서 만들어내는 것인지… (암전)

심문

몽둥이를 든 원장이 무대 중앙에 서고 한영덕은 무대 전면에 서 있다. 원장이 쿵 소리를 내면 조명 밝아진다.

원장　한 동무! 마지막으로 한 번만 더 묻겠소. 서학준이 도망간 곳이 어딥네까?

한영덕　모릅네다.

원장　절친한 친구 사이라면서 그것도 모른다는 건 말도 안 되오. 아직 평양에 있습네까?

한영덕　모릅네다.

원장　물론 몰라야겠지. 그럼 서학준과 무엇을 공모했는지도 끝까지 말할 수 없다는 얘기지요?

한영덕　그런 적이 없습네다.

원장　좋소! (무대 전면 한영덕 쪽으로 내려온다.) 그런데 왜 특병동의 진료를 거부했습네까?

한영덕　거부한 것이 아닙네다. 다만 생명이 위급한 환자부터 치료하는 것이 의사의 사명입네다.

원장　한 동무, 조국해방전쟁을 수행하는 데 있어서 개인적인 생각은 용납될 수 없습네다. 동무의 의무는 최선을 다해서 후방 전력을 보존하는 유일한 목적에 봉사하는 것뿐이오.

한영덕　사회주의 이상이 기렇다면 잘못된 것임에 틀림없습네다.

원장　(발을 쾅 구르며) 공산주의에서는 과오가 있을 수 없소! 집단적 신념 그 자체이기 때문에. 한 동무, 일본에 가서 그처럼 자비로운 사상을 배워 왔습네까?

한영덕　내 신념이외다. 의사가 죽어가는 환자에게 의술을 베풀 때엔 무의미한 기술이 아니라 생명을 근거로 한 자유로운 사랑이어야 한다는 것이 변함없는 내 신념입네다.

원장 한 동무, 당에서 동무의 기술이 쓰여져야 할 대상을 뚜렷한 목적 아래 제시했을 땐 동무의 기술은 이미 동무 혼자만의 것이 아니라 당과 인민의 것이오. 그런데도 끝까지 고집을 부린다면 우리는 한 동무야말로 감상적 부르주아임을 확인할 수밖에 없습네다.

한영덕 내 고집이 사회주의적 세계관에 위배된다면 난 천직을 버릴 수밖에 없습네다.

원장 동무는 어리석은 사람이야. 도망간 서학준이야 차라리 용기라도 있었지만 당의 합리적인 지시를 거부하면서까지 반역 행위를 계속하겠다는 건 만용이오. 개인적인 만용!

한영덕 사랑 없는 의료 행위를 계속한다는 건 내 자신에 대한 반역 행위입네다. 그러니 나에게 차라리 석탄을 캐고 나사를 깎는 일이나 시켜주시구레.

원장 그 부분은 동무의 능력이 미치는 쪽도 아니고 오히려 국가적인 낭비입네다.

한영덕 나는 기술만을 가지고는 도저히 사회에 이바지할 수는 없습네다.

원장 한 동무, 동무는 지금 스스로 인민의 적임을 증명하려고 노력하고 있소. (중앙 무대로 올라가서) 한 동무! 우리는 동무의 숙달된 기술을 존중하고 있습네다. 하지만 그것보다 더 중요한 것은 혁명적인 달성입네다. 이제 동무의 효용성이 문제가 되기 시작했소. 한 동무, 잘 가시오! (들고 있던 몽둥이를 떨어뜨리면 암전)

한영덕, 심문관, 미군 장교, 그 외

수사

소리 E (타자기 소리와 함께 어둠 속에서) 정보 보고서.

수신: 미군 제2기지 한국군 파견대 조사 반장

제목: 적성 용의자에 관한 건

1. 입건 일시 및 장소

1951년 11월 23일 15시 20분경. P.O.W. 캠프 부근

2. 인적사항

성명–한영덕, 생년월일–1911년 5월 18일생(당 40세), 직업–의사,

본적–평안남도 평안시, 현주소–경상북도 대구시 덕산동.

조명 밝아지면 무대 전면에는 오른쪽부터 배우(3), (1), (2)가 일렬로 서 있다. 오른쪽 무대 위에는 MP 완장을 두른 한국군(=심문관)과 미군 장교가 트럼프 놀이를 하고 있다.

미군 장교 (정보 보고서가 끝나자마자) OK. Let's go!

심문관 이상 사실과 맞습니까?

한영덕 예.

한영덕과 다른 두 명의 배우들은 군대의 제식훈련, 각종 기합 등을 일사불란하게

처리한다.

심문관	1951년 11월부터 23일 사이에 포로 캠프 근처에서 배회한 적이 있지요?
한영덕	예.
심문관	무슨 목적으로 캠프에 왔습니까?
한영덕	아들을 만나기 위해서였습니다. 평양 태생, 당년 18세, 한창빈입니다.
심문관	포로 명단을 조사했더니 그런 자는 없다는데, 누구에게 언제 그런 사실을 들었습니까?
한영덕	고향 사람이, 지난 10월 부산으로 오는 포로 수용 열차에 그 애가 타고 있는 것을 먼 데서 본 것 같다고 했습니다.
심문관	캠프 지역에 민간인의 접근이 금지되어 있다는 걸 알고 있었지요?
한영덕	예.
심문관	왜 근무자의 정지 명령에 불응하고 도주했습니까?
한영덕	잡상인들이 달아나길래 저도 같이 섞여서 달아났습니다.
미군 장교	Son of a bitch! (세 명의 배우 엎드려뻗쳐 자세)
심문관	피의자는 언제 월남했습니까?
한영덕	51년 1월입니다.
심문관	속이지 마시오! (발을 구른다. 엎드려 있던 배우들은 옆으로 쓰러진다. 이후 각종 기합) 피의자가 51년 1월에 월남했다면 어째서 아직도 인민복을 입고 있습니까?
한영덕	인민복은 마구 입기가 좋고 목에까지 단추가 달려 있어 추위를 막는 데 적합한 옷이었습니다.

심문관 의사가 옷이 없다니 말이 됩니까? 인민복을 입어야만 포로들과의 접선이 수월했던 것 아닙니까?

한영덕 아닙니다. 단지 버리기가 아까워 그냥 입어왔을 뿐입니다.

미군 장교 Oh, my gosh! Go on! (세 명의 배우 낮은 포복으로 긴다.)

심문관 이남에 친척이 있습니까?

한영덕 예, 전쟁 전에 남하한 손아래 누이가 서울 어딘가에 살고 있다는 소식을 들었습니다.

심문관 피의자는 이북에서도 의업에 종사했습니까?

한영덕 예, 처음엔 대학에 있다가 인민 병원에 1년간 근무했습니다.

심문관 대학이라면 소위 김일성 대학 의학부를 말하는가요? 직책과 전공은?

한영덕 산부인과 교수였습니다.

심문관 인민 병원에서의 직책은?

한영덕 특병동 담당 의사였습니다.

심문관 특병동이란 무엇을 하는 곳인가요?

한영덕 군인과 준군인, 당원, 행정 요원과 그들의 가족을 치료하는 병원이었습니다.

심문관 그렇다면 그것은 피의자가 공산주의자들로부터 절대적으로 신임을 받았다는 증거 같은데…?

한영덕 그때의 북한 상황을 모른다면 내 입장을 이해할 수가 없을 겁니다. 오히려 징집된 자들보다도 더 기분 나쁜 환경 아래서 혹사당했으니까요.

심문관 믿을 수가 없소. 후방 근무가 전방 근무보다 더 위험하고 곤란하다는 것을 이해할 수가 없어요. 그것은 바로 적의 정수분자들과 접촉, 교류했다는 말이 아닙니까?

한영덕 (기합으로 기진맥진한 상태이다.) 몇 번을 얘기해야 합니까? 난 살기 위해 월남했을 뿐이오.

심문관 그래요? 좋습니다. 지금까지 진술한 내용은 모두 사실이지요?

한영덕 예. (배우 세 명 모두 바닥에 엎드리거나 누워 쓰러져 있다.)

심문관 (카드놀이를 그만두고) 지금은 전쟁 중이오. 이번 전쟁은 어느 편이 이길 거라고 생각합니까?

한영덕 …

심문관 전시에는 사람의 생명을 구하는 의술이야말로 커다란 효용 가치를 가지고 있습니다. 살기 위해서 월남했다면 군의관으로 입대할 생각은 없습니까?

한영덕 전쟁을 돕는다는 명목으로 신분보장이나 바라고 싶지는 않습니다. (사이)

심문관 (미군 장교 앞에 부동자세) 이상과 같이 심문했음. 아직은 공작 첩자 여부를 밝힐 수는 없으나 요시찰 인물로 추정되므로 민간 경찰에 이첩함이 가하다고 사료됨. 조사 반장, 대위 박, 윤, 구!

배우 4 빨리 나와!

한영덕 어디로 가는 거요? 날 어디로 데려가는 거요?

배우 2 평양으로 갔으면 좋겠나? 니가 가는 곳은 지옥이야. (플래시 불빛으로 한영덕의 등을 비춘 채 중앙 무대로 밀고 간다.)

한영덕 (플래시가 꺼짐과 동시에) 아악!

심문

앞 장면의 긴 비명 소리가 들리면 배우(3)이 의자와 몽둥이, 마네킹을 무대 전면 좌측으로 가져가고 한영덕은 웃옷을 벗는다. 심문관은 무대 전면 우측에 서 있다. 조명 각각 세 군데로 스포트. 한영덕은 한쪽 팔목이 묶여 있다. 몽둥이를 들고 있는 배우(3)

심문관 다시 한 번 묻겠는데 1952년 4월 23일 제일병원에 모여서 뭣들을 했나?

한영덕 개업 기념일이라…

심문관 이 자식이 이제 와서 또 딴소리야. (손가락으로 딱 소리를 내면 배우(3)이 마네킹을 고문한다.)

한영덕 (몹시 지쳐서) 개업 기념일은 틀림없습니다. 우린 3 · 8선에 대해서 얘길했을 뿐입니다.

심문관 그것만이 아니야. 여기 증인들 조서를 읽어줄까? 제일병원 원장 고동수가 진술한 거다. "피의자는 1952년 4월 23일 제일병원에서 현 정부를 비판하고 미국을 위시한 우방연합국들을 비난하는 성질의 불법 집회를 가진 적이 있는가? 네 시인합니다."

한영덕 그건 사실이 아니외다.

심문관 어라, 이 새끼 봐라. 여태껏 조서에다 모든 피의 사실을 인정해놓고 진술서에 서명날인을 않겠다는 건 말이 안 되잖아. 안 되겠어.

배우 3 (마네킹의 왼쪽 팔을 비튼다.)

한영덕 (고문으로 몸부림친다.)

심문관 자, 아까 읽어준 진술서에 서명날인을 하겠나?

한영덕 나는 진술서를 쓰지도 않았소.

심문관　니가 말한 걸 우리가 받아쓴 거 아냐?

한영덕　난 피난민일 따름이오.

심문관　그래 그래. 부산에서 아무도 안 만났다는 데까진 좋다. 북한 방송을 청취하고 현 정부를 비난했지? 다 시인했잖아?

한영덕　난 살기 위해서 월남했습니다. (심문관의 신호로 배우(3)은 다시 마네킹을 짓누른다.)

심문관　넌 간첩이야 간첩. 너 따위 하나 죽여봤자 전시에 누가 알성 싶어?

한영덕　난 피난민이오. 피난민…

심문관　입 닥쳐, 이 자식아! 넌 이북 노래를 불렀고 의사로서 모은 돈을 대남 공작금으로 사용했어. 사실이지?

한영덕　난, 난…

심문관　넌 빨갱이란 말이야!

한영덕　난 피난민이오.

심문관　이런 개자식. 내가 교대하기 전에 서명을 하지 않으면 아주 씹어먹어 버릴 테다.

조명 서서히 암전되고 한영덕은 축 늘어진다. 배우(1), (2)는 퇴장하고 배우(3)이 차트를 넘긴다. —〈서대문 형무소〉

한영덕, 한영숙, 서학준, 그 외

상봉

중앙 무대 쪽에 조명 들어오면 한영숙이 앉아 있다.

서학준 (무대 왼편에서 군복 차림으로 등장) 안녕하십네까?

한영숙 아이고, 학준이 오라바니. 어서 오시라요.

서학준 (곁에 앉으며) 고생이 많디?

한영숙 저야 고생될 게 뭐가 있습네까?

서학준 재봉일 해서 먹고 살만 하네?

한영숙 애들이 아직 어려서 견딜 만합네다.

서학준 영덕이도 이제 돈을 버니까니 보탬이 될 거이야.

한영숙 밑천 없다구 월급 몇 푼 받는 거 용체돈이나 하문 다행이야요.

서학준 그래도 한 일 년 착실히 모으면 작은 병원 하나쯤은 채릴 수 있을 거이야.

한영숙 그런데 참, 오라바이랑 동업하는, 거 박가라는 사람 말이야요. 개구리 배도 째보지 못한 사람이라문서요?

서학준 다 그런 거지 뭐.

한영숙 그러니까 오라바니 면허증을 이용하려는 속셈… (이때 허탈한 모습으로 한영덕이 무대 우측에서 등장)

서학준 오, 영덕이.

한영덕 웬일이네?

서학준 그냥 보고 싶어서 들렀다. 그런데 무슨 일이 있었네?

한영덕 (한영숙에게) 술 좀 가져오라우. (돈을 주려는 서학준을 만류하고 한영숙은 퇴장)

한영덕 너 군의관 되더니 신수가 좋구나.

서학준 기래? 나야 뭐 워낙이 기렇잖네. 그건 그렇고 병원 일은 잘돼 가네?

한영덕 (한숨)

서학준 무슨 일인데 기래?

한영덕 거, 낙태 수술 말이다. 더 이상 못 하갔어.

서학준 안 하면 될 거 아니가?

한영덕 그게 가장 큰 돈줄인데 주인 되는 사람이 쉽게 포기하갔네?

서학준 기렇겠구만.

한영덕 그래서 내 오늘 병원 그만두었다.

한영숙 (술 쟁반을 챙겨들고 들어와 앉자마자) 아니, 오라바니. 그게 정말입네까?

한영덕 그래. 부산으로 내려가갔어. 그쪽으로 이력서를 보냈으니까니 곧 회답이 올거이야.

한영숙 오라바니, 또 이번에도 솔직히 죄다 쓴 거 아니야요? 네?

서학준 (의아해 하며) 무슨 말인가?

한영숙 글쎄, 저번에 적십자 병원에 취직한대면서 이력서를 썼댔는데.

한영덕이 한영숙을 쳐다보며 말을 막는다. (사이)

서학준 와들 이래? 말해보라우.

한영숙 (한영덕의 눈치를 보고 나서) 이력서를 썼댔는데, 거기다가 폐양, 김일성 대학, 의학부, 이렇게 곧이곧대로 썼다가 퇴짜 맞았지 뭐야요?

한영덕 기렇다고 거짓부리를 할 수야 없디 않아.

한영숙 당연하시구레. 그까짓 거 아무렇게나 쓰면 어디가 어드렇게 됩네까?

서학준 그러게나 말이다.

한영덕 요즘 세월에 이북 사람 치고 그 사람들 밑에서 일 안 해본 사람 어디 있갔니?

서학준 이보라우. 기래도 불리한 사실을 괘난히 알릴 필요야 없디 않아? (한영숙에게) 안 그래?

한영숙 그러게나 말입네다.

한영덕, 말없이 술만 들이킨다.

한영숙 전쟁이나 빨리 끝나야지, 원.

서학준 결국은 휴전이 될 거이야. 이젠 맘대로 내려올 수도 올라갈 수도 없어야. (술을 마신다.)

한영숙 (술만 마시는 한영덕을 바라보고) 오라버니, 부산 가서 외롭고 쓸쓸하다고 맨날 술만 드실 텐데 기래가지고 몸이 견디겠어요? (사이)

서학준 (뭔가 생각난 듯) 이보라, 영덕이. 이번 기회에, 결혼하라우.

한영숙 그래요.

서학준 (한영숙에게) 너도 기렇게 생각하지?

한영숙 3·8선이 그대로 있는데 이북에 있는 오마니나 형님 생각은 (한영덕이 쳐다보자 조금 머쓱해진다.) 애써 잊어버리시라요.

서학준 언제까지 혼자 할 수는 없디 않아?

한영덕 기래서 넌 냉큼 새장가 들었구나?

서학준 어쩔 수 없었어야. 두고 온 처자한텐 미안한 일이디만…

한영숙 휴전이 되면 십 년이 갈지 이십 년이 갈지 누구레 알갔시요? 사내는 거저 아낙이 있어야 사람 구실을 한다구요.

서학준 너 혹시, 마음에 둔 여자레 없네? (말없이 술만 마시는 한영덕)

한영숙 학준이 오라버니, 중이 제 머리 깎는 거 봤시요?

서학준 있으면 얘기하라우. 나하고 매 씨하고 나서서 성사를 시킬 테니까니.

한영덕 다 부질없는 짓이다.

서학준 넌 와 기렇게만 생각하네? 통일이 될 거 같네?

한영숙 오라바니, 오마니나 형님도 다 이해하실 거야요.

서학준 이제 나이 마흔 둘인데, 새 출발해도 늦디 않아야.

한영숙 기러믄요, 기러믄요.

한영덕이 무슨 말을 하려 하자 한영숙과 서학준은 그쪽으로 몸을 기울인다. 사이.

한영덕 (술을 마시고 나서 멈칫멈칫하다가 이윽고) 다방을 하는 여잔데, 사내아이가 하나 딸려 있더구나.

서학준 (무척 반가운 소식이라는 듯) 기래? 그거이 무슨 문제가 되네? 사람만 좋으면 그만 아니가?

한영숙 오라바니, 그거이 정말입네까?

한영숙과 서학준 크게 웃는다.

한영덕 (겸연쩍은 듯) 야, 야, 술이나 한 잔 받으라우.

서학준 기래, 기래. 나 오늘, 정말 기분이 좋구나야.

한영숙 오라바니, 그 여자 한 번 집으로 데려오시라요.

한영덕 그 애긴 나중에 하자우. (사이)

서학준 기러고 보니까, 의전 댕길 때 생각이 나는구나. 우리 둘이 술이 이만큼 취해가지고 대동강에서 멱을 감지 않았어? 응?

한영숙 아유, 오라바니들, 정말 개구쟁이였시요.

서학준 (한영숙의 손을 잡으며) 기래두 영숙이 넌 나를 좋아했디.

한영숙 아이구, 오해 마시라요.

한영덕과 서학준 같이 웃는다.

서학준 내, 노래 하나 하갔어. 들어 보라잉. (노래는 '선창') "울려고 내가 왔던가…"

한영숙 오라바니, 또 그 노래입네까?

서학준 웃으려고 왔던가…

한영숙 그래도 모처럼 만에 이 노랠 들으니까니 옛날 생각이 물씬 납네다.

노래 소리 차츰 줄어들고 애잔한 음악이 점점 크게 들려온다. 조명 서서히 어두워지고 배우들 퇴장하면 결혼행진곡이 울려 퍼진다.

소리 3 신랑 한영덕, 신부 윤미경.

행진곡에 맞추어 양복을 입은 한영덕은 무대 왼편에서, 한복을 입은 미경은 무대 우측에서 무대 전면으로 걸어 나온다.

한영숙 오라바니! 모든 거 잊으시고 새 출발 하시라요!

서학준 영덕이! 축하하네. 행복하게 잘 살라우!

두 사람 나란히 서 있다가 조명 좀 더 어두워지면 퇴장.

〈이爾〉 중에서…① 김태웅 作

공길, 장생

이별

공길의 거처, 밤

공길은 화관을 쓰고 무슨 의식처럼 경대를 보며 팔을 벌려 왕이 내린 비단 도포를 펼쳐본다. 그리고 연산의 흉내를 낸다.

공길 이(爾), 니놈은 본시 여자도 아닌 것이 여자이고
때론 앙탈도 부릴까
때론 서글펴 꺽꺽 울기도 하고
때론 턱없이 헤헤 웃는구나
그것이로? 이(爾), 너는 정히 그것이로?

공길은 한지 위에 언문으로 된 가사를 짓는다. 장생이 술에 취해 들어온다.

장생 꽃은 펴 삼천리금수강산에 봄은 왔건만 어이해 이 내 마음엔 봄이 안 오시나. 냄새 좋다. (꽃을 건네며) 축하합니다. 대봉나리.

공길 …

장생 (화관을 집어 던지며) 희락원? 대봉? 좋아하네.

공길 이러지 마. 내일 한 판 놀아야 하니까, 가, 자.

장생　뭘해?

공길　…

장생　니가 뭐야?

공길　(아랑곳하지 않고 가사를 짓는다.) 얘들아, 자리 봐라.

장생　(공길이 쓰고 있던 종이를 빼앗으며) 이거 대단한 양반이 되셨구만. 집어쳐. 니가 뭐야? 니가 뭐냐니까?

공길　나? 아무것도 아니야. 기집도 아닌 기집, 사내도 아닌 사내.

장생　이런 이런, 꽃이 붉은들 십 일을 가나?

공길　져야 꽃이지.

장생　그래 잘 썩었다.

공길　혼자 나대지 좀 마.

장생　뜨자. 이건 아니야. 장바닥에 나가 빌어먹어도 할 말은 하고 살자. 피죽을 먹어도 줏대는 있어야지.

공길　세상은 줏대 갖고 사는 게 아니야.

장생　노리개밖에 안 돼.

공길　생각하기 나름이고, 살아야 돼 어떻게든.

장생　아주 간까지 내줘라.

공길　더한 것도 내줘.

장생　그놈의 임금이 잡놈이야. 백성들 간을 내어 회 쳐 먹는 잡놈이란 말이야.

공길　(나가려 하며) 술 깨고 나면 생각이 바뀔지도 몰라.

장생　서.

공길　자.

장생　서! 생각을 해봐. 그 머리로 생각을 해보라고. 죽이고 빼앗고 홍청망청. 예전엔 이러지 않았잖아. 보탬이 됐어. 몹쓸 것들

흉내 내면 웃다가도 그놈 잡아들여 혼쭐내고. 그래서 통쾌했고. 이젠 입이 근질거려도 말 한마디 못하잖아. 배부르고 등 따시니까 잔나비처럼 깝치기나 할 뿐이라구.

공길 임금이 재밌어하는데 뭘 못 해?

장생 그래, 벗어. 나도 비단 도포 입고 거드름 좀 피워보자. 벗어. 혼자만 살아보겠다고? 백성들이 술렁여. 구역질 나는 놀음에 빠진 왕 때문에 백성들 쇄골이 빠진다고. 자식아!

공길 그래서? 나가서 뭘 어쩌자고? 나가 역모라도 꾸미자고? 무슨 힘으로? 무슨 요량으로? 나는 죽어도 여기서 죽어. 들고 일어나서 돌로 쳐 죽여도 여기서 죽고, 들고 밀려와 죽창으로 배 창자를 끊어도 여기서 죽어.

장생 얼빠진 놈! 왜 놀고 왜 웃겨? 억지로 짜내는 게 웃음이야? 맘에도 없는 소리로 웃겨야 하고, 살살 꼬리 치며 눈치나 봐야 하고. 잡놈들의 짓거리야. 잡놈의 짓. (경대를 얼굴에 들이밀며) 니 꼬라지를 좀 보라구. 이 꼴이 그렇게도 좋아? 이 잔나비 같은 자식아!

공길 (밀치며) 그래. 썩 좋다.

장생 뭐가 좋아? 등짝에 핏발이나 서지.

공길 상관없어.

장생 그래서 임금이랑 비역질이야?

공길 말 조심해. 널 살린 건 나야. (사이) 마마 이놈을 치세요. 저를 치고 장생이는 살려주십시오. 그러면 그놈하고는 다시는… 다시는…

장생 다시는 뭐?

공길 다시는… 입도 안 맞추고, 이놈의 물건을 작두로 자르기라도 하겠으니 장생이는…

장생 난 목숨 구걸한 적 없어.

공길 이제 내가 너를 관리해. 내가 조선 팔도 나 같은 우인들 모아다 내 밑에 두고 내 마음대로 할 수 있어. (승명패를 보이며) 이게 뭔지 알아?

장생 …

공길 승명패! 이걸 보이면 뭐든지 가질 수 있고 누구든지 부려. 오라면 와야 되고 가라면 가야 돼. 이게 뭐야? 힘이라는 거야. 내가 이제 그걸 가졌어. 알아? 힘이 있다고. 왕이 나에게 힘을 줬다고. 이젠 예전의 내가 아니야. 그러니 너도 입 조심해.

장생 누가 나를 부려. 누가 나를 막아? 내가 속에 심통머리가 들어있어서 누가 이래라 저래라 하면 속이 아주 뒤집혀버린다구. 아주 뒤집어엎고 난장 치고 싶어 미치는 놈이라고 내가.

공길 그래도 너는 나를 도와야 돼. 이건 명령이야.

장생 명령?

공길 내 반드시 커다란 집을 마련할 거다. 그리고 커다란 마당도 있어야 하겠지. 재주 있는 놈들 죄 모아다가…

장생 아—흐 좋고.

공길 먹이고 입혀 내 아비나 어미처럼 냇가에 나가 울음 쏟아내며 버들피리나 불지 않게 할 거야. 그래서 맞아도 좋아. 개처럼 기어도 좋아. 뭐가 문제야?

장생 아이고 좋다. 지미널 좋아 죽겠네. 잘해보십시오. 애들 모아다 임금 똥구녕이나 핥으라고. 고거이 되나? 이 천한 몸은 나가 술 한 잔에 싼 웃음이나 팔겠습니다. 소인 냇가에 나가 마음 편히 버들피리나 불겠습니다. 나리. 하하하. (사이) 구차해도 남는 자에겐 힘이 생기고, 불안해도 뜨는 자에겐 거칠 게 없는 법.

장생, 나가려 한다.

공길 못 가. 아무도 못 떠나.

장생 (밀치며) 비켜.

공길 (칼을 뽑아들고) 나가기 전에 내 손에 먼저 죽어.

장생 그래, 니가 나를 살렸으니 니가 날 죽여라. 쳐.

공길은 장생을 치려다가 칼을 놓는다.

공길 가려거든 날 죽이고 가.

장생이 공길을 쳐다본다. 칼을 잡는다.

장생 인연이야 벨 수 없겠지. 하지만 (우인임을 나타내는 상투를 자르며) 목에 칼이 들어와도 광대에겐 광대의 길이 있는 거야.

장생이 칼을 놓고 나가려 한다.

공길 거기 서. (승명패를 주며) 가지고 가.

장생 필요 없어. 난 나를 따를 뿐이야.

공길 나다닐 거면 돌아다니며 쓸 만한 놈들 모아 오란 말이야. 이 광대 녀석아!

장생 (승명패를 집어 던지며) 쓸 만한 놈? 쓸 만한 놈은 너 하나로 충분해.

장생, 나간다. 공길은 승명패를 집어 들려다가 꽃을 집어 들어 향기를 맡아본다.

공길 밖에 누구 없냐? 가서 우인 장생이 희락원 대봉 공길의 명을 받아 우인들 수집차 대문 밖으로 나간다고 일러라.

연산, 공길, 녹수, 장생, 그 외

어전에서

공길 몸에 좋다는 물건을 들고 어전에 든다.

공길 마마, 근자에 마마의 심기가 불편하다고 하기에 이놈이 약소하지만 마마를 위해서 약재를 구해 왔습니다. 드시고 원기 회복 하십시오.

연산 이것이 무엇이냐?

공길 이름 하여 사랑의 묘약이라고 할까요?

연산 사랑의 묘약?

공길 (연산에게 안기며) 마마, 이럴 때일수록 감정에 취하면 다치시옵니다. 마음 편히 가지십시오.

연산 내가 너를 소홀히 했구나. 어서 이 일이 마무리되고 한바탕 놀아야 할 것이 아니냐?

공길 그러하옵니다. 이 일은 이쯤에서 마무리 지으시죠.

연산 그만둬?

공길 이놈 생각엔 일을 더 끄는 것은 상감마마께 득 될 바가 없을 것으로 사료됩니다.

연산 이거 갈수록 태산이구나. 그럼 너는 내가 욕을 먹어도 가하다는 말이냐?

공길 그게 아니오라, 사람 하나 잡아 죽이는 것이 능사가 아니라고 생각합니다. 큰 걸 보셔야죠. 제 말은 악재를 호재로 전화하자 이 말입니다. 언문이 배우기 쉽고 익히기 쉬워 누구나 배우니 그것은 다 세종 임금의 덕입죠. 허나, 너 나 할 것 없이 글을 쓰는 고로 상것들조차 상소를 올리지 않습니까? 이번 비방서 사건을 기화로 언문 사용을 금하는 것이 어떠하겠는지요?

연산 언문을 금해?

공길 그뿐 아니라 사사건건 시시때때 간섭하는 간원들을 모두 물리치십시오. 그들이 있는 한 왕의 위엄은 서지 않을 것입니다.

연산 간원들을 물리친다? 니가 내 마음을 아주 거울 보듯 읽는구나.

공길 미천한 소인이 살아오면서 깨달은 것이 있다면 늘 위태하고 불리해 보이는 때가 판세를 뒤집을 절호의 기회라는 것입니다.

연산 하하. 절호의 기회? 니가 그동안 놀이를 금하라는 상소에 퍽이나 부화가 났나 보구나. 너는 사람들 모아다가 대를 쌓아라. 일 마치면 한판 놀아야 할 것이 아니냐?

공길 더한 것도 쌓겠습니다. 이놈, 그럼 대 쌓으러 물러갑니다.

공길이 나가다 다시 들어온다.

연산 왜?

공길 두고 간 것이 있어서.

연산 (찾으며) 뭘 두고 갔을까? 금이라도 두고 갔니?

공길 그게 아니라 이놈 마음을 두고 가서…

연산 뭐라구? 하하하. 항복. 내 졌다. 졌어.

공길 이 약은 꼭 챙겨 드십시오.

연산 알았다. 내가 꼭 챙겨 먹으마. 어느 기집이 너보다 더 챙기겠는고?

공길 나가다가 들어오는 녹수와 마주친다.

녹수 뭐가 그리 좋아? 오랜만에 화색이 다 도네. (공길의 선물을 보며) 그게 뭐야?

연산 이것이 무어냐고? 이름 하여 사랑의 묘약이라고 할까? 하하하. 희락원 대봉 공길이가 보내 온 것이다. 너도 나와 같이 먹으련?

녹수 (선물을 잡고) 놀라운 정성이야. 놀라운 정성! 여봐라. 가져다 비상은 안 들었나 확인해라.

연산 이게 무슨 짓이야?

녹수 공길이야. 비방서를 쓴 놈이 공길이라고.

연산 녹수야 니가 뭘 잘못 먹었구나.

녹수 그놈이 언문으로 가사까지 짓는 놈이야.

연산 하하하, 질투! 질투! 질투! 니가 질투를 해. (눈을 들여다보며) 그래, 숙용마님의 눈엔 무엇이 들었길래 토끼 눈처럼 핏발이 다 섰나? 늘 의심하고 늘 재는 것이 여인의 일인가? 임금과 신하를 이간질시키는 것이 여자의 일인가? 아비와 자식의 사이를 갈라놓는 것이 기집의 일이야? 또 무슨 일을 벌이느라 날 호리던 그 눈에 핏발이 다 섰는가? 너의 밤을 공길이 훔쳤다고 이 짓이냐? 의심의 눈으로 보면 백이면 백, 천이면 천 모두

가 의심이 갈밖에. 어디서 무슨 말을 들었길래 이 난리야, 이 난리가?

녹수 그럼 남자의 일은 뭐야? 궐 벽을 지넌 욕으로 도배질 해놔도, 인면수심으로 배신의 칼을 품고 있는 놈에게 신의를 논하는 것이 남자의 일이야. 지 기집이 장안의 웃음거리가 돼도 대 쌓고 놀 일만 생각하는 것이 남자의 일이야? 기집의 의심이 낫지. (공길이 버린 파지를 보이며) 여기 물증이 있잖아. 눈이 있으면 보라구. 보라구 똑같은 필체잖아. 이게 현실이야. 이게 현실.

연산 (사이) 그럴 리 없다. 공길이가 왜?

녹수 아비가 아들을 팔아먹는 세상에 누굴 믿어?

연산 여봐라, 희락원 대봉 공길을 들라 해라.

녹수 그놈을 묶어 대령시켜라.

연산은 믿을 수 없다는 듯이 고개를 이리저리 흔든다.

연산 아니다. 그렇지! 필체야 같을 수 있지.

녹수 듣자하니 그놈이 언문을 모두 불살라 없앴다고 하던데. 왜 태웠겠어? 켕기고 구리니까 태웠겠지.

연산 그럼… (공길의 선물을 쳐다보며) 일을 무마시키려고 나에게…

공길이 포박이 되어 들어온다.

공길 어찌 이러십니까? 소인이 무슨 잘못을 했다고 이러십니까?

녹수 니놈이 니 잘못을 몰라?

연산 (파지를 공길에게 보이며) 니가 썼느냐?

공길 …

연산 왜 말을 못해? 그럼… 니가 비방서도 썼단 말이냐?

녹수 저놈이 맞아. 저놈이 웃음 뒤에 칼을 품고 있었던 거야.

연산 이게 도대체 어떻게 된 일이냐? 이게 말이 돼?

녹수 진실이 태워진다든? 사실을 일러.

연산 두 발로 걷는 동물을 믿은 내가 바보지. 니놈이 니 입을 빌어 충성을 맹세하던 우인 공길이 맞냐?

공길 …

연산 어서 말해. 이 광대자식아!

공길 모르는 일입니다. 소인.

연산 (다시 파지를 보이며) 그럼 이거는, 이거는 뭐야? 비방서와 필체가 같지 않느냐? 어찌 니가 내 가슴에 비수를 꽂아?

공길 마마. 음모입니다. 이놈 진정 비방서를 쓴 일이 없사옵니다.

연산 음모? 누가?

공길 …

연산 누가? 왜?

공길은 계속 파지를 보고 있는다. 밖에서 소란스러운 소리. 장생이 들어온다. 호위대가 그를 저지한다.

장생 비방서는 내가 썼소. 애꿎은 사람 잡아들이지 마쇼.

연산 뭐야? 장생! 니놈이 광대놈들 모으러 나간 것이 아니더냐? 정히 니가 한 짓이렷다?

장생 하하. 나 장생이 아니면 누가 감히 왕을 능멸하겠소이까?

연산 이놈, 만약 거짓을 고할 시에는 목숨을 보존치 못하리라.

장생 사실을 고하면 살려주려오. 나도 죽기는 싫은데…

녹수 저놈이 수작 부리는 거야. 자수할 짓을 왜 해?

장생 거 참, 기집이 아니랠까 봐. 말도 많고 참견도 많네.

녹수 필체를 대조해봐야 돼. 필체를.

장생 필체? 좋소.

녹수 지필을 가져와라.

장생은 언문 비방서의 내용을 종이 위에 쓴다. 그의 손이 떤다. 그 필체가 같다.

연산 똑같구만. (파지를 장생에게 보이며) 그럼 이것도 니놈이 썼겠지?

공길 그것은 제가 쓴 글입니다.

장생 하하하, 이제야 알겠구만. 오해야. 오해. 내가 저놈과 원래 필체가 같소. 내 언문을 저놈한테 배웠소이다. 보고 따라 쓰고, 쓰고 또 쓰니 어찌 필체가 같지 않을 수 있겠소? 내가 배운 게 따라 하기 아니오? 저 소인배 공길이를 의심했소? 저 머리로 왕 해도 될까 몰라?

연산 이놈!

공길 이놈의 잘못입니다. 이놈이 단속하지 못한 죄입니다.

장생 아, 누가 나를 단속해? 누가 나를 부려? 하하하. 그게 글이지. 있는 그대로의 사실만을 적는 글발! 그것이 글이오. 암, 그게 진짜 글이지. 녹수는 홍가의 기집이었다가…

녹수가 호흡을 가쁘게 쉬며 부들부들 떨다가 소리를 지르며 나간다.

연산 녹수야! (칼을 빼든다.) 이놈, 내 너를 진작 뱄어야 했는데.

공길 안 돼. 안 됩니다. 상감마마 어찌 임금의 손에 피를 묻히려고 하십니까? 목을 베는 것은 천하디천한 놈들의 일입니다. 어찌 천한 것의 일을 하시렵니까?

장생 상감인지 영감인지 탱감인지 어서 쳐. 저게 임금이야 망나니야?

연산 이놈!

장생 쳐라. 니가 나를 죽여 얻을 게 있다면 쳐라. 어디 할 짓이 없어지 놀자고 사람 잡길 파리 잡듯 해? 너도 눈이 있고 귀가 있으면 들어봐라. 먹을 것 찾다 등에 업혀 있는 지 자식 죽은 것도 모르고 먹을 게 없어 죽은 지 자식 살점을 뜯는 어미의 울음을 들어보란 말이다. 길을 가다가도 죽은 개를 보면 그게 마음 쓰여 발걸음이 무거운 게 인간의 마음인데, 지 마음 하나 다스리지 못하고 이 무슨 행패고 투정이냐? 그러고도 니가 임금이라고 권력을 휘두르냐? 니가 비록 왕이라 한들 꺾이고 주린 이들에게 싼 웃음이나 파는 이 천출 장생이만 하겠느냐?

장생, 연산의 눈을 노려본다.

장생 쳐라. 잃을 게 없는 나다. 아무것도 두렵지 않으니 나를 쳐라.

연산은 칼을 들어 치려 하다가 칼을 내려놓는다.

연산 잃을 게 없어? 내 니놈을 죽기 전에 어둠 속에서 헤매게 해주마. 저놈의 눈, 저놈의 눈깔을 뽑아 개에게 던져줘라. 니놈에겐 죽음마저 과분하다.

장생의 눈이 뽑힌다. 장생의 긴 비명. 비방서와 방이 사라진다.

지호, 정숙, 성기, 경주, 그 외 강호, 미선, 경우, 달수, 신자

정숙이가 과일을 갖고 온다.

강호 제수씨, 과일 이리 주세요. 내가 깎을게요.

정숙 괜찮아요.

성기 (정숙에게 화투판의 돈을 끌어 모아 내민다.) 제수씨, 첫 수입이니까 상납합니다.

정숙 이걸 왜 절 주세요.

지호 야, 재미없게 무슨 짓 하는 거야. (와서 뺏는다.)

성기 내 돈으로 인심 좀 쓰자. (다시 뺏는다.) 내가 지호 놈한테 잘 보일 일이 있거든요. 달수야, 내 성공하는 비법을 또 하나 가르쳐줄게. 상관을 구워삶고 싶으면 그 마누라한테 잘 보여라. 다 베개 속 송사 아니겠어.

지호 무슨 소리야.

성기 지호 네가 나 좀 살려줘야겠다.

지호 … (화장실에서 경우가 가볍게 토하는 소리가 들려오고)

달수 저 자식, 술은 혼자 다 마셨구만.

성기 나 경영 대학원 들어갔잖아.

달수 너 대학원 들어갔어? 이 자식이 뒤늦게 늦 머리 터질 일 있나.

성기 누가 공부하고 싶어 다니냐. 발 넓힐라고 다니는 거지. 거 생각보단 쟁쟁한 인사가 많더라. 한국 사회에선 인맥 없으면 안 되잖아. 우리 이번 하청도 그 대학원에서 만난 건설 업체 간부 사원한테서 따낸 거야. 너희도 머리 좀 써. 이 새끼들은 공부 머리만 있지 세상 돌아가는 이치를 전연 파악 못한다니까.

달수 성기야, 얘길 들을수록 자꾸 널 존경하고 싶어진다. 이거 수첩 꺼내들고 메모하면서 들어야 될 얘기 같은데, 무릎 꿇고 앉아서 말야.

성기 문제는 말이야. 들어가긴 했는데 나오려니까 논문인지 뭘 쓰래는 거야. 기왕 들어갔는데 학위는 받아야 사람들 앞에서 번듯해 보일 것 같은데, … 내가 사업하는 놈이 무슨 시간이 있다고 틀어박혀서 책을 읽고 있냐… 지호야, 네가 하나 써줘라. 넌 누워서 떡 먹기잖아.

지호 (컵에 양주를 따라 꿀꺽 삼킨다.) …

성기 섭섭하지 않게 해줄게. 얘기 들어보니까, 너희 전셋값 올라 힘들다면서.

화장실에서 경우가 토하는 소리가 들려온다.

지호 … 얼마 줄래?

성기 요새 시세가…

지호 글쎄 얼마 줄 거냐니까.

성기 반 장 줄게.

달수 반 장?

성기 보통 두세 장인데 그 정도면 상당히 후한 편이지.

정숙 오십만 원이오?

성기 공이 하나 더 붙어야죠.

정숙 (놀란다.) 오백이오? 정말이에요?

지호 이 사람이 왜 이렇게 놀래, 채신없어 보이게.

달수 횡재했네.

지호 싫다.

성기 그거 적은 액수 아냐, 큰 거 한 장 바랬어?

지호 열 장 줘도 싫어.

성기 야 친구 좋은 게 뭐냐. 친구 잘 만난 덕분에 나는 번듯한 논문 한 편 내고, 너는 살림 좀 피고 누이 좋고 매부 좋은 거지. 다 좋은 게 좋은 거 아니겠어. 솔직히 난 일부러 너한테 부탁하는 거야. 이런 논문 그 반액으로도 써줄 애들이 많은데.

지호 그럼 걔들한테 부탁해.

성기 난 그냥 네 형편도 돕고 싶고…

지호 터진 입이라고 다 말인 줄 알아. 잘 산다고 깝죽대지 마, 새끼야. 그럴 걸 학교는 왜 들어가? 학위가 니놈들 발판인 줄 알아. 학위 없어도 등 따시고 배부르게 잘 사는 놈들이 왜 학위까지 탐내.

성기 뒷간 들어가기 전하고 나온 뒤에 달라진다더니, 이 새끼, 참 박정한 놈이네. 저 급할 때는 사색하고 돈 빌리더니 이제 와서 안면 몰수야? 너희 지난번 전세 올랐을 때 나 아니었으면 누가 그 돈 빌려줬겠어.

강호 야, 너희 왜 이러냐. 술 잘 먹고.

성기 내가 저 자식 뒤 봐준 게 한두 번이 아니야. 그런데 지가 어떻게 나한테 이럴 수가 있데.

지호 공짜로 준 돈 있냐. 이자 꼬박꼬박 쳐서 갚은 돈에 생색내지 마.

정숙　당신, 사람 무안하게 왜 이래요. 친구가 어쩌다가 부탁하는 걸 가지고.

지호　논문 하나 쓴다고 삼사 년 동안 아무 것도 못 한 사람도 있어. 그런데 뭐 돈 줄 테니까 적당히 논문 써달라고. 너희 같은 새끼 때문에 이 나라가 아무것도 안 되는 거야. 경영 대학원? 돈 먹여 학교 들어가 연줄이나 만들어놓는 게 경영이냐, 그것도 모자라 이젠 논문까지 뒷구멍으로 써달라고? 돈푼이나 만진다고 재지 마, 새끼야. 지 아버지 땅 투기해서 벌어놓은 돈 없었으면 평생 알거지로 살 놈이 잘난 게 뭐가 있다고. 평생 남 등이나 쳐 먹고 살 놈이.

성기　이 자식이 보자보자 하니까, 저 못사는 한풀이를.

지호　그래, 나 못산다. 돈 못 벌어서 애도 죽이며 사는 위인이다.

정숙　(지호를 잡아 만류한다.) 당신 취했어요? 이 사람이 꼴사납게 왜 이래.

지호　너도 마찬가지야. 아니 넌 더한 위인이야. 친구 부탁이니 써주라고? 도대체 어디까지 나를 추락시킬 셈이야.

정숙　혼자 고상한 척 하지 말아요.

지호　널 쳐다보고 있으면 이제 신물이 나. 아무리 형편이 힘들어도 사람이 할 노릇이 있고 해선 안 될 게 있는 거야. 하긴 모성이 뭔지도 모르는 주제에 사람 노릇이 뭔 줄은 알겠어.

정숙　… 그 얘긴 끝났어요.

지호　독한 것. 애 하날 죽여놓곤 그렇게 쉽게 끝이 나? 니들, 이 여자가 어떤 여잔지 알아? 지 뱃속에 다섯 달이나 된 애를 말 한마디 없이 잡아 죽인 위인이야.

정숙　그럼 형편이 안 되는데 날더러 어떡하라는 거야.

성기　　내가 뭐 못할 소리 했냐.

달수　　야, 취해서 주정하는 거 가지고 왜 그러냐.

성기　　누가 공짜로 써달라 그랬냐구.

지호가 앞에 놓은 상을 엎어버린다. 그릇 깨지는 소리, 상 위의 잡채며, 해파리냉채며, 떡과 술잔들이 쏟아지고 흩어지고 깨어지며 삽시간에 무대가 난장판이 된다. 술을 사러 나간 신자가 경주를 대동하고 나타난다. 둘은 무대 위에서 난장판이 된 광경에 질려 아무 말도 못 하고 현관 어귀에 서 있다. 무대 위의 사람들은 벌어진 싸움에 놀라 현관으로 누가 들어섰는지 깨닫지 못하고 있다.

지호　　형편이 안 된다고 애를 죽여. 니가 배를 곯았어? 입을 옷이 없어? 아님 집이 없어! 넌 밥 굶는 일이 생기면 살아 있는 애라도 잡아먹을 위인이야.

정숙　　돈 안 나오는 강사질에 집안일 하나 도와주지 않는 위인이 고상한 척 하지 마. 너만 부몬 줄 알아? 뱃속에서 꿈틀거리는 애를 죽인 내 심정은 어떻겠어! 집게를 피해서 이리저리 도망치는 애를, 내 몸 안에 들어 있는 애를… 그래, 내가 죽였다! 내가 죽였어. 오죽했으면 죽였겠니… 전셋값 감당할 생각으로도 눈앞이 막막한데 나더러 갓난쟁이 하나를 더 맡으라고? 둘도 모잘라 이제 셋을 키우라고?

지호　　입이 있어도 넌 말할 자격이 없어. 사람도 아니야. 아니 넌 짐승만도 못해. 짐승도 지 자식은 안 죽인다는데, 비정하고 무서운 년.

정숙　　그래 난 짐승만도 못해. 그러는 당신은 얼마나 대단한 인격을 타고났길래 유산 수술한 지 며칠도 안 지난 사람한테 돌잔치를 시켜. 그게 얼마나 사람 축나게 하는 수술인데 사흘 내내 돌잔치를 시켜놓고도 미안하단 소리 한마디 없어.

지호 그럼 뱃속의 아이는 죽이고 살아 있는 아이는 생일잔치도 건너뛸까.

정숙 지금 이 잔치판에 애가 어딨어? 아인 지 방에서 혼자 자고 있고 어른들은 화투짝이나 치는 게 인간다운 거니! 그래서, 그렇게 인간적이어서, 하혈하며 앓고 있는 사람한테 잔치 준비를 시켜?

지호 그 수술해서 앓았니? 많이 아프디? 그게 그렇게 아프면 집게에 눌려 으스러진 애는, 피 흘리며 죽어간 애는 얼마나 아팠겠니. 죽어간 애가 있는데 네 입에서 그 소리가 나와!

정숙 …나가, 이 위선자. 찔러도 피 한 방울 안 나올 도덕주의자… 결혼한 뒤에 네가 한 일이 뭐가 있어. 나한테, 애들한테 해준 게 뭐가 있어. 나가, 이 집과 아이들, 다 내 거야. 내가 벌어들인 거야. 네 몫은 하나도 없어. 내 앞에서 꺼져버려 무능력한 병신, 지 밥벌이 하나 못하는 주제에, 자존심 빼면 아무것도 없는 놈이. 넌 네가 뒤집어쓰고 있는 체면과 거지 같은 학위 하날 제외하면 껍데기야. 나가! (소파의 방석을 집어 던지다가 경주를 발견한다.) … 경주야 …

경주 … 나 왔어.

정숙 …

신자 (허둥댄다.) 가게 앞에서 만났어. 이걸 어쩌나… 내가 술을 늦게 사오는 통에… 미안해서… 밑에 집 가게에 맥주 찬 게 없길래 사거리 가게까지 갔다가 경주를 발견했어. 집을 못 찾아 한 시간이나 헤맸다고… 지금 사온 맥주는 찬데… 너무 늦게 와서…

일동 …

지호 드디어 기다리던 사람이 나타났구만.

사람들 돌아갈 준비를 하며 주섬주섬 짐을 챙긴다.

미선 (핸드백 들고 일어나 나간다.) 늦어서 가봐야겠다. 신자야, 그만 가자.

성기 우리도 그만 일어나자, 달수야, 내 양복.

달수 새끼, 정말, 내가 제 비서야 뭐야. 여기 있네 양복… 너 납품, 잊어버리지 마.

성기 갈게. 논문 얘기는 없던 소리로 하자.

지호 야, 2차 가자.

강호 너 취했어.

달수 경우 이 자식은 아직도 화장실에서 토하나. (화장실에 들어가 의식을 잃은 경우를 부축하고 나온다.)

강호 저 제수씨. 이거… 금반지라고 하나 사왔는데…

지호 야 시인, 2차 가자. 오늘같이 좋은 날 안 취하면 언제 취하냐. 금지옥엽 따님이 돌날이라는데, 한잔 더 해야지. 오늘은 코가 비뚤어지고 술에 곤죽이 되도록 마셔야 되는 최고의 날이잖아. 2차 가자. 내가 낼게. (만류하는 친구들 뒤를 따르다 어귀에 서 있는 경주를 본다.)… 오랜만이야.

경주 …

지호 오랜만에 만났는데 옛 친구끼리 포옹이라도 한 번 해야지.

경주 (몸을 비킨다.)

지호 … (웃다 나간다.)

경우 아— 쓰려. 엿같아. 세상이 엿같아—

달수 야 이 새끼야, 중심 좀 잡아, 힘들어 죽겠어. 중심!

모두가 퇴장하고 무대 위엔 난장판이 된 잔칫상을 배경으로 두 명의 여자가 서로 외면한 채 서 있다.

강호 (다시 들어온다.) 저… 제수씨, 이거 돌 반지예요. 혜진이 돌날이라고… 여기 신발장에다 두고 갈게요. … 제가 하나 샀어요… 갈게요…. 모든 비극은 죽음으로, 모든 희극은 결혼으로 막을 내린다. 바이런. … 제수씨, 웃어요, 웃고 살아요. … 오늘 애기 돌날이고 좋은 날이잖아요… 갈게요. (퇴장한다. 밖에서 술에 취한 사람들의 떠들썩거리는 소리를 배경으로 바이런의 〈나는 세상을 사랑하지 않았다〉를 읊는 강호의 목소리 한 토막) 나는 세상을 사랑하지 않았노라. 또한 세상도 나를 사랑하지 않았노라—

무대 위에 오랫동안의 침묵. 두 사람은 정물화처럼 서 있고 마른벼락 소리가 길게 울려 퍼지며 암전.

경주, 지호

문이 열리고 지호가 들어온다. 지호는 젖어 있고 취해 있다. 상황 파악을 못한 상태에서 멍하니 거실을 둘러본다.

경주 뺏기기 싫었어. 넌 엄마 다음으로 나한테 잘해준 사람이었어. 너한테서 그 사람을 떼어놓기 위해서라면 무슨 짓이든 할 것 같았어. 아니 할 수만 있다면 평범하게 사는 네 인생을 훔치고 싶었던 건지도 몰라… 바보같이, 그런데 왜 도망쳤지? 다 죽어버리자, 인생 끝내버리자 칼 겨누며 허덕댈까 봐 도망쳤니?

지호 어디로?… 어디로 도망치는데? (비틀대며 걸어오다 음식을 밟는다.) 이게 뭐야? 왜 이렇게 더러워?

경주 … 언제 들어왔어요?

지호 정숙이 어디 있어?… 정숙아. (두리번대다 소파에 누워 잠든 정숙에게 다가간다.)

경주 깨우지 말아요.

지호 (흘깃 보곤 정숙일 흔든다.)

경주 (지호를 밀친다.) 건드리지 말라니까.

지호 (바닥에 뒹구러진다.) 아이 씨, 옷에 다 묻었잖아. 이게 뭐야. 난 이렇게 어질러놓는 것 싫어… 젠장, 세상도 쓰레기통인데 집구석까지 마구간이네.

경주 당신이 다 어질렀어.

지호 정숙아, 너한테 줄 게 있어. (주머니에서 돈 봉투를 꺼낸다.) 일어나, 이거 보여? 성기 새끼 논문 써주기로 했어. 기분 좋지? 모든 게 네가 원하던 대로 되어간다. 애도 죽이고 돈도 벌고… 그 자식, 돈까지 아예 챙겨 왔더라. 야, 들어? (정숙에게 다시 간다.)

경주 (막아선다.) 피곤해서 잠들었어.

지호 (경주를 들여다본다.) 이것 봐, 오백이래. 우리 이 돈 정숙이 깨기 전에 확 그슬려버릴까? 확, 확 (주머니에서 라이터를 꺼낸다. 몇 번 라이터를 켰다 껐다 한다.) 이 집도 같이 태우자… 싫어? 그럼 어디 도망갈래? 예전에도 그랬지. 기억 안 나? 아무도 살지 않는 무인도로 도망가자 그랬잖아. 싫어? … 알았어. 나도 안 갈게. 그래, 안 갈 거야. 더 도망갈 데도 없어. 그러니까 그렇게 노려보지 마. 씨… 정숙이랑 갈 거야. 정숙아, 네가 이겼어. 나, 논문 써주기로 했다. 야, 일어나, 서방님 오셨어.

경주 (막는다.) 취했어.

지호 비켜, 여긴 내 집이야. 네가 왜 날 막는 거야.

경주 자게 내버려둬. 네가 인간이야, 어떻게 수술한 지 일주일도 지나지 않은 애를 이렇게 괴롭힐 수가 있어.

지호 간섭하지 마. 네가 뭐야, 왜 매번 가로막는 거야… 알았다! 경주 씨, 아직도 나하고 한번 해볼 생각이 있는 거지? 그래, 옛정이 그리워져서 나타난 거구나. 일루 와. 안아줄게. 노려보지 마, 그래, 안아줄게. (경주에게 다가간다.)

경주 (밀치려고 하지만 힘에 밀린다.) 왜 이래, 취했어.

지호 날 원하지? 옛날부터 원했잖아. 예전처럼 다시 날 유혹해봐.

경주 취했어? 정숙이 옆에 있어.

지호 다른 곳으로 갈까? 등나무 아래로? 그 등나무 아래에서처럼 날 유혹해봐. 축포처럼 폭죽이 터지던 하늘 밑에서 날 사랑한다고 말했잖아. 그때 넌 들떠서 얼굴이 발그레했지. 아니야, 그건 폭죽 불빛이었나. 그렇지만 그 계단 많던 술집 입구에서는 숨도 제대로 못 쉬었잖아. 네가 말만 하면 언제든지 들어줄게, 그때나 지금이나 내가 좋아하는 건 너야. (얘기를 하면서 지호가 경주를 누르고 옷을 튼다.)

경주 이러지 마! (경주가 지호의 뺨을 때린다.)

지호 … 아이 씨, 아프다. … 하루 종일 재수 없는 날이네. 옛날 애인한테 따귀나 맞고, 마누라는 손님 앞에서 개망신이나 주고… 아이 자존심 상해… 경주 씨, 나 정말 자존심 상해… 여자가 둘이나 있는데 아무도 날 사내 취급을 안 해줘. 너무 무능력해.

경주 아니 다행이다. (지호를 밀쳐내고 일어난다.)

지호 (경주를 잡는다.) 이봐, 그래도 사내구실은 아직도 해. 확인해 보고 싶지 않아?

경주 장난치지 마.

지호 사내구실은 한다니까.

지호가 경주를 쓰러뜨리고, 둘은 씨름 선수처럼 격렬하게 몸싸움을 벌인다. 결국 지호가 경주를 타고 앉는다. 타고 앉긴 앉았지만, 어떻게 해야 될지 몰라 막막한 듯 멀거니 경주를 들여다본다.

경주 왜 이래, 미쳤어, 비켜, 개자식, 저리 비켜. (지호의 가슴팍을 손으로 때린다.)

지호 아퍼, 때리지 마. 아프다니까. 왜 이렇게 화를 내는 거야. 날 사랑한다고 했잖아. 도망가자고 졸라댔잖아… 알았다. 경주 씨, 지금 내 밑에 깔려서 화났지. 경주 씨가 올라탈래? 난 괜찮아, 우리 자리 바꿀까?

경주 비켜, 비키라니까!… 개자식, 넌 개야.

지호 … 그래, 나 개다. 개새끼다. 개만도 못하다. … 그래서 싫어? 싫어졌니? 이젠 성공해서 나 같은 삼류 건달은 쳐다보기도 싫어? 우스워, 경주 씨?

경주 그래, 우습다. 너 참 우습다. 왜 이렇게 됐니. 옛날의 날고 기던 박지호 어디 갔니, 세상 모두 타락해도, 혼자 순결한 척 잘난 척하던 그 박지호 어디 갔어. 세상 좋아질 거라고, 좋아져야만 한다고 두 눈 빛내던 박지호 어디 갔어? 가난한 여공한테 벙어리장갑 사주던 야학 선생 박지호 어디 갔어!

지호 하지 마, 입 다물고 가만 있어.

경주 내 입맞춤에 얼굴 붉히던 촌놈 박지호 어디 갔어? 술 취한 하교 길, 지나가던 기차 보다 눈물 글썽이며 주저앉던 박지호 어디 갔니! 세상 끝에서도 희망을 버리지 않겠다던 그 박지호 어디 갔어!

지호 … 나쁜 년… 너, 정말 나쁜 년이구나. (경주의 따귀를 때리기 시작한다.) 정말 사람 비참하게 만드는구나. 일순간에 병신 만드는구나. 그래, 너 오늘 잘 걸렸다. 인생 망친 박지호 어디까지 가나 오늘 한번 확인해라. 다 뒤집고 싶던 차야. 오늘 한번 끝까지 가보자. 이판사판, 끝까지… 그래, 이 기집애야. 오늘 너, 내 손에 한번 죽어봐라.

지호가 경주를 무작스럽게 때리고 옷을 뜯는다. 두드려 맞던 경주가 지호를 밀쳐 내고 얼결에 바닥에 있던 칼을 집어든다.

경주 다가오지 마. 찌를 거야.

지호 좋은데, 칼까지 들고 있으니까 정말 흥분된다. 일루 와, 경주 씨. 한번 해보자구. 사는 거 지겹던 차야. 입에서 신물이 난다구. 마누라고 애고 책이고 모든 게 다 지긋지긋하던 참이야. 덤벼, 경주 씨. 우리 오늘 한번 화끈하게 붙어보자구.

경주 개자식, 너흰 모두 똑같아. 책임 못 질 거면서 언제나 올라탈 궁리부터 하지. 감당할 능력도 안 되는 주제에 큰 소리부터 먼저 치지, 언제든지 제 분이 풀리는 대로야. 다른 사람이 어떻게 살건 아무 생각 없지. 너흰 다 똑같아. 내가 못 찌를 것 같아.

지호 그래, 찔러봐라. … 날 사랑한다고 했지. 제발 부탁이야.

경주 다가오지 마.

지호 아니면 우리 죽기 전에 한번 해볼까. 너하고 해보고 싶었어. 그게 어떤 맛일지 궁금해. 남자하고 하는 기분이 들 것 같아.

경주 (칼을 떨어뜨린다.) … 알고 있었어? … 언제부터 알았어?

지호 싫어? 내 마누라가 아니면 싫어? 여자가 아니면 싫냐구.

경주 알면서 농락한 거야? 모든 걸 알고 있으면서 시치밀 떼고 있었어?

지호 사내구실 못한다고 눈치도 없는 줄 알아? 그런 건 이야기 해 주지 않아도 아는 거야.

경주 날 사랑했던 게 아니야. 날 사랑하지 않았어. … 파렴치한 자식. 날 갖고 놀았어.

경주가 지호에게 덤벼들고 둘은 좀 전보다 더 격렬하게 몸싸움을 벌인다. 힘에 밀려 나뒹구러진 경주가 칼을 다시 주워들어 지호를 향해 찌른다. 본능적으로 몸을 피하며 경주의 칼 쥔 손을 잡은 지호가 순간 멈추어서더니 그 칼 앞으로 자신의 몸을 밀어 넣는다. 경주의 날카로운 비명소리, 지호가 배를 싸안고 주저앉는다. 오랜 정적, 빗소리.

경주 비가 오네… 이 음식들 그냥 두면 다 상할 거야. 빨리 치워야 하는데… 지호 씨, 빗소리 들려? 우산 안 가지고 왔는데 어떡하지.

지호 (칼을 바닥에 던진다.)

경주 칼이네… 그래, 형광등 불빛 아래서 칼날이 번쩍했지. 다 끝내버리자, 다 죽어버리자… (칼을 집어든다.) 누가 칼을 겨눈 것 같은데, 잘 기억이 안 나. 그게 누구였지… 우리 아버지 말이야. 머리가 하얗더라… 세상에 눈이 온 것처럼 하얗더라고… 왜, … 사람들은 왜 머리가 하얗게 세는 걸까.

혜진이의 우는 소리.

지호 그만하고 싶어… 엄마 뱃속으로 들어갈래… 여기가 싫어.

경주 여기가 싫어? … (경주가 천천히 자신의 블라우스 앞 단추를 끄르기 시작한다.) 그래, 지호 씨. 내가 돌려보내 줄게. … 엄마한테 되돌려줄게. (문득 빗소리를 듣고 일어선다.)… 비 온다. 지호 씨, 빗소리 들려?

지호 (바닥에 음식 나부랭이가 집히자 던진다.) 이게 뭐야. 더러워… 여긴 너무 지저분해.

경주 괜찮아··· 저 비가 다 씻어낼 거야. ··· 다시 깨끗해질 거야···

(옷을 벗고 팔을 내민다.)

칭얼거리던 혜진이의 울음소리는 그악스럽게 바뀌고 소파 위에서 혼곤히 잠든 정숙이 잠에서 깨기 싫은 듯 몸을 가볍게 뒤척인다. 아이의 울음소리는 빗소리 속에서 높아만 가는데.

암전

만석, 만석 처

만석의 집, 만석의 아내는 귀가하지 않는 남편을 기다리며 억순에게 줄 혼수용 이불을 만들고 있다. 새벽녘, 만석은 곡괭이질을 하며 집 앞까지 다가온다.

만석 캐내겠어! 이 새끼만 걸 다 캐내겠다구!

만석의 처 (곡괭이질 소리에 놀란 듯 집 밖으로 나온다.) 여보…

만석 내가 다 캐내겠다니까!

만석의 처 뭘 하시는 거죠?

만석 이 새끼만 걸 다 캐내겠어!

만석의 처 (만석을 붙잡으며) 집이에요, 여기는…

만석 집이라구?

만석의 처 여보…

만석 (사방을 둘러보며) 이상하군. 여기 함께 있었는데.

만석의 처 함께라뇨? 누구와?

만석 죽은 최 씨… 나와 함께 탄을 캐고 있었거든. (손바닥으로 흘러내리는 얼굴의 땀을 닦으며) 여보, 목이 타는구만. 물 한 그릇 줘.

만석의 처 (물을 갖다 준다.)

만석 (벌컥벌컥 마시며) 지금 몇 시나 됐을까?

만석의 처 조금 전 새벽닭이 울던데요.

만석 닭이 울었어. 그럼 밤새껏 내가 곡괭이질을 했던 모양이지?

만석의 처 여보… 괜찮으시겠어요?

만석 (쥐고 있는 곡괭이를 바라보며) 그것 참… 곡괭이가 둔갑한 허깨비를 만났었나?

만석의 처 죽은 최 씨를 보셨다면서요?

만석 그래, 분명히 최 씨였어.

만석의 처 당신, 피곤하셔서 잘못 보신 거예요. 방에 들어가 푹 좀 주무세요.

만석 피곤하군, 정말. 광업소 문 앞에서 여기 우리 집까지 곡괭이질을 했으니…

만석의 처 그렇게 멀리나요!

만석 하긴 나 혼자 캐낸 건 아니지. 죽은 최 씨하구. (만석과 아내, 방으로 들어온다. 만석은 눕더니 만들고 있는 새 이불을 덮는다.)

만석 당신, 새 이불을 만들고 있었군?

만석의 처 (고개를 끄덕인다.)

만석 밤새도록?

만석의 처 네.

만석 그럼, 함께 잡시다. 당신도 이불 덮구 누워.

만석의 처 하지만… 이 이불을 덮으면 안 돼요.

만석 어때서, 이 이불이? 푹신푹신한 게 잠이 절로 오겠는걸!

만석의 처 오늘 최 씨 부인이 재혼을 해요.

만석 재혼을 해? 아, 최 씨가 죽은 지 며칠이나 됐다구 또 시집을 가? 상대 남자는 누군데?

만석의 처 선산부 조 씨예요.

만석 조 씨? 그럼 그… 마누라가 도망간…?

만석의 처 네.

만석　그 집 아이들이 수두룩하잖아?

만석의 처　최 씨 부인이 가엾어요. 두 번이나 시집을 갔었지만 이불 한 채 없이 갔었대요. 이번에도 그렇구요. 그래서 새 이불을 하나 만들어주고 싶어요. (고개를 떨구며) 더구나 최 씨 부인은 보상금을 못 받았잖아요? 재혼하면 두 집 아이들이 합쳐지고, 살림은 더욱 어려워질 텐데…

만석　(누운 채 이불을 젖혀서 밀어 놓으며) 알겠어. 최 씨 부인에게 주라구.

만석의 처　미안해요, 여보.

만석　나한테 미안해할 것 없어.

만석의 처　(이불을 마저 꿰매며) 미안해요. 정말 최 씨 부인에게도 미안하구요.

만석　미안하다, 미안하다, 미안하다… 당신은 언제나 미안하다뿐이군. 사고 난 날에도 미안했다면서? 아침밥 푸던 주걱을 땅에 떨어뜨리고서 하루 종일 미안하다… 또 내가 갱 속으로 들어가는 걸 보면 하늘 아래 서 있는 것이 미안하다… 그런데 이번엔 푹신푹신한 이불까지 만들어주면서 미안하다… 여보, 당신은 미안하지 않고서는 단 하루도 살 수가 없소?

만석의 처　(목소리가 점점 낮아지며) 미안해요.

만석　난 당신이 늘 미안해하면서 사는 것이 싫어.

만석의 처　하지만… 그렇게 살 수밖엔… 없잖아요?

만석　왜 없어?

만석의 처　여보…

만석　그래… 내가 당신을 너무 고생시켜서 그럴 테지.

만석의 처　저는 고생하지 않았어요. 넉넉하지 않지만 하루 세 끼 먹고

호사스럽진 않지만 비바람 막아주는 집에, 추위 더위 두 철 입을 옷은 있는걸요.

만석 그럼 자꾸만 미안해질 건 없잖아?

만석의 처 당신도 마음속으로 미안하실 거예요. 최 씨 그 분이 일부러 사고를 냈다구 말하셔야 하니까… 죽은 분한테도 미안하구, 살아 있는 가족들한테도 미안해요.

만석 여보, 미안해할 것 없소. 아직 난 그 말을 하지 않았어.

만석의 처 말하실 거예요, 결국은…

만석 뭘 가지구 그런 짐작을 하지? 갱 밖의 일자리 때문에? 여보, 난 다시 갱 속 일을 할 수도 있어.

만석의 처 밤새껏 생각해봤어요. 당신은 다 포기할 수 있어도 진욱이 때문에 말하실 거예요.

만석 나도 밤새껏 생각해봤지. 하지만 결정은 못 했어. 잠이 안 와. (이불을 끌어당겨 덮으며) 아무래도 이불 좀 빌려 덮어야 잠이 오겠어.

만석의 처 (이불을 잘 덮어주며) 미안해요, 당신을 보면.

만석 (아내를 끌어당겨 옆에 눕히고서) 당신도 잠을 자라구. 푹 자고 나서 눈을 뜨면 그때는 세상이 달라져 있겠지. 그럼 산다는 게 난처하지도 않구… 당신은 미안해하지 않아도 될 거야.

만석의 처 여보, 그건 꿈이에요. 세상은 달라지지 않아요.

만석 그럼 내가 달라져 있겠지. 아들의 장래를 위해서, 입을 꽉 다물고 거짓말을 하지 않는… 어때? 멋있는 아버지겠지?

만석의 처 그것두 꿈이구요.

만석 꿈이라… 당신 시집올 때 이런 새 이불을 해왔던가?

만석의 처 생각 안 나요? 초록색 이불, 빨강색 이불 두 채나 해왔는데요?

만석 꿈만 같군. 우리 진욱이, 그 녀석을 어떤 색 이불 속에서 만들었었지?

만석의 처 여보…

만석 초록색 속에서? 아니면 빨강색 속에서?

만석의 처 여보…

만석, 만석 처, 소장, 광부 박 씨, 조 씨, 이 씨, 지부장, 억순, 천안댁, 그 외

14번 갱 입구, 만석이 갱 속을 향하여 서 있다. 정오 무렵. 소장과 지부장, 광부들, 여자들이 모여든다.

만석의 처 여보… 진욱이를 갱 속으로 들여보냈다면서요?

만석 (시선을 갱 속으로 향한 채 고개를 끄덕인다.)

만석의 처 (갱 속을 향하여) 진욱아!

억순 민철아! 혜옥아!

소장 조용히 하시오. 아주머니들! 당신네 자식들만 저 속에 들어가 있는 게 아니잖소!

천안댁 (만석의 처와 억순을 달래며) 형님들, 진정하셔유. 애들 이름을 불러대면 자꾸 더 위험한 곳으로 들어간대유.

소장 (광부 박 씨에게) 쯧쯧, 빌어먹겠군! 자네가 한 번 더 칠복이를 타일러보겠나?

광부 박 씨 그 녀석이… 도대체가…

소장 쯧쯧, 빌어먹을! 아이들이 나오질 않으면 만석이가 엉뚱한 말을 해버릴 수도 있잖아?

광부 박 씨 그렇다구 더 늦출 수도 없겠는데요…

소장 몇 시야, 지금?

광부 박 씨 (손목시계를 보며) 열두 시 삼십 분이 지나고 있습니다.

소장 여봐, 광부들을 둘러보라구. 자넬 지지하는 광부들이 얼마나 돼?

광부 박 씨 반절은 넘을 것 같습니다.

소장 오늘부터 갱 속에 들어가 작업을 시킬 수도 있나?

광부 박 씨 물론이지요.

소장 그렇다면 조금은 안심이군. 만석이가 엉뚱한 말을 하더라도 작업을 시작해야 돼. (멀리 떨어져 있는 지부장을 턱으로 가리키며) 저 친구, 왜 저렇게 시무룩해?

광부 박 씨 글쎄요··· 아마 마누라 걱정 때문이겠죠.

소장 그래, 저 친구는 마누라 걱정을 하다가 신세를 망쳤어. 더 이상 시간을 끌 수가 없겠지. 자, 만석이더러 말하라구 해!

광부 박 씨 (만석에게 다가가서) 만석이 광부들이 다 모였어. 이젠 사고 원인을 말해.

지부장 (만석에게 다가오며) 만석이··· 미안해. 자네한테 못 할 말을 시키려 했어. 하지만, 이제는 사실대로 말해버려!

광부 박 씨 뭐가 사실이라는 거야?

지부장 무리한 작업 때문이었지, 사고 원인은!

광부 박 씨 고의적인 다이나마이트 사고였어!

지부장 안전대책도 없이 작업을 강행하다가 생긴 사고였다구!

광부 박 씨 광부 최 씨 때문이야! 죽으려구 일부러 사고를 낸 거라구!

지부장 그건 사실이 아냐!

광부 박 씨 바로 당신이 그게 사실이라구 했잖아!

지부장 (만석에게) 만석이, 사실대로 말해!

광부 박 씨 이랬다저랬다 정신 나간 놈이군! (만석에게) 사실대로 말해, 만석이! 괜히 미친놈 헛수작에 넘어가지 말구.

지부장 (광부 박 씨의 멱살을 잡으며) 무리한 작업 때문에 생긴 사고야, 이 협잡꾼아!

광부 박 씨 이거 놓지 못해?

지부장 못 놓는다. 이놈아! 네가 지부장이 될 거라구 해서 거짓마저 사실이 될 줄 아느냐?

광부 박 씨 (지부장의 멱살을 맞잡으며) 이 정신 나간 놈이 무슨 소릴 하는 거야? 네가 지부장을 못해 먹게 됐으면 그만이지, 이제 와서 사실을 거짓으로 뒤집어?

지부장 (광부 박 씨를 넘어뜨려 그 위에 앉으며) 입 닥쳐, 이 협잡꾼아!

광부 박 씨 (지부장을 밀치고 그 위에 앉으며) 너나 입 닥쳐라 이놈아!

소장 쯧쯧, 빌어먹겠군!

광부들 (두 사람을 뜯어말리며) 그만둬요, 그만둬!

광부 조 씨 도대체가 이래서야 만석이가 무슨 말을 해도 믿을 수가 없겠군.

광부 김 씨 무슨 말을 하든 믿어야지!

광부 이 씨 만석이, 어서 말해!

지부장 (광부들에게) 만석이가 믿지 못할 말을 하거든 절대로 하지 마!

광부 박 씨 작업은 오늘부터 해야 돼! (만석에게) 사실을 말하라구 만석이!

지부장 만석이, 사실을 말해버려!

소장 쯧쯧, 빌어먹을! 말하라니까!

광부들 (만석에게 몰려가며) 말해, 만석이!

지부장 사실을 말해!

광부 박 씨 사실을 말하라구!

소장 말해, 사실을.

광부들 만석이, 사실을 말하라니까!

만석　여러분, 14번 갱의 사고 원인은… 그런데 난 아무 말도 할 수가 없습니다.

소장　쯧쯧, 빌어먹겠군. 사실대로 말하면 될 것 아냐!

광부들　사실대로 말해! 만석이, 사실을 말하라니까!

만석　그렇다면… 난 정말 아무 말도 할 수가 없습니다.

광부 박 씨　뭐야? 괜히 오해받게 만들지 말구 사실을 말해!

지부장　말해버려, 어서.

소장　말해!

광부들　만석이! 말하라니까!

만석　그럼… 말하겠습니다. 14번 갱 사고 원인은…

광부들　무엇 때문에 말 못 한다는 거야? 만석이, 사실을 말해!

지부장　말하라구!

광부 박 씨　사실대로 말해!

소장　말하라니까!

만석　사실은… 사고 원인은 나 때문입니다. 내가 잘못했기 때문에 갱 속에서 사고가 일어나 광부들이 죽은 겁니다.

지부장　그건 사실이 아냐! 만석이, 왜 자네가 일부러 뒤집어쓰나?

광부 박 씨　(광부들에게) 사실이야! 만석이 녀석이 응큼하게 여태껏 제 잘못을 숨겼어!

만석의 처　아녜요! 제 남편은 살아 돌아왔다는 것밖엔 아무 잘못도 없어요!

지부장　(만석에게) 어떻게 된 거야? 사실대로 말해!

소장　쯧쯧, 빌어먹겠군! (광부들에게) 들었잖아 모두들! 제 입으로 자기 때문에 생긴 사고랬어. 그런데 더 이상 무슨 말이 필요해!

만석, 관객들에게 말한다.

만석 그러자 서서히… 14번 갱 속에서… 내 아들이 비틀거리며 나왔습니다. 그리고는 나에게 말했습니다. 지금 갱 속 깊숙이, 아이들은 정신을 잃고 쓰러져 있다고. 갑자기, 사실을 말하라고 외치던 사람들이 물을 끼얹듯 조용해졌습니다. 뒤이어 누가 먼저라고 할 것 없이 광부들은 갱 속으로 들어가기 시작했습니다. (무대, 어두워진다. 광부들의 캡등으로부터 불빛이 비춰진다.) 이렇게 14번 갱의 작업은 가스에 중독된 그 아이들을 구해내는 것으로부터 시작되었습니다. (어둠 속, 갱도를 따라 늘어선 광부들이 아이들을 한 명씩 건네는 동작을 한다.) 나는 내 아들을 껴안았습니다. 갱 속 깊숙이 들어갔던 내 아들… 그 애는 내 팔에 안겨서 축 늘어졌습니다. 여러분, 이 자랑스런 아들을 껴안고서… 사실은… 사실은 아버지로서 무한히 기쁘다는 사실을 말씀드리고 싶습니다!

–막–

규복, 점례

대밭 속에 사람 하나 들어앉을 움을 파고 짚과 가마니로 간신히 지붕을 가렸다. 낙엽이 수북이 쌓여서 얼핏 보기엔 알아볼 수가 없다. 굵은 대가 빽빽하게 들어서 있어서 바깥세상은 안 보인다. 움 앞에 큼직한 바위가 놓여 있다.

대나무 잎에 가리어서 한낮에도 음침하고 햇볕이 안 든다.

무대가 밝아지면 움 속에 두 사람이 나란히 앉아 있다. 말은 없지만 서로가 의지하고 사랑하는 기색이 농후하다. 이따금 바람이 대밭을 흔들고 지나가는 소리가 으스스 찬 기운을 돋운다.

규복은 점례의 허리에 손을 감고 열띤 시선으로 돌아본다.

규복 (더 힘껏 안으며) 점례! 나를 버리지 말아줘!

점례 꼭 어린애 같은 소리!

규복 나는 이제 비로소 산다는 것이 무엇인가를 안 것 같아! 점례가 나를 대밭 속에 숨겨주던 그 날부터 줄곧 그것만을 생각했으니까!

점례 저는 무식해서 무슨 말인지 모르겠어요!

규복 몰라도 좋아! 이렇게 둘이서 가까이만 있다면… (하면서 더 굳세게 허리를 쥔다.)

점례 (끓어오르는 욕정을 이겨내려고 눈을 감으며) 아… 이러지 말아요… 이러시면 저는… (그러면서도 규복이 하는 대로 몸을 맡긴다.)

규복 그래, 점례 말대로 나는 죄인이야. 그렇지만 점례를 좋아하고 있다는 건 속일 수 없어! 내 생명을 구해주고 내게 잃었던 사랑을 되찾아주고, 그리고… (스스로의 욕정을 지탱하지 못하는 괴로움이 짙다.)

점례 그만! 그만해둬요! (하며 규복의 목을 껴안는다. 멀리서 까치가 운다.)

점례 선생님…

규복 (꿈꾸듯) 응?

점례 역시 내려가셔야 해요…

규복 (제정신으로 돌아오며) 내려가다니… 나보고 자수하란 말이야?

점례 언제까지나 이렇게 숨어서 살 수는 없지 않아요. 다른 생각일랑 마시고 자수하세요.

규복 (고민이 짙어가며) 그렇지만 나는…

점례 (자신을 가지며) 어때요? 선생님이 사람을 죽인 것도 아니고 그저 끌려 다녔을 뿐인데… 그만큼만 벌을 받으시면 되잖아요?

규복 그만큼만? 안 돼! 나는 살고 싶어! 내려갈 수 없어.

점례 그렇다고 여기 있으면 어떻게 해요, 네?

규복 자수하면 나는 총살당할 거야! 부모들도 친구들도 그리고 내가 가르쳤던 어린것들까지도 나를 보고… 그러니! 나는 올 수도 갈 수도 없는 몸이야! 점례! 내가 살 수만 있다면 대밭이고 돼지우리고 상관없어!

점례 그럼 산으로 도로 올라가세요!

규복 뭣이? (분노가 끓어오르며) 그걸 말이라고 해? 그 산이 싫어서 도망쳐 나온 나더러 다시 돌아가라니!

그놈들은 내게 죽음으로 맞아줄 거야! 점례! 그러니…

점례 (자신의 고민을 억제하려고 애쓰며) 그러니 저더러 어떻게 하란 말이에요? 내게 돈이 있수, 권력이 있수, 학식이 있수? (울먹이며) 내 몸 하나도 갈피를 못 잡고 송장처럼 사는 년더러 어떻게 하라고… 난… 아무것도 없는 몸이에요! 있는 거라곤 상처투성이인데… (하며 흐느껴 운다.)

규복 (잠시 점례를 내려다보며 냉정하게) 알았어! 점례는 역시 내가 옆에 있는 것이 겁이 나는 거야… 귀찮을 테지! 싫을 거야. (하며 낙엽을 움켜쥔다.)

점례 (눈물이 흘러내리는 얼굴을 들어 보이며) 예? 그런 말씀 마세요! (울먹거리며) 싫어하는 남자한테 제 몸을 맡기는 여자도 있나요? 예? 남편도 아닌 남자한테…

규복 (감격하며 손목을 쥐며) 그럼 나를 살려줘! 아니 점례만 좋다면 우리 둘이서 아무도 모르는 곳으로 도망가! 이제부터라도 나는 사람답게 살고 싶어!

점례 (눈물을 글썽거리며 바라볼 뿐 말이 없다.)

규복 굶어도 좋다니까! 언제 죽을지 모르는 몸이지만 사는 날까지 살고 싶어! 점례!

어때, 나와 같이 가겠어?

점례 어디루?

규복 아무 데나…

점례 그렇다면 도민증이 없는 걸 어떻게 가요?

규복 도민증이라니?

점례 요즘은 오 리 밖엘 나가더라도 도민증이 없으면 차표도 안 준대요.

규복　그래?… (실망의 빛이 짙다.) 여기서 이백 리만 벗어나가면 친구네 집이 있는데…

점례　그 친구가 반겨줄 것 같아요?

규복　사범학교 동기생이야! 아주 친한…

점례　그건 지난날의 얘기가 아니에요?

규복　뭐라고?

점례　선생님이 산에 들어가기만 안 했던들 그 친구 분도 반가이 맞아줄 테죠! 그렇지만 지금은…

규복　안 될까? 내가 빨갱이라고 싫어할까?

점례　(똑바로 쳐다보며) 선생님! 제 말대로 자수를 하세요. 몸소 가기가 어려우시면 제가 가서 얘기할께요.

규복　경찰서에다가?

점례　예… 그리고 20일 동안 선생님을 감추어준 죄는 저도 함께 벌을 받겠어요.

규복　점례?

점례　법에 의해 처벌을 받고 난 우리를, 이 세상의 아무도 우리 두 사람을 욕하지도 못할 거 아니에요? 네?

규복　그렇지만 경찰에서 나를 살려두지 않을 거야.

점례　그럴 리가 없어요. 자수해서 용서받은 사람이 많았대요.

규복　그렇지만…

점례　그렇게 되면 나는 선생님을 따라가겠어요. 언제까지 이렇게 혼자서 살 수는 없으니까요.

규복　점례! 고마워! 그럼 나도 며칠만 더 생각해볼게, 응?

점례　예… 하루라도 빠를수록 좋아요. 비는 사람의 목은 못 벤다고 무턱대고 죽이는 게 법은 아닐 테니까요.

규복 그래! 점례 말대로! (희망과 고민이 교차되며) 언제나 밝은 태양 아래서 고함을 지르며 살자! 이렇게 그늘에서 숨을 죽이며 살기는 지긋지긋해! 마음껏 소리 좀 질러봤으면…

점례 쉿! 소리가 너무 커요!

규복 (긴장했다가) 핫하… 내 소리는 점례밖에 들을 수 없으니까 괜찮아! (하며 포옹한다.) 점례!

이 때 돌이 굴러가는 소리와 함께 바스락거리는 소리가 나자 규복이 소스라치게 깨어나 두리번거린다.

점례 무슨 소리예요? (하며 일어나서 소리 나는 쪽을 본다.)

규복 아니, 왜 그래?

점례 분명히 사람 발자국 소리 같았어요.

규복 사람이? 아니, 그럼 누가…?

점례 글쎄요… 이 대밭을 들어올 사람이 없는데… 죽순이 나오기 전엔.

규복 다람쥐 아니면 들쥐겠지…

점례 (불안한 한숨을 돌리며) 이만 가봐야겠어요.

규복 좀 더 말동무가 되어줘!

점례 집을 너무 비워뒀어요. 자리가 습하면 가마니를 한 장 더 가져올까요?

규복 괜찮아! 아무리 불편해도 산에서 지내던 때보다는 천국이니까! (미소를 지으며) 지금의 내 자신이 얼마나 행복한가를 점례는 이해 못할 거야!

점례 그럼 가봐야겠어요.

규복 밤에 와주겠소? (손목을 쥐었다가 놓는다.)

점례 예… 그렇지만 기다리지 마세요. 야경이 어떻게 될지 모르니까! (하며 걸어나가자 규복은 안타깝게 바라본다. 바람이 대밭을 불어간다.)

김철진, 유인자, 오정미, 윤소자, 이수형, 지영태, 장택수

경관 나간다.

윤소자 비위들도 없나? 왜 아무 말도 못해?

이수형 하고 싶은 얘기가 목구멍에서 울컥 나오는 걸 그냥 참았다. 이 나라를 이렇게 어지럽게 만든 게 누군데? 어른들이 몰래 뒤에서 일 저지르고 있었기 때문이다. 우리처럼 정정당당히 공공연하게 일을 저지를 배짱도 없는 사람들이다. 우리가 태어날 때부터 여태껏 모든 사회 부조리와 비행은 누가 저질렀는데 우리 청소년만 비행의 대명사로 쓰느냐? 난 이걸 항변하고 싶다.

장택수 옳소!

윤소자 왜 그럼 그런 얘기 진작 못해?

이수형 내가 한마디 해봐. 아마 열 마디 스무 마디로 변명과 잔소리를 늘어놓을 거야. 우리가 처한 여건이 어떻고 남북 분단의 현실이 어떻고 그 당시에는 어쩔 수 없는 처지였다. 등등…

윤소자 제법 똑똑한데?

유인자 누구 물 좀 떠줄래? 목이 타!

장택수 누나, 경관 불러줄까요?

유인자 싫어. 부르지 마. 경찰은 싫어.

오정미 아침이 되면 아빠가 오실 텐데 난 어떡함 좋지? 차라리 죽어버렸음 좋겠어.

김철진 죽고 싶음 죽어! 혁대 끌러줄게. (혁대를 끌러 내민다. 오정미 서러운 듯 운다.)

지영태 너무하잖아?

김철진 넌 참견하지 마!

지영태 넌 저 여학생한테 책임이 있어.

김철진 뭐? 책임? 지가 좋아서 날 따라다녔는데 무슨 책임이야?

지영태 너는 사나이야. 여자를 불행의 구덩이로 몰아넣은 책임을 져야 해!

김철진 저도 집 뛰쳐나왔고 나도 집을 뛰쳐나온 처지야. 밤에 한데서 잘 수는 없지 않아? 경비 줄일 겸 여인숙에서 같이 잔 게 뭐가 어떻다는 거야?

지영태 집엘 가야지. 너희들도 가정은 있을 거 아냐? 부모들이 걱정하잖아?

김철진 누가 누굴 걱정해주는 거야? 가정? 부모들? 자식이 뭘 원하는지 알지도 못하는 부모들이 있는 집? (일어나며) 난 나 자신을 잘 알아. 애초에 공부하곤 담 싼 놈이다. 공부 해봤자 남 따라가긴 글러먹게 생겼어. 내가 소질 있고 자신 있는 건 이 두 주먹뿐이야. 난 글러브를 끼고 샌드백을 두드릴 때마다 자신감이 용솟음쳤어. 그래서 난 부모들한테 용기를 내서 말했지. 대학을 안 가고 권투선수가 되겠다고! 도장에 보내달라고… 그랬더니 뭐라는지 알아? … "미친놈"… 난 울화통이 터져 뭐든지 닥치는 대로 부수기 시작했어! 서클에도 가입했어. 공부 잘한다고 빼기는 놈들 패주기도 했어… 그러다 정미를 만났다.

오정미 내가 잘못이었어. 고1 때 독서실에 다니다가 어떤 남학생을 알게 됐어. 그 친구들과 등산을 같이 가게 됐는데 비를 만나서 집에 못 오게 됐어. 할 수 없이 산에서 밤을 지내야 했어. 그때 난 이성에 대한 호기심에 끌리기도 했구. 또 나란 애는 원래 남자를 좋아하게 돼 있나 봐. 그만 실수했어. 그런 환경에서 어떻게 실수 안 할 수 있니? 결국 학교서 알게 됐구. 난 퇴학당했다. 아버지는 나를 버린 딸 취급했어! 난 가족들의 눈총을 더 이상 견디고 있을 수가 없었어. 무조건 집을 뛰쳐나오고 말았어. 갈 데도 없지만 더 견딜 수가 없었어. 차라리 죽어버릴려구 마음먹었는데 철진이를 만났어. 그저 아무한테나 의지하고 싶었어. 아빠만 아니면 어떤 남자든 상관없었어. 나만 따뜻하게 보호해준다면… 철진이는 나를 보호해줬어. 친절하게 따뜻하게… 그런데 이젠 난 어떻게 되지?

지영태 너무 걱정하지 마. 아버진 널 용서해주실 거야.

오정미 아냐. 이번엔 정말 아빤 날 용서하시지 않을 거야! 난 알아! 아빠가 얼마나 내게 실망했는지. 우리 아빠는 무서운 분이야. 얼마나 엄하고 신경질이 많은 분인 줄 너희들은 몰라. (훌쩍인다.) 용서해주지 않을 거야.

지영태 우리 아버진 엄하신 분은 아니야. 그러나 왜 자식을 이해하려 하지 않는지 모르겠어. 아버지도 나를 사랑해. 나를 위해서 뭐든 해주셔. 그런데 내가 정말 원하는 건 들어주시지 않아! 난 별을 사랑해. (창밖을 향하며) 저 하늘에 많은 별들. 그 별자리가 얼마나 오묘한 이야기를 간직하고 있는지 너희들은 모를 거야. 서울에선 별 같은 게 보일 새가 없지만 시골에 가봐.

여름날 마당에 돗자리를 깔고 누워 밤하늘을 보렴. 거기엔 찬란히 빛나는 별과 우리의 꿈이 수놓아져 있어. 그래서 난 결심했지. 대학에 가서 천체 기상학을 연구해보겠다고. 그런데 아버진 나더러 법대를 가라는 거야. 천체 기상학 하면 중앙기상대에 취직하는 게 고작 아니냐구. 텔레비전에 나와서 일기예보나 할 거냐구?… 나는 왜 판사나 검사가 돼야 하지? 나는 별을 사랑하는데 말야.

윤소자 (다가가며) 이름이 뭐니?

지영태 지영태.

윤소자 (수첩에 적으며) 너 아주 시적인 분위기가 있구나. 여학생들이 너 같은 애를 좋아해. 미팅할 때 연락하게 전화번호 좀 알려줘.

유인자 야, 정말 매스껍다. 배부른 소리들 좀 하지 마. 대학 문제 때문에 고민하고 별 때문에 집을 나와? 너희들은 부모 사랑 지나치게 받아서 호사스런 고민에 싸여 있는데 이 세상엔 부모덕은 고사하고 대학 꿈은 아예 생각도 못하고 그저 고등학교라도 다녔으면 하는 애들이 얼마든지 있어. 너희들, 손톱이 다 닳도록 하루 5시간 기계와 씨름하며 노동하는 애들 생각이나 해봤니? 그저 한 번만이라도 교복 입고 여학교나 다녀봤으면 하고 꿈꾸는 여공들 생각해봤어? 우린 너희들처럼 여유 있게, 미팅하고 여가를 즐기는 그런 거 몰라. 우리의 꿈이라는 건 공부 좀 하고 좋은 남편 만나 행복하게 살아보겠다는 꿈뿐이야. 그런데 월급 10만 원, 그걸로 집에 얼마 부치고 나머지로 친구 몇이 벌통 집에 자취하면서 야간학교라도 가려고 발버둥치다가 결국은 건강 해치는 애들도 있다는 걸 좀 알아줘!

장택수　누나 그럼 누난 학생 아니야?

유인자　구로공단에 있었지. 전에는… 그러나 지금은 영등포의 어느 술집에 있어. 우리 같은 애들이 쉽게 돈 버는 길은 그 길뿐이야. 인간은 유혹에는 약하잖니? 취해서 사내한테 주정이나 받구. 그래도 버는 돈은 공장에서 시달리는 것보다 몇 배 낫더라. 미성년자가 술 따른다고 이렇게 잡혀 왔어. 호호 미성년자… 어른 몫을 다 해야 하는 미성년자는 술 따르면 안 되니? 흐흐.

이수형　아가씨.

유인자　이봐. 얘는 벌써 나더러 아가씨 그러잖아? 레지 아가씨, 술집 아가씨, 그래. 난 66번 아가씨다. 왜?

이수형　나쁜 의미로 말하는 게 아냐. 이름도 모르고 그래서 그렇게 불렀을 뿐이야.

유인자　유인자. 나 같은 애한테 이름이 무슨 의미가 있겠어?

이수형　너무 그렇게 자포자기하지 말아요. '하늘은 스스로 돕는 자를 돕습니다.' 라는 말 이럴 때 쓰는 말 아닐까? 스스로 자기를 학대하기 시작하면 인생은 그만이야. … 난 사실은 국민학교 5학년 때부터 재작년 중학교 3학년 때까지 미국에서 자랐어. 아버진 외교관이야.

윤소자　어쩐지 춤추는 폼하고 어딘가 다르더라. 세련됐어! 미팅에 꼭 부를게.

이수형　난 이 나라에 와서 놀란 게 한두 가지가 아니야. 시험 성적이 나쁘다고 학생을 때리는 선생을 보고 난 기절할 뻔했어. 학교가 무슨 교도소냐? 미국에선 학생을 때린다는 건 생각도 못

해. 모두 인격적인 대접을 받고 있어.

지영태 미국이니까 그렇지.

이수형 그것보다 더 놀란 건 교과목이 17과목이나 되는데 난 까무러칠 뻔했어. 미국에는 고등학교 과목이 필수 선택 합해서 8개밖에 안 돼. 그것도 모두 토론식, 세미나식으로 공부한다구. 그러니까 재미도 있고 충분한 시간적 여유도 있거든! 그런데 여기선 토론은 고만두고라도 질문할 시간도 없더라. 무조건 주입식이야. 세상에 이렇게 재미없고 살벌한 교육이 어디 있니?

윤소자 문교부 장관한테 물어봐. 왜 그런지?

지영태 전인교육을 시키기 위한 거라더라. 모든 과목 올 백 하길 원하는 부모들. 전천후로 어디에 갖다놓아도 다 할 수 있는 만능 인간을 만들기 위해서 교과목이 많은 거야.

이수형 난 아주 질렸어. 선생들도 쥐어박을 줄만 알지 대화가 안 돼. 이젠 학교 다니기가 지긋지긋해. 취미 생활 가질 수도 없고 친구를 제대로 사귈 수도 없어. 그냥 시험과 성적, 입시, 학력고사! 맙소사!

장택수 (귀를 막으며) 시험 얘기 좀 그만해! 형!

오정미 학력고사! 학력고사!

김철진 자율 학습, 그놈의 자율 학습!

지영태 새벽부터 밤까지 교실에서 도를 닦아야 해!

윤소자 우리를 학교에 잡아두기 위해서야. 부모와 학교가 공모해서!

이수형 (소리치며) 여긴 시험지옥이야!

오정미, 아버지, 경관, 김철진, 이수형, 지영태, 윤소자

밖에서부터 아버지의 목소리가 들린다. 오정미 질린 표정이다.

오정미 아버지 목소리야!

아버지 (경관과 들어오며) 백 번 얘기해도 소용없어요. 지 에미는 애 때문에 병이 다 들었습니다. (정미를 본다.) 너 이년아 아비 얼굴에 먹칠을 해도 유분수지. 아예 내 눈에 안 보이는 곳으로 없어지든지 할 것이지. 집 전화는 왜 가르쳐줘?

경관 선생님, 고정하십시오. …

아버지 너 도대체 사람이 되려고 이러니? 학교 퇴학당했으면 집에서라도 죽치고 있어야지. 뭐? 여인숙? 이런!

오정미 (다 죽어가는 소리로) 잘못했어요. 아버지.

아버지 잘못했어요? 그 소리 한두 번 들었어?

오정미 이번 한 번만, 용서해주세요.

아버지 (뺨을 친다.) 나가 죽어!

김철진 (욱하며) 때리진 마세요!

아버지 넌 뭐야? 응, 그러니까 이 녀석하고 한 여관에 있었단 말이구나! 나쁜 자식 머리 꼭대기에 피도 안 마른 것들이!

김철진 (악쓰듯 소리 지른다.) 어른이라고 말 그렇게 함부로 하지 말란 말이야!

이수형 철진을 말리며 끌고 뒤로 물러선다.

아버지 아니, 저 자식이 어디서 어른한테 말대꾸야? 생긴 것 보니까 꼭 소도둑놈같이 생겨가지고 이놈!

경관 선생님, 저 좀 봅시다. (무대 앞쪽으로 아버지를 데리고 온다.) 제가 보기에 따님은 자신의 행위에 대해 크게 뉘우치고 있습니다.

아버지 개 버릇 남 주겠습니까? 어쩌다 우리 집안에 저런 게 생겼는지 모르겠습니다. 이젠 망신스러워서 고개를 들고 다닐 수가 없어요.

경관 그렇다고, 야단친다고 애가 좋아질 수가 있습니까? 나이가 더 들기 전에 학교도 다시 보내고 더 타락하지 않도록 부모가 보호해야 합니다.

아버지 나더러 어떡하란 얘기요?

경관 따님은 이제 겨우 열일곱 살입니다. 따님을 사랑해주십시오. 저 애가 부모한테조차 외면당하면 어떤 사람이 그 앨 따뜻하게 대해주겠습니까?

아버지 나도 생각 안 해본 게 아닙니다. 그러나 저 앤 천성적으로 나쁜 속성이 있는 것 같습니다. 그 나이에 남녀 관계라니? 그것도 여관에서… 이건 단순한 일이 아닙니다.

경관 따님이 저지른 일에 대해서 화를 내시는 건 당연합니다. 그렇다고 부녀의 정을 끊을 수는 없는 것 아닙니까? 최선의 방법은 따님을 용서하시고 전처럼 착한 사람으로 만드는 길뿐입니다. 그러기 위해선 아버지의 협조가 절대적으로 필요합니다.

아버지 저 앤 천성적으로 의지가 빈약하고 옳고 그른 걸 판별하는 능력이 없어요. 난 절대 용서할 수 없습니다. 우리 집안에서 그런 피를 가진 사람이라곤 없습니다!

경관 (화가 난다.) 그 피가 누구한테 물려받은 건데요? 선생님 피 아닙니까? 그럼 책임을 져야지! 따님은 어른이 아니에요. 완벽할 수 없어요. 저 애들한테 실수할 권리도 있는 겁니다! 선생님은 저 나이에 실수 한 번도 안 했습니까? 아이들이 돌아갈 곳이 가정이고 가정에서 어른이 될 준비를 하는 것인데 가정이 냉대하면 저 애들은 어떻게 성장하겠습니까? 마음대로 하십시오! 내 딸은 아니니까요.

경관 퇴장해버린다. 아버지 한 대 맞은 듯 돌아본다. 오정미 가늘게 울고 있다. 아이들 아버지를 본다. 아버지 천천히 딸에게 다가간다. 오정미 다가오는 아버지를 본다.

아버지 (부드럽게) 집에 가자!

오정미 아빠!

아버지 딸을 와락 안으며

아버지 그래, 용서하마. 열 번이라도 백 번이라도 용서하지.

딸을 안고 퇴장한다. 이수형 혼자서 가볍게 박수 친다.

윤소자 신파 영화 보는 것 같구나. (눈물 손수건으로 닦아낸다.)

이수형 경찰 아저씨 통하는 데가 있는데?

지영태 옳은 얘기다. 우린 어른이 아니다. 실수할 수도 있지. 그러나 실수한다는 게 자랑 될 건 없어. 가장 귀중한 시간 속에서 실수하지 않고 어른으로 성장하는 애들도 있어. 그런 애들이 더 많지. 우린 왜 그럴 수 없지?

김철진 나도 내가 잘했다는 건 아니야. 부모들이 이해 못한다고 불쑥 반항하고 집을 뛰쳐나온 건 내가 경솔했던 탓이야. 내가 좀 더 참고 설득을 했어야 해.

윤소자 요새 어른들이 어디 설득을 당하니? 저만 옳다고 하지! 부모들이 무식해서 그렇다면 얘긴 또 달라. 이건 도리어 공부한 부모들이 더하다구. 자기만 옳다고 생각하는걸 뭐.

이수형 이 나라 민주주의 교육이 잘못돼서 그래. 학교서 배울 때부터 일방적인 주입식 교육인데 실생활에 나가봤자 별 수 있어? 이 나라의 정치하고 똑같지. 다들 저만 옳다고 주장하고 남의 얘기에 설득 당할 줄 모르는 인간들뿐인데!

지영태 어떻든 우리도 곧 어른이 된다. 우리가 어른이 되면 우린 최소한도 우리 다음에 오는 세대를 더 잘 이해하는 부모가 될 건 틀림없어. 그렇게 생각지 않니?

모두 긍정적으로 고개 끄덕인다.

윤소자 난 엄마가 돼봐야 알 것 같애. 우리 딸 애가 미팅이나 한다구 허구한 날 싸돌아다니면 그걸 어떻게 해? 내쫓을 수도 없구.

지영태 제 할 일 안 하고 미팅이나 하고 다니는 건 잘못이지. 타일러야 해!

윤소자 나한테 하는 소리 같다.

유인자, 지영태, 서장, 경관, 부하 경관

유인자 집에 가! 너는 방황하는 별이 되지 마.

지영태 누나는? 누나는 어떡할 거예요?

유인자 나? (암담하다.)

지영태 누나, 나하고 약속해요. 바른길로 걷겠다고. 그럼 여기서 나갈 수 있어요.

유인자 어떻게?

지영태 약속해요! (진지하다.)

유인자 (끄덕이며) 약속해. 공장에 가겠어. 날 환영할 거야. 어렵더라도 견디겠어!

지영태 (소리 지른다.) 경찰관 아저씨!

부하 경관 왜 그래? 너희들 보호자가 없어서 그냥 내보낼 수 없다.

지영태 서장님 좀 불러주세요.

부하 경관 뭐 서장님? 야, 서장님이 할 일 없어 너희를 면회하고 있겠니? 우리 서장님은 바쁘신 분이야.

지영태 그럼 저를 서장님한테 데려다 주세요.

부하 경관 작작 웃겨. 서장님 지금 수사 과장 집합시켜놓고 회의 중이야. 할 얘기 있음 나한테 해. 나도 여기선 그래도 너희들한테 사식 넣어줄 권한은 있어. 배고프냐?

지영태 지영태가 여기 있다고 전해주세요.

부하 경관 지영태가 누군데?

지영태　저요!

부하 경관　네 이름이 무슨 장관 이름쯤 되니?

지영태　지한용 서장님이 제 아버지예요.

부하 경관　뭐! 지… 서장님이! (무의식중에 지영태에게 경례 붙인다.) 어서 나오십시오. 서장님 아들을 우리가 잡아넣은 걸 알면!

지영태　어서 가서 말씀드리세요.

부하 경관 뛰어 나간다.

유인자　정말이야?

지영태　네. 그러니까 염려 마세요. 이 나라는 아직도 권력이라면 다 통하게 돼 있어요.

경관이 부하 경관과 황급히 들어온다.

경관　자네가 지영탠가?

지영태　네.

경관　왜 아버지가 서장님이라고 진작 얘길하지 않았나?

지영태　전 특별 취급 받는 건 싫어요.

경관　알았다. 서장님한테 확인하고 내보낼 테니 기다려라.

지영태　그리고 부탁이 있어요.

경관　뭐지?

지영태　이 누나 내보내 주세요. 저하고 약속했어요. 공장에 들어가서 일하겠다고.

경관　(유인자를 본다.) 정말인가?

유인자　　네.

경관　　나와.

유인자　　(나가며) 고마워. 영태 말 잊지 않을게.

지영태　　취직하면 편지하세요. 서장님 앞으로 하면 제게 전달될 거예요. 안녕!

유인자　　안녕! (경관이 유인자 데리고 나간다.)

부하 경관　　네가 밤새 보호실에 있었다는 걸 서장님이 아시면 노발대발하실 거야. 워낙 성질이 개떡 같아서 (자신의 입을 가리며) 내 말은 대쪽 같은 성미시라는 뜻이다.

지영태　　상관없어요. 나도 이젠 아버지한테 하고 싶은 얘길 하겠어요. 정정당당히! (경찰 서장 경관을 대동하고 들어온다.)

서장　　뭐가 어쩌고 어째? 내 아들이 보호실에 잡혀 있다구?

그러자 지영태와 마주친다.

지영태　　아버지.

서장　　(기가 막힌 듯) 도대체 여기서 뭐하고 있는 거니?

지영태　　어젯밤 거리를 방황하다가 잡혀 왔어요.

서장　　거리를 방황해? 네가 뭣 때문에 방황해? 뭐가 부족한 게 있어? 집에서 너한테 안 해준 게 뭐 있어? 부모가 너한테 야단이라도 친 적이 있냐?

지영태　　아버지 그런 건 아니에요. 전 아버지 어머니한테 감사드려요. 제게 과분하게 대해주셨어요.

서장　　그런데 뭐가 불만이야?

지영태　　꼭 불만이 있어 방황하는 건 아니에요. 전 제 인생에 대해서 생각해보고 싶어요.

서장 인생? 네가 인생에 대해서 뭘 알아? 넌 지금 고등학생이야. 다른 생각 말고 오직 공부를 할 때야. 내일 모레면 대학 입시야. 넌 우리 집의 장남이고 지씨 가문의 장손이야! 넌 아버지를 이어야 돼! 그런데 뭐 방황해! 인생, 뭐가 어떻다구?

지영태 (소리 지른다.) 아버지! 전 아버지의 장남이고 지씨 가문의 장손이기 전에 저 자신이에요. 전 아버지가 훌륭하신 분인 건 알아요. 그렇지만 제가 진정 무얼 원하는지 제 꿈이 무엇인지 알려고 해보신 적 있으세요? 한 번이라도 진지하게 저하고 대화해보신 적 있으세요?

서장 그 황당무계한 별 얘기를 하는 거냐? 그건 이미 끝난 얘기야! 넌 아버지가 시키는 대로 해야 돼! 넌 법관이 돼야 해! 인생에서 성공이란 게 무얼 의미하는지 아니?

지영태 권력과 돈인가요?

서장 남에게서 존경을 받는 입장이 되는 거다.

지영태 아버진 지금 존경받고 계십니까?

서장 뭐가 어째?

지영태 (폭발하듯) 권력과 돈이 인생의 전부는 아니에요. 그건 이 나라에선 부정과 부패와 같은 의미예요.

서장 느닷없이 아들의 뺨을 때린다. 지영태 놀란다. 경관도 놀란 채 보고 있다.

서장 말 함부로 하지 마라. 너희 눈으로 보는 어른의 세계가 다 그럴지는 모르지만 아버진 부정하게 권력을 휘두른 적 없다. 세상을 오직 한 가지 색깔로 보아선 안 돼. 너도 어른이 되면 곧 알게 될 거야. 이 세상은 선과 악이 공존해 있다. 제각기 다른 꿈을 갖고 다른 야심을 갖고 있는 여러 종류의 사람들이 살고 있는 곳이다. 그 속에서 어떻게 살아남는가는 꿈만으로 성취되는 일이 아니다.

지영태 그렇지만 아버지. 전 아직 꿈 많은 청소년이에요. (울먹인다.) 전 어른이 아니에요!

서장 (수그러진다.) 그래 알고 있다. 내게도 너 같은 때가 있었지. 나도 너희 때는 꿈을 갖고 있었다. 멋진 영화배우가 되는 꿈을 헛! 허…

지영태 아버지!

서장 … 널 때린 걸 용서해다오. 진심으로 널 미워해서가 아니었다. 우리 한번 진지하게 대화해보자. 내가 너무 내 욕심만 부린 모양이다. 정말 널 여기서 이렇게 만나고 보니 우리가 너무 오래 대화를 못 했다는 걸 알겠구나.

지영태 아버지! (아버지에게 안긴다.)

서장 (부하 경관에게) 내가 지영태의 보호자니 데리고 나가도 되겠지?

경관 네! (경례한다.)

서장 (아들에게) 우리 어디 가서 아침 먹으면서 얘기해보자. (나가며) 배고프지?

지영태 아버지 제가 어젯밤에 단속에 걸려 잡혀 오길 잘했어요.

서장 그렇다고 나하고 대화하고 싶을 때마다 잡혀 와선 안 돼!

지영태 네. (웃으며 두 사람 어깨 안고 나간다.)

경관 우리 서장님이 목석같은 사낸 줄 알았더니 인간적인 데도 있구나!

부하 경관 서장이기 전에 자식의 아버진데 별 수 있어요? 아버진 자식에게 다 약하게 돼 있어요.

경관 장가도 안 간 사람이 뭘 알아?

경관 급히 서장 뒤를 따라 나간다. 부하 으쓱하며 철장 안을 본다.

공상두, 채희주

공상두 (욕실에서 나오면서) 너 또 욕했지?

채희주 헤헤헤. 겨울 바다나 명산대찰 같은 풍경 있는 곳에 가면 촌스러운 게 하나씩 있다구.

공상두 라면 봉지? 바닥에 껌 붙은 거? 아 포즈 잡고 사진 찍는 거?

채희주 (고개를 흔들며) 본신과 분신이 들통 나버리는 낭만주의자.

공상두 뭔 소린고?

채희주 (식탁 위에 앉아 실제로 포즈를 취한다.) 홀로 낭만에 젖어 바위에 앉아 바다를 의시해. 낭만적으로 보일려고. 우수에 찬 양. 누군가 말 걸어오길 기다리며. 속으론 춥고 떨리고 앉아 있는 게 지겨우면서도.

공상두 그게 뭐라구?

채희주 본신과 분신이 들통 나버리는 낭만주의자. (공상두 아래쪽을 보며) 어때?

공상두 니 빤쓰?

채희주 그래.

공상두 이상하다야. 입다 만 것 같고, 야릇한데?

채희주 나도 묘하다야. 내 지조를 몽창 줘버린 것 같고, 한번 보여줘 봐.

공상두 안 돼.

채희주 보여줘 봐.

공상두　안 돼.

채희주　보여줘…

공상두　짠! (보여준다.)

채희주　걷기 불편하지 않누?

공상두　좋은데. 니가 내 사타구니 속에 쑤욱 들어온 느낌이다. (휘젓고 다니며) 어때?

채희주　물 찬 제비로고.

공상두　임신한 것 같은데?

채희주　(웃으면서) 니가 오니까 참 좋다야. 저 액자들까지도 생기가 넘치는 것 같애. 오늘 가면 언제 올 거야?

공상두　자주 와도 돼?

채희주　그럼. 항시라도. 이젠 혼자 살기 싫어. 밥 먹기도 싫고 청소하기도 싫고, 잠자기도 싫고, 깨어있기도 싫어. 우리 결혼할래? 너 손 씻은 김에.

공상두　닭 중에 암놈은 암놈인데 이상한 게 있다. 사료는 수탉처럼 많이 먹고 살도 투실투실한데 알을 못 낳아. 그런 걸 뭐라고 부르는지 아누? 미스계라고 그래.

채희주　미스계?

공상두　잘못 태어났다 이거야.

채희주　아 미스 킴 미스 리하는 미스가 아니고 실수로 태어났다는 미스?

공상두　내가 미스계인가 봐.

채희주　그래서 나와 결혼 못 하시겠다?

공상두　여기 좋다야. 나무가 있고 논밭이 보이고.

채희주　가을 들판이 일품이야. 석양도 보이고. 온통 시뻘게. 훨터 낀 것처럼.

공상두 언제 이리로 이사 왔어?

채희주 니가 산으로 도망치고 나서 한 달 뒤쯤?

공상두 여길 찾느라고 애 먹었다야. 오강국이가 자세히 가르쳐주지 않았으면 못 찾을 뻔했어야. (약도 그리는 솜씨) 척척 착착! 자주 들른 솜씨던데?

채희주 (공상두 말투) '자주 들러서 니 빤쓰도 입고 가고 그랬냐?'

공상두 또또또.

채희주 아버지가 이 집을 참 좋아했어. 전생의 고향처럼 마음이 놓인대. 마지막 투병 생활을 여기서 보냈걸랑.

공상두 그럼 이집에서 운명하신 거야?

채희주 응. 오강국이가 가끔씩 와서 주사도 놔주고. 진통제. 난 못 놓겠더라구. 사람이 어떻게 그럴 수 있니? 야위다 야위다 못해 나중엔 꼬마들만 해지는 거 있지. 주사 바늘 꽂을 데가 있어야지. 잡으면 껍질만 쭈욱쭈욱 늘어나고.

공상두 누구나 죽어. 어떤 죽음이냐가 문제지. 사내는 명분 있이 죽어야 돼.

채희주 명분?

공상두 응.

채희주 이순신처럼? 안중근처럼?

공상두 응 계백 장군처럼.

채희주 계백은 너무하지 않어? 아무리 불리한 싸움이라 해도 그렇지 처자식까지 죽일 필요가 있었나?

공상두 질질 끌려 다니면서 수모를 당하는 것보다야 훨씬 나았겠지.

채희주 야 우리 이민 갈래?

공상두 뭐 이민?

채희주 뱀 허물 벗듯 여기서 짠 빠져나가자.

공상두 나 못 가.

채희주 가자아. 여긴 싫어. 니가 손 씻는다지만 그게 어디 쉽겠어? 누가 또 찝적거려봐. 징 건드린 것마냥 쟁쟁쟁쟁 시끄러울 텐데. 이럴 땐 환경을 바꾸는 게 최고야. 길이 아닐 땐 다른 길로 째는 거라구.

공상두 니가 제일 싫었던 점이 뭔 줄 아니? 넌 장난치는 것 같았어. 난 사랑을 투쟁이라고 생각했고. 맨 처음 너한테 데이트 신청을 할 때도 '해? 말어?' 그 갈등도 투쟁이었고 너를 더 이상 만나선 안 된다고 결심했을 때도 나한텐 투쟁이었어. 엄청난 전쟁이었다구.

채희주 쯧쯧쯧. 그토록 만났으면서도 내 마음을 그렇게 몰라? 그 영롱하신 눈망울은 도대체 어따가 써먹는다니 그래.

공상두 아니 내 말은 그때가 더 좋았단 말이야. '헤어지자', '그래? 알았어. 나 간다. 랄랄랄랄' 이젠 아냐. 돌변해버렸어. 가지 마라 결혼하자 이민 가자.

채희주 애원조로 질척댄다 이거구나?

공상두 그래.

채희주 그래서 내가 측은해 보이니?

공상두 안 오는 건데 그랬나 봐.

채희주 허허참.

공상두 희주야 이리 앉아봐.

채희주 자 앉았다.

공상두 나 지금 가야 돼.

채희주　알어.

공상두　이제 가면 못 와. 자수하러 가는 거야. 그런 느낌 못 받았어?

채희주　무슨 말이야?

공상두　새남터에 있는 야쿠자 아지트에서 모임이 있었어. 안건은 구획정리였지만 실상은 공상두를 모월 모일 해치운다는 계획을 추인하는 자리였지. 내로라하는 거물급들만 모였어. 신명준이 고상균이 남정택이 장우신이. 난 야쿠자와 손잡는 게 죽기보다 싫었어. 그것들은 이런 내가 거슬렸고. 그날 내가 직접 다 해치웠어. 내 대신 엄기탁이가 들어간 거고. 내가 우리 역사 중에서 제일 싫어하는 게 뭔 줄 아니? 나당 연합이다. 신라가 당나라와 손잡고 백제를 쳤어. 난 그 꼴 못 봐. 내부 싸움에 왜 다른 놈을 끌어들여. 그것도 쪽발이를.

채희주　그걸 지금 자랑이라고 떠들어대는 거야. 아 그래 자랑거린 되겠다. 보도진이 벌떼처럼 몰려들 것이고 넌 신이 나서 떠들겠지. 선은 이렇고 후는 이렇다. 공상두! 여기서 하룻밤 묵은 것도 빠뜨리지 말고 밝혀줘. 나도 니 덕분에 매스컴 좀 타보자. 너와 결혼 안 하길 얼마나 잘했니. 평생 그 위대한 의리 명분을 쫓아댕겼을 테니 이년의 속앓이가 얼마나 컸겠냐구. 나중엔 황산벌로 나가는 계백마냥 처자식 모조리 죽여버리고 가셨겠지.

공상두　날 그냥 보내줘.

채희주　…

공상두　…

채희주　난 어떡하고? 난 어떡하고?

공상두　죄가 깊은 곳에 은혜가 깊다. 성경에 그런 말이 있대.

채희주 짐작은 했었어. 틀림없이 니 짓이라고 그전부터. 니가 한 짓이고 니가 수습 정리할 거라고. 혹시나 했지.

공상두 …

채희주 그럼 무기징역인가?

공상두 아니.

채희주 사형?

공상두 응.

채희주 실감이 안 나. 왜 니가 죽어야 해? 그럼 이게 끝이란 말야? 왜 맨날 나만 이래? 어머니 아버지 영해 언니… 이젠 너까지? 안 돼. 못 가. 여기 오지 말았어야 돼. 안 죽였지? 괜히 하는 소리지? 날 한번 떠보려고 그랬던 거지? 맞지? 빨리 맞다고 그래.

공상두 미안해.

채희주 …

공상두 …

채희주 면회 갈게. 솜옷도 넣어주고…

공상두 오지 마.

채희주 그래도 자수했으니까 무기 정도일 거야.

공상두 농장에 있을 때 번개 치면 저건 내가 맞아야 되는 건데… 그랬어.

채희주 (울먹이며) 조금만 더 불면 풍선이 터질 줄 뻔히 알면서 왜 그랬어.

공상두 흙탕물이 조금 튀면 뭐가 더러운지 알지만 아예 빠져버리면 더러운 게 뭔지 모르게 돼. 니 말마따나 산속에서는 산이 안 보여.

채희주 니가 어디에 있건 항상 곁에 있어줄게.

공상두 …

채희주 니 생일이 보름밖에 안 남았는데 생일 새고 가면 안 돼? 한 달 만이라도 같이 살자. 응?

공상두 비행하다 이승에 낙하한 것만두 황송한데 예서 뭔 복을 더 누려?

채희주 가지 마. 자수하러 가지 마. 우리 도망치자.

공상두 안 돼.

채희주 지금부터 착하게 살면서 좋은 일 더 많이 하면 되잖아. 거기 가는 것보다 그게 더 낫잖아.

공상두 엄기탁이가 내 죄를 뒤집어쓰고 들어가 있어. 꼭 그 녀석 때문이 아니더라도… 하느님이 내 병은 고쳐줄 수 있어. 하지만 내 대학 시험은 붙여줄 수가 없어. 왜냐? 날 합격시키려면 다른 한 놈을 떨어뜨려야 되는데? 이건 그런 일이야. 내가 살자면 엄기탁이가 죽어. 더러운 인생 살아오면서 가장 멋진 결심을 한 것 같다. 항시라도 죽음을 맞이할 준비가 되어 있다고 생각했다. 건달이라는 게 언제 어떻게 될지 모르는 거거든. 하루에 세 번쯤 죽음을 생각해. 포식했을 때… 즐거울 때… 이별이 떠오를 때…

채희주 너한테 기별이 있을까 봐 한시도 집을 비우지 못했어.

공상두 고등학생 때 이백 명쯤 되는 때거리들한테 둘러싸인 적이 있었다. 우린 고작 다섯인데. 잘못하면 다 죽겠구나 싶더라고. 내가 나섰지. 나만 패라. 나 혼자 얻어맞겠다. '어쭈? 이 새끼!' 하면서 주먹 발길질이 사방에서 날아오더라고. 하나도 안 아팠어. 특별 봉사니까.

채희주 그런데?

공상두　내가 남을 위해 좋은 일 한 건 고작 그런 거야. 내 자신이 그렇게 미운 거 있지. 죄가 깊으면 은혜도 깊다. 큰 죄를 지었기에 다행히 큰 뉘우침이 있었어. 행여 이 뉘우침으로 바른 삶을 보았다면 그걸로 족한 거겠지. … 깨닫고 뉘우친 만큼 치러야 할 죄 값은 많아지고, 마음은 한결 가벼워졌어…

채희주　그래 니가 큰 죄를 짓고 그래서 큰 뉘우침을 얻었다면 그건 분명 은혜겠지. 그 누군가가 너에게 준. … 난 상갓집에 가도 안 울어. 그날은 슬프지 않아. 서너 달쯤 지나야 진짜 슬픈 거 있지. 혼자 목욕하다가 밥 먹다가 문득문득 생각나. 그럼 밥 먹다가도 숟갈 놓고 엉엉 울어대는 거야. (창가로 가 창문을 연다.) 바람이 없었다면 난 살지 못했을 거야. 내가 바다를 그리워하는 건 거기에 바람이 불기 때문이야. 버스를 타고, 비가 들이쳐 얼굴을 적셔도 난 꼭 창문을 열어야 돼. 누군가 문을 닫으면 발작이라도 하고 싶어. …넌 TNT야. 언제 터질지 몰라. 새총을 눈앞에 들이대고 팽팽하게 당기면서 위협을 하는. 그 긴장감 속에서 너를 만나왔다. 솔직히 어떤 땐 건달이라는 게 매력이었어. 어깨들이 도열해 있고 그 사열대 숲을 지나쳐 식사도 하고 우쭐한 기분으로 파티에도 참석하고. 허나 그건 일시적인 기분이었어. 왜냐? 너도 언젠가는 그 희생물이 된다는 것, 또 두 소경이 한 막대기 잡고 걸어가다 강물에 하냥 툼벙하듯 나 또한 그리 된다는 것. 또 내가 너를 위해 이토록 가슴 졸이며 기도하고 있는데 너도 언젠가는 변하지 않을까 하는… 내 정신 좀 봐. 이제 와서 이런 얘길 해서 뭘 어쩌자는 거지. 잠깐만!

공상두, 채희주

무대 중앙으로 걸어나온다.

채희주 다음은 신랑 신부 맞절이 있겠습니다. 신랑 신부는 서로 마주 보세요. 신랑 신부 경례! 바로! 다음은 신랑 신부가 하객에게 인사를 드리겠습니다. 하객 여러분께서는 따뜻한 박수로 답해주시면 감사하겠습니다. 신랑 신부 하객에게 경례! 바로!

공상두 나 안 할래.

채희주 시끄러.

공상두 장난 아냐.

채희주 나도 장난 아냐. 다음이 성혼 선언문인가? 아이! 혼인 서약이 있지 순서가 틀리나 잘 봐. 신랑에게 묻겠습니다. 신랑 공상두는 신부 채희주를 아내로 맞이하여 잘 살겠습니까? (공상두의 옆구리를 친다.)

공상두 욱!

채희주 '네' 라고 크게 대답하였습니다. 이번엔 신부에게 묻겠습니다. 신부 채희주는 신랑 공상두를 남편으로 맞이하여 영원토록 한 지아비만을 모시면서 살 것을 서약합니까? '네' 에 이어 두 사람의 결혼이 이루어졌음을 선포합니다. (공상두에게 입맞춤) 다음은 예물 교환이 있겠습니다. (공상두 목에 걸어주며) 이거 아버지가 가장 아끼던 무공훈장이야. 너한테 잘 어울릴 거야.

공상두 고마워. 근데 어떡하지? 거기 가면 보관소에 다 맡겨야 되는데.

채희주 그래도. 이거 금줄이야. 가짜 아니다 너? 너 오면 주려고 내가 미리 금은방에 맞춰뒀던 거야. … 다음은 주례사야.

공상두 넘어가자.

채희주 넘어갈 게 따로 있지.

공상두 주례가 없는데 어떡해?

채희주 야 누가 주례사 듣디?

공상두 하긴 그래.

채희주 내내 조용하다가도 주례사 시작하면 떠들잖아. 대충해버려. 에… 신랑 공상두는 위대한 공자의 후손이올시다. 어려서부터 동네 싸움이 붙으면 늘 맨 앞에서 설쳐댔으며 싸워서 져본 적이 한 번도 없는 무시무시한 꼬마였습니다. 될성부른 떡잎은 어려서부터 알아본다 했습니다. 이십 세에 무교동 뒷골목에 양아치로 입문하여 그 후 삼 년 만에 실력을 인정받아 행동 대장으로 승진하게 됩니다. 이십칠 세라는 약관의 나이로 상두파를 조직하여 두목의 자리에 앉게 되어 한국 밤거리의 큰 별이 된 야심만만한 사내입니다. 현재 일류 호텔의 나이트클럽을 제일 많이 갖고 있는 재력가로서 딴에는 야쿠자의 한국 상륙을 원천 봉쇄한다는 미명 아래 온갖 폭력을 자행한 돼게 나쁜 놈입니다. 그러다가 뜻한 바가 있어 강원도 농장에 들어가 닭 키우다가 약간 맛이 간 채로 돌아왔습니다.

공상두 신부 채희주는 짧은 말로는 설명할 수 없을 만큼 다방면에 걸쳐 뛰어난 여성입니다. 우선 총명합니다. 이미 다섯 살에 천

자문을 떼고, 열두 살에 달리는 버스 안에서 앞차 뒤차 옆차의 차량 번호를 모두 외웠습니다. 약관의 나이 십팔 세에 고스톱을 치면 누가 뭘 내서 어떻게 먹었는가를 처음부터 마지막까지 순서대로 줄줄줄 꿰뚫었습니다. 또한 채희주는 심청이 못지않은 효녀입니다. 그리고 꽤 괜찮은 의사입니다. 푸른 들판과 같은 미래가 있습니다. 랄랄라 노랠 부르며 곧장 가면 그걸로 만사형통입니다. 어느 날 벼락을 맞죠. 진구덩이에 빠집니다. 나오라 해도 안 나옵니다. 그러나 언젠가 제정신이 들면 거기서 빠져나와 랄랄라 갈 것입니다.

채희주 그렇지 않습니다. 신랑 공상두는 진구덩이가 아닙니다. 쓰레깁니다. 허나 순정이 있습니다. 아시다시피 밤거리엔 유혹하는 여자들이 많습니다. 그러나 공상두는 한 번도 빠져든 적이 없습니다. 병신입니다. 덕분에 신부 채희주는 아직도 숫처녑니다.

공상두 신은 공평하시어 영특한 사람에게도 맹한 구석을 주는 모양입니다. 신부 채희주는 요즘 들어 오락가락 합니다. 자신의 핸드폰이 쓰레기통 속에서 발견되는가 하면 쏘세지가 신발장 위에 있고 기름에 쩔은 후라이팬이 서랍장 속에 가지런히 놓여 있습니다.

채희주 예로부터 영리한 아이는 순진한 맛이 적고 미련한 아이는 인간미가 철철 넘친다고 했습니다. 신랑 공상두는 인간미가 철철 넘칩니다. 그만큼 미련퉁이라는 얘깁죠.

공상두 네 저는 미련합니다. 얘는 모잘르구요.

채희주 얘는 신발 신고 발바닥 긁는 놈입니다.

공상두 얘는 돈 년이에요.

채희주 아 백년해로한다구요? 감사합니다. 인생은 이처럼 아웅다웅 티격태격거리면서 사는 건가 봅네다. 이상으로 주례사를 마치고 이어서 마지막 순서로 신부 채희주양의 축가가 있겠습니다.

신나는 노래를 부르며 춤을 춘다.

축가가 끝나면

채희주 이상으로 신랑 공상두와 채희주의 결혼식을 마치도록 하겠습니다. 후우… 우린 이제 부부야.

공상두 앞으로 좋은 사람이 나타날 거야.

채희주 아 좋은 생각이 있다. 지금 이대로 서울로 가자. 으리으리한 식당에서 밥을 먹고 스카이라운지에서 술을 알딸딸하게 마신 다음에 이차로 나이트에 가서 밤새 흔들어대자구. 어때?

공상두 (뒤에서 껴안으며) 됐어. 여기서 헤어지자.

채희주 싫어. 밥 한 그릇 근사하게 멕여서 보낼래.

공상두 (윗양복을 벗어서 채희주에게 걸쳐주며) 무슨 선물이 좋을까하고 한참 고민했는데 못 골랐어. 마땅한 게 없더라구. 널 생각하면 양에 안 차. 이게 선물이야. 추워하지 마.

채희주 그래… 난 그 말 믿어. 사랑은 단박에 가는 거라는 말, 자꾸 너한테 마음이 쏠리는 거야. 니가 퇴원하니까 더더욱, 마음을 다잡을 겸 부산에 갔다.

영해 언니와 막걸리를 마시다가 사발을 바닥에 떨어뜨렸어. 이게 깨지면서 언니 발등에 얇은 사금파리가 꽂혔어. 피가 줄줄 흘러. 그런데도 햇빛에 사금파리가 반짝반짝, 내가 뽑으려고 하는데 언니가 '냅두거레. 보석 안 같나?' 보름쯤 지났을 거야. 엄기탁이가 병원으로 날 찾아왔어. '오늘이 형님 생일입니다. 가시죠.' 너의 첫 데이트 신청이지. 차에 올라타면서 그 사금파리 생각이 났다. 가면 앞으로 가슴 아픈 날이 많을 것 같은데… 무슨 암시였나 봐.

공상두 나… 간다.

채희주 사랑해.

공상두 소원이 하나 있다. 거기 있다가 니가 그리우면 돌아오고 싶다. 이 집으로.

채희주 기다릴게. 불 켜놓고.

공상두 내 생각이 짧았어. 누군가를 너무 쉽게 미워해서는 안 되는데. 힘내.

채희주 알았어.

공상두 가버리지 말까?

채희주 돌아서서 떠나라.

공상두, 채희주를 물끄러미 바라보다가

돌아서서 떠난다.

채희주 무너져 내린다.

국서 처, 개똥이, 말똥이, 국서, 사음

국서의 처, 혼자 함지를 꿰어맨다. 개똥이, 일하다가 집 뒤에서 헛간으로 들어온다.

개똥이 어머니!

처 소 마구간은 다 치웠니?

개똥이 대강 치우느라구 치워놨어…. 그런데 저 어머니—

말똥이, 등장. 시름없이 감나무 밑에 다시 앉는다.

처 (말똥이를 보고 있더니) 네 성 녀석이 대관절 왜 그러니? 뭣이 비위에 틀려서 저렇게 왼종일 우거지상을 하고 있어? 응?

개똥이 몰라요. 장가를 안 보내주니까 배때기가 꼴려서 그러는지도 모르지. 그래서 게으름을 막 피나 봐.

처 장가를 안 보내줘서?

개똥이 몰라요, 나는. 그저 내버려두어. 저렇게 약이 오른 걸 함부로 건드리다가는 괜히 혼나요. … 그런데 어머니! 이것 봐! 저… 우리 집 송아지 말이야. 그것 그만 팔아버리는 게 어때? 나쁘지 않지? 응? … 어머니! 좀 틈을 타서 아버지에게 그렇게 권해봐, 어머니가—.

처 소를? 이크, 이놈아! 그런 것은 네가 물어봐라. 공연한 에미에게 벼락을 맞히지 말구.

개똥이 내가 몇 번 말해도 안 들어요. 아버진 어떻게 딱딱한지 바로 담벼락에 송곳질이야요. 실상 말이지, 소를 두면 뭘 해? 이전과 같이 소구루마 세월이나 있구 간혹 가다가 연자방아나 찧을 데나 있으면 모르지마는, 요즘은 어디 그런 것조차 있나요. 아침저녁으로 트락큰지 뭔지 하는 것 몇 차례씩 읍내로 뿡뿡대구, 그리고 만신에 기계방아가 생기구 해서 지금 세상에 소를 키운댔자 아무 잇속이 없어. 사람이 먹고 살기에도 어려운데 어디 콩이 흔해서 쇠여물을 쑤어댄단 말야. 공연히 혼만 나지.

처 그렇지만 이놈아, 누울 자리를 보고 발을 뻗으려무나. 너두 아다시피 네 아버지는 집안 식구보다도 소를 훨씬 소중하게 여기지 않니? … 사람은 안 먹어도 소는 먹여야 한다는 거다. 농가에 자랑거리는 소라니까—. 이렇게 늘 말씀하시지 않든?

개똥이 쓸데없는 소리야. 소가 없으면 농사는 못 짓나? 자기 소 먹이는 공력 가지구 남의 병작 소 먹이지. 다른 집에서도 다 그렇게들 해도 농사만 잘 지어먹는데—.

처 에그, 철따구니 없는 소리 작작해라! 그런 어벙한 생각 하지 말구 너두 인제부터는 농사에 좀 착실하도록 하려무나. 아주 무슨 큰돈이나 벌어올 줄 알고…. 이 자식은 그저 배 타러 보냈다가 버렸어.

개똥이 도시 농사 같은 게 손아귀에 차야 해먹지…. 어머니, 이것 봐! 나 소 팔아 가지구 그만 만주 갈 테야. 거기 가서 돈 많이 벌어 오면 그만이지. 만주 가서 돈벌이하기는 그야말로 자는 놈 뿔 짜르기래. 참 벌이거리가 많대. 생각해봐요. 우리가 여기서 농사를 지어서 언제 허리를 펴볼 건지. 우리두 어서 돈을 모아 가지구 규모 있게 살아봐야죠. 여봐란 듯이 살지는 못하더래도 그래도 입에 풀칠은 해봐야 하지 않어. 그러찮어? 어머니?

처　(솔깃이 끌려서) … 만주란 덴 그렇게 돈벌이가 많으니?

개똥이　이 멍텅구리 봐! 박 면장 집 큰아들이 불시에 부자 됐단 말을 못 들었수? 그것이 다 만주 가서 이태 동안에 벌어들인 돈이야. 불과 이태 동안이야!

처　그럼 나두 한번 네 아버지를 구슬려볼까?

개똥이　정말 그래 줄 테야? 그래야 우리 어머니지.

처　나도 말해볼 테니까 너두 이치를 잘 따져서 순순히 여쭈어봐.

개똥이　그럼 잘 말해주. 어머니!!

처　음 해보지. … 겨우 다 집었구나. 나는 이 함지를 가지구 타작마당에 가봐야겠다. 이게 급하대. (함지를 겨우 다 꿰어매가지고 집 뒤로 퇴장)

개똥이　(혼자서 좋아서) … 옳지! 어머니가 꼴라대면 웅당 아버지는 들으렷다. 나는 그저 소만 팔리기만 하면 하루바삐 만주로 뛰어야해. 그래야 살지. … 가서 쇠여물이나 쑤어줄까? 홍정할 적에 한 푼이라두 값을 더 받게.

말똥이　(일어서서 개똥이의 나가려는 길을 막으며) 이 자식, 안 돼! 어머니를 구슬려가지구 그저 소 한 마리 있는 걸 마저 집어셀려구.

개똥이　네 소야? 홍, 네 아랑곳 아냐. 저리 비켜!

말똥이　철없이 까불지 말구 바다에 가서 우다싯배나 타! 너까짓 것한테 그게 막 제일이야!

개똥이　마당 벌어지는데 웬 솔뿌리 걱정이야? 너 따위가 세상이 어찌 되어먹는지 알기나 하나? 꾸어다 놓은 보릿자루 같으니!

너 같은 건 감나무 밑에 그저 눌러붙어 있어! 그 동안에 난 만주 가서 돈 벌 테니….

말똥이 이걸! 고만 막 밟어 죽일라! 에그, 화나 죽겠네! (멱살을 잡고) 망할 자식 같으니! 만주? 왜떡은 어떠냐? 세상에서 만주 만주 허니까 이 자식! 먹는 만주떡인 줄 알구 괜히.

개똥이 멱살 놔! (뿌리치고 도망하며) 꾸어다 놓은 보릿자루 같으니! 그저 잠자코 있어! 왜 남의 일에 헤살은 놀아…? (집 뒤로 숨는다.)

말똥이 요런! 그저 저놈을!

하면서 말똥이 그의 아우를 쫓는다. 그러다가 말똥이 헛간 입구에서 나오는 국서에게 부딪힌다. 말똥이 얼른 몸을 돌려서 반대편으로 도망. 개똥이를 따라 집 뒤로 뛰어간다. 국서 헛간으로 사음과 같이 나오다가 소리친다.

국서 이놈 말똥아! 저런! 저놈이 어디 숨었다가 인제사 나왔어!

처 (소리만) 이놈들아! 고만 싸와! 쥐독에 바람 들겠다!

국서 (사음에게) … 그럼 말질은 내일 새벽부터 할 테니까 그때 또 오세요. 오늘은 해도 다 지구 타작도 거진 다 돼가나 봅네다.

사음 (좋은 얼굴로) 그럼 내일 또 오지. 그런데 국서, 작년치가 두 섬 여덟 말. 재작년치가 석 섬 두 말. 이 묵은 것두 이번에 다 해주지 않으면 안 되네. 그리고 금년 치는 금년 치대로 단 한 되 한 홉이 떨어져두 안 되구, 알겠지? 그저 논임자허구 간평하러 왔을 적에 말해둔 대로만 해주게. 국서.

국서 네, 힘껏 해봅죠.

사음 힘껏이 뭐야. 그저 다 해 갚어야지. 그래야 나두 논임자에게 얼굴을 들 수 있지 않는가? 이 몇 해 동안은 자네두 아다시피 그저 연거푸 흉년만 드니까 나는 정말 마름되구 논임자를 뵐 낯이 없네 그려.

국서 그 흉년 농사야 말 맙쇼. 우린들 얼마나 간이 탔겠수. 더구나 작년에 그렇게 날씨가 가물 적에는….

사음 나두 농사짓는 사람인 걸 왜 작인의 처지두 모르겠나. 자식 죽는 건 봐두 곡식 타는 건 못 본단 말도 있지. 나도 다 알어, 자네 고생을. 허지만 국서, 내게 주는 말세는 금년에는 좀 후허게 주어야 하네. 자네니까 말이지만 말세를 좀 후허게 낸대두 그건 되려 작인의 손해가 아니거든. 내가 말을 한 마디라두 잘 건네야 자네 논도 영구히 안 떨어질 테니까, 알겠지. 작인과 마름은 그저 손을 맞잡고 나가야 한단 말이야. 사람의 사는 이치가 원래 그렇거든.

국서 네, 어련히 하겠수. 안녕히 갑시다. 내일은 일찍이 오세요, 좀.

사음, 샐샐거리구 나간다.

국서, 국진, 국서 처

국서 그리고 국진이 등장.

국서 그럼 돈을 통 안 꾸어준대. 한 푼도.

국진 저당이란 것을 하지 않으면 안 된대요. 그렇잖은 담에는 한 푼도 못 내어놓는다는 걸 어떡해요?

국서 젠장! 이런 김 주사 댁에서는 내 얼굴만 보고도 잘만 꾸어주더라. 그런 까다로운 짓을 하지 않구.

국진 그건 말이죠. 열 냥 스무 냥의 날돈을 빌려 쓰는 때죠.
그렇지만 돈 액수가 많아지면 많아질수록 그저 도장만 찍고서는 꾸어주지 않는대요.

처 (방에서 튀어나오며) 벌써 다녀오셨수?

국서 아니야, 가다가 국진이를 길에서 만났어. 맘먹은 대로 변통이 안 됐대.

처 에그 그러면 어떡해요? 돈이 안 되면… 모레는 나까무라 상이 귀찬이를 데리러 온다는데요.

국서 저당이라는 게 뭐 해먹는 겐지. 그걸 하지 않으면 돈을 안 꾸어준다는 걸 어떡한단 말야. 제기랄! 그렇게 급하거든 네 헌 속곳이나 팔어. 그래 가지구 색시 몸값 치르고 맘에 맞는 며느릴 얻으려무나. 나는 어쩔 수 없어. 대체 무얼 가지고 그놈의 저당을 헌담! 헐 게 있어야 말이지. 내 상투라두 떼어 가려거든 떼어 가.

국진 그렇게 말씀헐 게 아닙니다. 형님.

국서 그럼 어떻게 말을 허람! 내게 팔랑개비 재주가 없는 담에야 뭐라구 해?

이때, 말똥이 일하다가 멋도 모르고 노래하며 들어온다.

국서 (말똥이를 보고) 엑키! 치독을 맞을 놈의 자식 같으니라구! 무엇이 기뻐서 노랜 불러! 못난 게, 흥, 제 주제에! 꺼들대기는 잘하지! 이놈아, 보기 싫다! 저리 가서 쇠 진드기나 잡아줘라!

말똥이 부루퉁해져서 감나무 밑에 가 앉아버린다.

국진 그러지 말고 형님. 저… 우리 소를 그만 팔기로 하는 게 어떨까요.

국서 아니, 자네 미쳤나? 우리 소는 저 소의 사촌의 아버지의 큰형이…

국진 도 장관께서 일등상 받었단 말씀이죠? 아무리 그렇더래두 여기서 저 소를 파는 게 그 중 상책일 것 같습니다. 여기서 누가 우리 소원대로 돈을 꾸어준다 합시다. 그러면 생각해보세요. 대체 그 비싼 변리를 우리가 어떻게 갚아낸단 말요? 변리가 본전이 되구 본전이 변리를 낳아서 급기야는, 소를 팔지 않아선 안 될 고비가 닥쳐오고야 말 겁니다. 그러니까 여기서 소를 파나, 좀 두었다가 파나 팔기는 마찬가지죠?

국서 안 돼! 이전부터 이르는 말이 있어. 소는 농가의 명줄이야.

소 팔아먹구 잘되는 놈의 집안은 고금에 없거든!

국진 그래두 자식보다야 소중하지 않겠지요?

국서 말 말게. 세상에서는 자식 있는 것보다 송아지 가진 것을 더 중하게 여겨준다네. 자식이 몇 놈이 있어봐. 누가 문간에 송아지 한 마리 매어둔 것보다 낫게 봐주는지?

처 그건 옳은 말입네다. 우리 집에 소 한 마리 키운다구 동리에서 우리를 부자라구 그러지 않아요. 그리고 귀찬이 집에서도 우리 소 매어둔 걸 보고 색시를 준대요.

국서 암, 그렇겠지. 술집에서 내게 막걸리 잔 외상으로 놓는 것도 우리 집 소를 보구 놓는 거야. '국서 자네 같으면 얼마라두 외상으로 먹게, 자네헌텐 소가 있는걸.' ―이러거든! 그들이 어디 자식 보고 그러는 줄 아나?

국진 그야 소를 가지면 안 가진 것보다야 훨씬 낫겠죠. 그렇지만 형님, 이판에서는 하는 수 없어요. 색시집에서두 도지를 못 갚어서 거리에 나앉는 변이 있더래두. 그걸 참고 계집애를 줄려구 하지 안 했어요. 그러니까.

국서 정신없는 사람아. 이 조선 땅에서 누가 남을 위해서 제 몸을 바치는 사람이 있어? 그 집에서 색시를 줄려는 것은 기왕 선금으로 몸값은 반이나 받어 썼겠다, 그러니까 그 집에서는 이리 구우나 저리 구우나 해 되는 것은 없거든! 그래서 색시를 내놓는 거야.

국진 형님, 이것 보세요. 형님이 아무리 저 소를 소중히 여겨도 우리 논임자가 저걸 가만두지는 않을 겁니다. 알겠어요. 거기서는 묵은 도지를 어떻게든지 금년 안으로 받아낼려구 하지 않어요? 내년부터서는 무슨 법령이 갈린다구. 이런 좋은 핑계를 코앞에 두고 그 영리한 양반들이 우리 소를 제자리에 둬두겠어요? 쑥스런 생각이지요.

처 참 아까 마름이 여간 노허구 가지를 않았다우. 그 묵은 도지 때문에.

국진 에그 저것 보세요. 그 악바리헌테 걸려서 큰일 났군요. 형님, 이럴 적에 맘을 뚝 잘러버려요? 네?

국서 … 허긴 그래… 묵은 도지가 걱정이야…

국진 그리고 어디 자기 소가 있어야 농사를 지으란 법은 없죠. 명년부터서는 남의 병작 소라두 먹이죠. 그래두 농사짓는 덴 걱정 없지 않어요?

처 허기야 소가 없어진대두 일에는 벌서 이골이 났어요. 질삼도 능허구 쌍일두 잘 허니까.

국서 그러면 소를 판다면 살 임자는 곧 나서겠나? 오늘 내일 안으로.

국진 금방 읍내 소전에 들어서 제가 순돌이에게 알아봤지요. 그랬더니 판다면 그 사람이 사두 좋다구 그랬어요.

국서 순돌이가?

국진 네, 마침 그 사람이 소 살 일이 있어서 나중에 우리 동리로 오겠다나요. 그래서 이왕이면 우리 집에두 들려봐 달라구 해두었어요.

처 … 저기 누군지 소를 한 마리 몰고 일루 와요.

국진 저게 순돌이로군요. 벌써 소를 샀구나.

국서 가만 있거라. 소를 팔려거든 내가 없는 데서 팔어라. 저게 팔리는 걸 내가 어떻게 본담. 간장이 쓰라려서.

국서는 방 안으로 기어들어간다.

개똥이, 유자나무집 딸, 그녀 모

개똥이 (멀리서 들려오는 그의 아버지의 소 울음소리와 어머니와 아저씨의 '여보!', '형님!' 하고 뒤를 따르며 부르는 소리, 그리고 거기에 섞인 농악 소리를 한참 듣고 섰더니) 예 있다간 나마저 미치고 말겠는걸. 에이 빌어먹을, 아무데구 날라버려야지. (방으로 들어간다.)

유자나무집 딸, 힘없이 사립문에 나타나 집안을 기웃이 들여다본다. 무대는 비었다.

유자나무집 딸 아무도 없는 게 아냐? (개똥이, 방에서 나오다가 유자나무집 딸을 발견하고 싸들고 나온 보따리를 얼른 감춘다. 그리고 피해 선다.) 걱정 마라. 인제 난 네게 따라가겠단 소리 안 해, 자아, 이거. (종이에 싼 것을 개똥이 앞에 내놓는다.)

개똥이 응? (내놓은 종이 뭉치와 유자나무집 딸을 번갈아 쳐다본다.)

유자나무집 딸 (발길을 돌리며) 이따가 펴보아.

개똥이 (바쁘게 펴본다. 지전 뭉치다. 깜짝 놀라) 이거 웬 거야?

유자나무집 딸 노자에 보태 쓰라구.

개똥이 뭐?

유자나무집 딸 내가 서울에 있을 적에 나를 천사라면서 미쳐 다니던 신사를 만났거든, 저 신작로에서 아까 그 사람이 내게 주었어. 옷 해 입으라고. 우리한텐 큰돈이지만 그런 작자한텐 하루 아침 해장 값도 안 되는 거야.

개똥이 거짓말.

유자나무집 딸 어찌되었건 내가 네게 주는 거야.

개똥이 도로 넣어. 내가 네 돈 받을 계제가 못 돼.

유자나무집 딸 나 같은 것의 돈은 더럽다, 이거지? 끝끝내 날 업신여길 테냐? 이런 되지 않게… (글썽거리며 개똥이의 멱살을 잡는다.)

개똥이 그러면 꾸어 쓰겠다.

유자나무집 딸 이자 쳐서 갚아주겠단 거지? 그래두 좋지.

개똥이 고맙다. (돈을 받아 들고 나가려 한다.)

유자나무집 딸 (외롭게) 편지나 자주 해라.

개똥이 같이 가잔 소릴 안 하니 웬일야?

유자나무집 딸 난 짐승만도 못해. 서울에 있을 때의 일이야. 내가 팔려간 데가 하도 지긋지긋해서 난 어떤 부잣집에 더부살이로 뛰어 들어간 적이 있었지. 그 집에선 개를 쳤어. 그 개는 밤낮 놀면서도 하루 세 끼씩 고깃국을 먹고 귀염을 받았지만, 난 죽으라고 일을 해주고도 세 끼의 밥을 얻어먹기에 주인의 눈치를 봐야 했어. 난 이렇게 개만도 못했어. 난 남을 원망 안 해. 동네 사람이 날 업신여기는 것두 난 당연하다구 생각해.

개똥이 그건 내가 할 소리야. 소 한 마리에 우리 집안은 거꾸로 서지 않았어? 우리 식구를 다 쓸어 모아도 소 한 마리만도 못해. 이렇게 값없는 인간야. 이 꼴에 널 업신여겼으니… 그리고 가까이 못 오게 했으니 나 같은 것은 천벌을 받아야 한다. 그래, 대가리가 터진 거야. (손등으로 슬쩍 눈물을 씻으며) 이봐, 이 돈 가지고 같이 가, 너도. 사실인즉, 네가 서울서 돌아왔을 적에 내 가슴은 뭉클했어. 어려서 철없이 놀던 때가 문득 생각났던 거야. 네 말대로 발가벗고 개울에서 가재 잡던 때도…

유자나무집 딸 (눈에서 광채가 나서) 정말?

개똥이 (상대방의 얼굴을 들여다보며) 그 눈매라든지, 웃을 적에 양 볼이 오목하게 우물지는 그 보조개라든지. 꼭 옛날 그 모습인걸.

유자나무집 딸 (감격하여 짚가리에 몸을 던져 흑흑 흐느끼며) 개나리 고을에 사는 사람이 다 변한 줄 알았더니…

개똥이 (꼭 껴안아주며) 울지 마라. 넌 내 색시고 난 네 신랑이 아니었니?

유자나무집 딸 그건 소꿉장난 할 적의 얘기라메?

개똥이 우리 한 번 더 되돌아가봐, 그때로…

유자나무집 딸 지금의 난 남의 색시가 될 수 없어. 내가 서울서 뭘 해먹구 살았는지 너두 알잖어?

개똥이 그걸 따질 게 뭐야. 인제부터 우리두 사람이 돼야 해.

유자나무집 딸 고마워. 날 네 옆에 있게 하고, 네게 말이라도 붙이게 해준다면 그것만으로도 난…

이때에 유자나무집 딸의 어머니, 등장.

모 이년, 역시 예 와 있었구나. 그 돈 어쨌냐? 그건 네 애비 초상에 쓸 돈야. 오오, 옛구나! (개똥이의 손에서 돈을 덥석 채어간다.)

유자나무집 딸 어머니, 그건… (어머니에게 덤비며) 개똥아, 좀 빼앗아라! 우린 그게 없으믄 못 살잖어? 왜 가만있어! 같이 대들지 않구…

개똥이 그까짓 것 없어두 돼.

유자나무집 딸 아냐! 아냐! 어머니, 이리 줘!

개똥이 이보세요. 아주머니! 나는 괜찮아요. 하지만…

모 이 자식이 왜 이래? (개똥이와 딸을 뿌리치고 내뺀다.)

유자나무집 딸 어머니! 어머니! (하며 어머니의 뒤를 추격한다.)

개똥이 에이, 빌어먹을! (하며 자기의 주먹으로 허공을 갈긴다.)

최 씨, 영오

최 씨 (이윽고 손을 멈추고 허리를 펴면서 독백) 아아구— 허리야! (마당에 비친 그늘을 내려다보고) 벌써 오때(五午)가 겨웠구나. (먼 하늘을 우두커니 바라보다가 한숨. 다시 밤 껍질을 깐다. 사이) 벌써 이 제사가 마흔두 해째로구나! 마흔두 해, 엊그제 같더니 어느 결에 마흔두 해라니! (사이) 마흔두 해가 되고 내 나이 일흔이고. 일흔 살! 많이도 살았다. 스물일곱 살 때에 내가 그 지긋지긋한 일을 당하고는 새파란 청상과부로 자식 남매를 길러가면서 울며불며 사느라고 이 나이까지 살았으니, 오래도 살구말구. (사이) 작년에는 이 제사를 내 손으로 다시 지내랴? 했더니 그래도 죽지 않고 한 번 더 지내기는 지낸다. (뒤울안, 무대 뒤에서 까치가 깍—깍 짖는다.) 까치는 짖는다마는 아—무도 반가운 사람, 올 사람은 없다. 벌써 열여덟 해나 두고 일 년 삼백예순 날을 밤이나 낮이나 기다려도 올 사람은 아니 온 걸. (사이) 애비 없이 기른 자식을 살어 생이별하고 그런 지가 벌써 열여덟 해. (사이) 어데 가서 죽었느냐 살어나 있느냐, 죽었다면 죽은 혼백이라도 배나 아니 고프게 제사나 지내주련만 죽었다는 기별도 없고 살어 있다는 소식도 없고, (한숨) 내가 죽기 전에 제 얼굴이라도 한번 보았으면 죽을 때에 눈이 감기련만, (사이) 전생에 무슨 업원이 그다지도 지중해서 남편이 총부리에서 죽는 것을 이 눈으로 보고 자식을 생이별하고 집안은 치패해서 늙발에 고생을 하는고! (무대 뒤에서 탁발승이 꽹과리에 맞추어 염불하는 소리 들린다.)

최 씨 (듣고 있다가) 벌써 가을이라고 절에서 중이 동냥을 하러 내려왔구나. (사이) 우리 집에도 오면 무얼 주나? 쌀은 찧으러 가서 아직 아니 왔고 돈이 웬 게 있을라구?

(주머니를 뒤지다가 동전 한 푼을 찾아낸다.) 있구나! 동전 한 푼이. 이거나 주자. 내야 무얼 바라고 시주를 허며 적선을 허꼬마는 자식 손자들이나 좋으라고. (염불 소리 끝나고 최 씨는 대문간께를 바라본다.)

최 씨 두어 닢 주었으면 좋겠구만서도 (귀를 기울인다.) 그냥 지내가 버리는구먼? (섭섭해한다.) 그럴 테지, 집구석이라고 모양새가 이렇게 빈집 같으니 동냥 다니는 중인들…

영오 (책보를 둘러메고 씨근버근 대문간으로 등장) 할머니! (마루 앞으로 뛰어간다.)

최 씨 (반겨) 오—냐 (대문간께를 내어다보면서) 네가 올려고 까치가 짖었구나, 에미도 오느냐? (머리를 쓸어준다.)

영오 엄마 아니 왔수? (둘러본다.) 나는 학교서 바루 온걸? 아침에 엄마가 오늘이 외할아버지 제향이라고 엄마도 갈 테니깐 날더러도 학교 파하거든 집으로 오지 말고 외갓집으로 가라구 그런걸?

최 씨 웅, 그랬으면 에미도 인제 오래잖아서 오겠구나. 점심 먹었니?

영오 웅, 학교서 벤또 먹었어. 언니는 어데 있수?

최 씨 너희 외할아버지 산소에 성묘 갔단다. 네 외숙모허구 나허구 벌써부터 한번 다녀오라구 졸랐더니 오늘은 제향날이구 허대서 다녀온다고 갔단다.

영오 성묘를 추석에 가지 지금 가나 뭐.

최 씨 아무 때 가면 어떠니?

영오 그래두. (사이) 그러구 아주머니는?

최 씨 네 외숙모? 꼬마둥이 데리고 물방앗간으로 쌀 찧으러 가고 (밤 한 톨을 본두기를 벗겨서 준다.) 밤 먹어라. 그리고 칼 가졌지? 가졌거든 끄내서 벗겨 먹어라.

영오 (칼을 꺼내면서) 이게 외할아버지 제향을 쓸 거유?

최 씨 오—냐.

영오 그럼 엄마가 와서 보구 욕하게?

최 씨 (웃으면서) 왜?

영오 제향에 쓸 걸 제가 미리서 먹는다구. (그러면서도 밤은 집어 벗긴다.)

여기서부터 최 씨는 영오와의 대화에 있어서 처음 몇 마디씩은 그런대로 나이 어린 영오한테 알맞은 말로 심상히 하지만 그러다가는 어느 결에 이야기를 듣는 상대가 연소한 소년이라는 것을, 심하면 그의 존재까지를 잊어버리고 곧잘 혼잣말로 넋두리를 하듯 하곤 한다.

최 씨 (머리를 쓸어주며) 괜찮다. 먹어라. 너희가 제일이지 제사에 잘 채려놓는다고 소용이 있으며, 또 돌아가신 이가 무얼 안다드냐! (사이) 그러나저러나 너희 외할아버지가 살어 계신다면 너희를 오죽 귀여워하시겠느냐! 외손자는 으레 더 귀엽다는데 (사이) 신통하다. 볼수록 신통하다. 내가 네 에밀 포태해 가지고 일곱 달 되든 달에 그 끔찍스런 흉변을 당했는데, 그

일이 바루 엊그제 같은데 그것이 아버지 모르는 세상에 나와서 바스락바스락 자라더니 인제는 그것 속에서 또 이런 것이 생겼구나!

영오　할머니 할머니.

최 씨　오—냐.

영오　언니는 왜 안 가고 그러구 있수? 동경 말이야. 인제는 방학도 다 지내고 벌써 개학을 했을 텐데.

최 씨　노수(旅費)가 없어서 못 가고 있단다. (사이) 노수뿐이겠느냐! 왠만하면 그것이 얼마나 소중한 손자 자식이라고 수만 리 밖에 가서 고학을 한다고 그 모진 고생을 다하게 두고 보겠느냐마는 (사이) 생각하면 앞이 어둡다. 저는 정성이 있어서 공부를 하려 드는데 나는 뒤를 대지 못하고 고생을 시키니! (사이) 차라리 박토나마 한 섬지기쯤 남은 게 있으니 그걸 팔아서 편안히 공부를 하라고 해도 그건 머리를 내저으면서 싫다는구나. 할머니허구 어머니허구는 무얼 먹고 사느냐면서.

영오　(건성으로 듣다가) 할머니 할머니.

최 씨　오—냐.

영오　나 저번에처럼 이야기 좀 해주.

최 씨　저번에 무슨 이야기를 해주었나?

영오　호랑이 이야기 해주었지? 포수가, 호랑이가 포수를 잡아먹었는데, 포수 아들이, 나처럼 조그만 한 포수가 말이유, 호랑이를 잡았다는 이야기 아니 해주었수?

최 씨　오—참 그래, 그 이야기를 또 해달라구?

영오　아—니 그 이야기는 말구 그 이야기처럼 무섭구 재미나는 이야기.

최 씨 그런 무섭고 재미나는 이야기가 인제는 있어야지? 가만있자, 그래라. 그럼, 내 꼬옥 하나 해주마.

영오 응, 아주 재미나는 이야기.

최 씨 (이윽고) 너희 외할아버지가 갑오년에, 네 어미를 낳든 해니까 꼬옥 마흔세 해가 되었다. 그 해 갑오년에 너희 외할아버지가 동학을 하셨드란다.

영오 동학? 동학이 뭐유?

최 씨 너희는 다 모르는 거다. 새로 천지개벽을 한다고 모다 모여서 수군수군하고 시천주 조화정―영세불망 만사지―이런 주문이나 웅얼거리고.

영오 하하 그게 무슨 소리유? 뭐? 시―천?

최 씨 그게 중 같으면 나무아미타불하는 염불이란다. 그래 너희 외할아버지도 그런 동학을 하고, 동학만 한 게 아니라 접주(接主)를 했더란다. 접주라는 건 이를테면 몇 사람 몇 사람 한패 동학꾼 속에서 어른인가 부더라. 돈도 수태 갔다가 버렸지. 너희 외증조할아버지, 그러니까 너희 외할아버지네 아버지 말이다. 그 어른이 돈을 많이 모으셨드란다. 벼를 천 석이나 추수 받었으니 부자 아니나? 그랬든 걸 수령들이 토색질해가고 화적들이 노략질해가고 그러고도 한 오백 석거리나는 넉넉했는데 이번에는 알뜰한 자제님 너희 할아버지가 동학을 하느라고 그걸 또 반이나 넘겨 없앴구나! 그까짓 재물이야 없애나마나 하지만.

영오 그렇게 돈을 디려서 무얼 하는 거유? 저―미두하는 거 그런 거요?

최 씨 아니지, 쾌―니 허황한 소리들을 하느라고 그랬지만 뭐 천지

개벽을 한 뒤에는 자기네 뜻대로 좋은 세상이 되어서 평양 감사로 나가네 전라 감사로 나가네 그런다는 거지. (사이) 그래 그러더니 그해 갑오년에 동학 난리가 덜컥 나는구나!

영오 난리? 접전하는 거? 총을 가지고 전쟁하는 거 말이지? 하 멋있다. 그럼 외할아버지도 전쟁하러 나갔겠구려?

최 씨 그럼 가구말구. 글세 골골마다 동학꾼들이 들고 일어서서 창이야 칼이야 총을 텡텡 놓고 고을 수령이며 아전들을 잡아 죽이고 군기고를 바수고 병장기를 빼앗아 가고 그러니 백성들은 피난을 가느라고 야단이 나고, (사이) 그러다가 며칠이 지나니까 사방에서 관병(官兵)들허구 동학꾼들허구 접전이 일어나는구나. 그렇지만 얼마 아니 되는 관병들이 어데 그 수태 많은 동학꾼들을 당해내니?

영오 동학꾼들이 이겼어? 그럼 외할아버지 편이 이겼게?

최 씨 그렇지 처음에는. 그래 처음에 그렇게 이기니까 아주 뭐 기세가 등등해가지굴랑 자—인제는 서울로 쳐올라가자—하고 글세 서울로 쳐올라간다고 각처의 동학꾼들이 수만 명이 한 군데를 모이잖았겠니. 그러자 서울서 수천 명 내려 보내는 관병허구 맞다들렸구나, 거기가 저—충청도 땅 한산(韓山)인데, 한산 접전에 이번에는 동학꾼이 아주 함빡 함몰을 당했잖었겠니!

영오 동학꾼이 졌어? 외할아버지 편이?

최 씨 그렇지. 그래서 동학꾼들이 수천 명이 죽었드란다. (사이) 에—그거 무슨 짓들이라고 그렇게 살생들을 하고!

영오 그럼 외할아버지는?

최 씨 한산 접전에서 겨우 돌아가시지는 않구 살아오셨더라. 집안에서는 모다 죽은 사람이 살어온 것만이나 반가워하고 좋아 했지. 그랬더니 왠걸! 조금 있으니까 쫓겨난 수령이 다시 내려오고 하더니 관가에서 동학꾼 잔당을 잡아 죽이려고 야단이 나는구나. 뭐 감영에서 병정들까지 풀려나와서는 개미 새끼 퍼지듯 퍼져가지굴랑 조금만 얼적지근해도 잡어가느라고 집집마다. 호구적간을 하면서 이 잡듯 하는구나. 그래서 너희 외할아버지는 집에 있지를 못 하고 피신을 하시잖었겠니? 아 그랬더니 아들을 못 잡은 대신 너희 외증조할아버지를, 육십이 넘은 노인을 그 볼모로 잡어다가 옥에 가두고는 동학 접주한 아들을 내놓으라고 매일같이 주리를 틀고 문초를 하는구나! 그 어른도 아드님 잘못 두신 죄로 말년에 죽을 봉욕을 하시고 필경 돌아가셨지만. 그런 참인데 하루는, 그게 그러니까 바루 구월 초사흗날이다. 저녁 때 땅거미가 어슬어슬 질려고 할 땐데 글쎄 뜻밖에 너희 외할아버지가 어엿하게 집에를 돌아오시잖겠니! 원, 그 판이 어느 판이라고 그렇게 어엿이 들어오시는구나!

무대는 조금 전부터 서서히 암전하다가 마지막 말이 끝날 때에 완전히 암전을 마친다.

〈너희가 재즈를 믿느냐?〉 중에서 장정일 作

심진래, 아내, 김 선생, 그 외

헬리콥터 추락사건(한 달 후)

여자 댄서(정서희)가 적당한 위치에서 흘러간 가요에 맞춰 춤춘다.

심이 집으로 들어선다.

피자를 들고 있다.

아내는 양파링과 콜라를 마시며 비디오를 보고 있다.

아내 왜 이렇게 늦었어. 아이, 이 술 냄새.

심진래 알잖아. 우리 부서의 악명 높은 회식.

아내 어서 들어가. 그리고 밥 안 먹었으면 먹고 빨리 씻어.

심진래 처제는 아직 안 왔어? 서울역에서 전화가 왔다면서?

아내 조금 전에 걔한테서 다시 전화가 왔는데 오늘은 친구 집에서 자고 내일 들르겠대.

심진래 내일 온다고? 알았어.

아내 당신 빨리 자야 돼. 그래야 내일 테니스를 치지.

심진래 그래. 잠. 잠 생각뿐이야. 며칠 동안 잠을 못 잤는지 모르겠어.

아내 나는 왜 당신이 잠을 못 잤는지 잘 알고 있어. 그러니 회사에 다니기 싫다, 사표 쓰고 잠이나 실컷 자고 싶다는 엄살 따위는 부리지 마.

심진래 이유가 뭔데?

아내　　꼭 그걸 내 입으로 들어야겠어? 빳다를 치기 전에 고분히 잠이나 자. 아, 참. 피자는 어딨어?

심진래　　(침대 맡에 있는 피자 상자를 가리킨다.)

아내　　(콜라와 피자를 먹는다.)

심진래　　콜라병 좀 그만 빨어!

아내　　왜?

심진래　　치즈 기름을 입술에 번들거리며 콜라병을 빠는 게 꼭 발정난 개 같아.

아내　　난 당신이 사흘 동안 내리 피자를 사 온 이유를 알고 있어. 당신은 내 동생이 집에 온다니까 그년에게 주려고 피자를 사 온 거야.

심진래　　(뭐라고 중얼거린다.)

아내　　닥쳐! 거짓말하면 빳다를 쳐줄 거야… 당신은 내가 눈치채지 못하고 있는 줄 알지만 천만에. 나는 당신의 시커먼 뱃속을 오래 전부터 알고 있어. 내 동생한테서 서울에 올라간다는 전화만 오면 당신은 그날부터 잠을 설쳤어. 왠지 말해줄까? 당신은 처제가 서울에 올라오면 우리가 사는 단칸방에서 함께 잘 수 있다고 늘 김칫국을 마시기 때문이야. 하지만 세상에서 제일 예쁜 내 동생이 서울 오면 잘 데가 없을까 봐. 흥. 그건 착각이야.

심진래　　그런데 말야. 만약에 처제가 오면 어떡하지?

아내　　뭘 어떡해?

심진래　　단칸 셋방에서 하나밖에 없는 침대를 놓고 어떻게 자야 할지 몰라서 말이야. 당신과 내가 침대에 올라가서 자고 처제가 방바닥에 이부자리를 펴고 눕는 방법이 가장 상식적이지만 손님한테는 좀 야박스럽단 말야. 게다가 처제란 여간 귀한 손님이 아닌 데다가 어쩌면 언니와 동생이 한 침대에 누워 도란도란 고향이야기를 나누고 싶을지도 모르거든. 그렇다면… 나 혼자 방바닥에 이부자리를 깔고 누워야 되기 때문에 우스꽝스러운 데가 있지… 그러니 이렇게 하면 어떨까? 내가 침대 가운데서 자고 처제와 당신이 각각 내 옆에서 자는 거야. 이쪽에 당신, 그리고 이쪽에 처제. 그래서 나는 당신과 처제의 젖을 번갈아가며 한 번씩 빨고… (잠에 곯아떨어진다.)

아내 야, 이 미친 새끼야! 네가 여전히 내 동생을 좋아한다고 해도 이제 나는 눈 하나 깜짝하지 않아. 네가 애초부터 좋아했던 사람이 내가 아니라 내 동생이라 해도 나는 질투하지 않아. 왠지 알아? 내 뱃속에 들어 있는 이 애가 너를 혼내줄 것이기 때문이야. 내 아들이 너를 꼼짝하지 못하게 내 곁에 잡아들이기 때문이야.

63빌딩이 한차례 밝아졌다가 서서히 어두워진다.

심진래 아, 좀 더 자게 해줘.

아내 빨리 일어나. 부장님이 올 시간이야.

심진래 몇 신데?

아내 벌써 아홉 시야. 빨리 일어나.

심진래 알았어. 알았다구… (일어나서 방 안을 두리번거린다.) 어, 나 어제 술 많이 취했지? 처제는 어디 갔어?

아내 눈뜨자마자 오지도 않은 처제만 찾네. 빨리 세수나 해.

심진래 어제 서울에 올라왔다고 전화가 왔다면서?

아내　　친구 집에서 자고 오늘 오후에나 들르겠다고 하던걸.

심진래　　오후에 온다고? 알았어. (심은 욕실로 들어가 세수를 한다.)

아내　　전번 주에는 왜 안 오셨대? 아무 연락도 없이 말이야.

심진래　　모르겠어.

아내　　회사에서 안 물어봤어?

심진래　　그런 걸 회사에서 어떻게 물어봐?

아내　　하긴 그래. 그렇지만 못 오게 되면 전화라도 해주면 좋았잖아.

심진래　　못 오는 데는 그럴 만한 이유가 있었겠지.

심은 세수를 하고 아내는 테니스 라켓과 도시락 가방을 가져온다.

심진래　　(욕실에서 나오며) 김밥은 쌌어?

아내　　그럼. 쌌구말구.

심진래　　몇 시야?

아내　　아홉 시 십 분 전.

심진래　　아까는 아홉 시라고 했잖아.

아내　　당신은 그래야 일어나는걸.

심진래　　커피나 뭣 좀 마실 걸 줘. (신문을 읽는다.)

아내　　(커피를 가져오며) 무슨 재미있는 기사라도 났어?

심진래　　음, 전에 우리 앞집에 살던 여선생 기사가 났어.

아내　　어디.

심진래　　여기 사회면에.

아내　　(신문을 뺏어 읽는다.) 제자에게 사랑의 매를 때린 여선생이 죄책감과 학부모님의 고소 위협에 견디다 못해 자살했다. 어마! 정말이네. 우리 앞집에 살던 여선생 이야기야. 마포구에 있는 B초등학교 3학년 담임으로 재직하던 정서희 선생은 지난 달 5월 수업 중에 장난을 치던 김 모 어린이의 손바닥을 30센티 플라스틱 자로 때렸다. 나중에 중지 손가락뼈에 금이 갔다는 걸 안 정서희 선생은 김 군의 부모에게 사과했으나, 김 군의 부모는 학교로 찾아와 정 선생에게 욕설을 하고 손찌검하는 등 심한 모욕을 주었다. 평소에 유난히 책임감이 강했던 정서희 선생은 동료교사들에게 고통을 호소해왔으며 지난 20일 학교장과 학부모 앞으로 유서를 남기고 스스로 목숨을 끊었다. … 세상인심 참 고약하네. 자기 자식 잘 되라고 손바닥을 몇 대 때린 건데… 옛날에는 선생님의 그림자도 밟지 않았다고 하잖아요.

심진래 내가 아는 한 그건 사실이 아니야. 정서희 선생은 신문에서 떠들어대는 그런 고상한 이유로 죽지 않았어.

아내 그럼 이유가 뭐야?

심진래 그 여선생은 아주 인간적인 고통 때문에 죽었어.

아내 인간적인 고통? 당신 뭘 알고 있는 소리야? 신문에 이렇게 버젓이 났는데 얼굴도 잘 알지 못하는 정 선생에게서 무슨 비밀이라도 전해 들었단 말이야?

심진래 아니야… 신문이나 TV에 나오는 말들을 몽땅 믿지 말라는 거지, 내 말은.

아내 흥, 아침부터 웬 우스운 말을 다 하네… (벽에 붙은 시계를 보며) … 부장님은 올 시간이 훨씬 넘었는데 왜 안 오시지? 당신 회사에서 뭐 실수한 것 있어? 그럼 부장의 테니스 파트너가 바뀐 거 아냐?

심진래 우리 부서에는 정구를 칠 줄 아는 사람이 나밖에 없어. 그리고 일요일마다 부장님과 같이 정구를 쳐야 할 만큼 만만한 말단도 나밖에 없고.

아내 (의자에서 일어나 손을 비빈다.) 그런데 왜 안 오시지. 벌써 삼십 분 전에 골목 밖에서 부장님의 으리으리한 승용차에서 당신을 부르는 클랙슨 소리가 나야 되지 않느냐구. 그러면 당신은 1년 넘게 매주 일요일 아침마다 그래 왔던 것처럼 테니스 라켓과 김밥을 싼 도시락을 들고 사냥개처럼 뛰쳐나가야 되지 않느냐구. 당신, 부장님께 밉보인 거 있어? 바로 말해봐.

심진래 없어.

아내 그런데 왜 이 주일째 오시지 않는 거냐구.

심진래 아직 이 주째 오지 않은 건 아니야. 천장 무너지겠어. 그만 앉아.

아내 당신 친구들은 진급이 빠른 회사에 취직해서 대리되고 실장도 되었는데 당신은 언제까지 평사원이야. 평사원이냐구.

심진래 TV나 켜봐.

아내 당신은 내가 뭐라고 말만 하면 TV를 켜래.

TV 소리가 들린다. 두 사람의 눈은 허공의 한 점을 향한다. 잠시 후, 프로그램이 끝났는지 CF가 들린다.

심진래 안 오나 봐. 나 바람이나 쐬고 올게.

아내 어딜 가는데. 그 사이에 부장님 오시면 어쩌고.

심진래 강변에 가 있을게. 대교 밑에 말이야.

아내 알았어. 너무 멀리 가지 마.

심은 퇴장한다.

잠시 후 심은 무대의 다른 편으로 들어온다.

한 남자가 텐트를 치고 낚시를 놓고 있다.

심진래 (경쾌한 테니스 복장에 한 손에는 라켓을 들고 있다.) 이 라켓은 왜 가지고 왔지.(휘두르며) … 그래 일요일 날 이 라켓을 들고 있지 않으면 불안하단 말이야…

심은 낚시꾼에게 다가간다.

김 선생 (돌아보지 않고) 며칠째 보이지 않던 길 잃은 나그네로군.

심진래 김 선생님. 전 줄 어떻게 아셨어요?

김 선생 자네의 발자국 소리는 항상 똑같아.

심진래 제 발자국 소리가 어떤데요?

김 선생 글쎄? 길 잃은 고양이의 그것이라고나 할까.

심진래 김 선생님, 뭐가 잡히나요?

김 선생 뭐가 잡혀서 이러는 게 아니라 그냥 명상 삼아 하는 거네.

심진래 그럴 테죠. 여기 고기는 물이 썩어서 먹지도 못 한다는데.

김 선생 그런데 웬일이야. 한 달 동안 여기 텐트를 치고 있어봤지만 일요일 날 자네를 보는 건 처음이야.

심진래 아, 어제 제가 선생님을 저희 집으로 모셔서 저녁을 대접하려고 하지 않았습니까. 그런데 회식을 하느라고 빠져나올 수가 있었어야죠. 그래서 이렇게…

김 선생 아니 이 사람아, 자네 집에 초대해준다는 말만 들어도 고맙지, 꼭 자네 집에 가서 밥을 먹어야만 대접인가. 적적한데 말

벗이라도 되어준 게 어딘가. 그런데 테니스를 치고 오는 모양이군.

심진래 좋아서 치는 게 아니죠.

김 선생 좋아서 치는 게 아니라니? 누가 강제로 치게라도 한단 말인가?

심진래 제가 모시고 있는 부장이 계시거든요. 남형섭이라고 하는데 나이 서른에 부장이 된 사람이죠.

김 선생 진급이 빠르군. 물론 회장의 친인척이겠지.

심진래 아시는군요. 워낙 남성그룹이 족벌… (입을 막는다.) … 아. 예, 그런데 남 부장이 워낙 테니스를 좋아하거든요. 그래서 일요일마다…

김 선생 샐러리맨의 비애로군. 내가 남 회장을 좀 아는데 말해줄까?

심진래 아, 아닙니다. … 그러실 필요는 없어요.

김 선생 아니 자네는 일요일을 낮잠으로 보내고 싶지 않다는 말인가?

심진래 하지만 제 아내는 제가 총애받기 때문에 부장과 테니스를 칠 수 있다고 믿거든요.

김 선생 흐흠, 그럴 수도 있지.

심진래 그래도 저는 행복한 편이죠. 저의 친구 중에 하나는 매주 윗사람을 모시고 등산을 가는데 그 친구는 원래 산이라면 질색을 하는 친구였죠.

김 선생 (너털웃음을 웃으며) 샐러리맨의 비애군. 샐러리맨의 비애야.

심진래 코미디죠, 코미디. 김 선생님, 이렇게 혼자 나와 계시면 심심하지 않으세요.

김 선생 나는 이렇게 앉아서 저 중국에 있었다는 어떤 선사를 흉내 내고 있다네.

심진래　선사라뇨?

김 선생　물 한 점 없는 흙바닥에 바늘 없는 낚싯대를 던져놓고 어떤 깨달음을 얻겠다던 선사 말이야.

김 선생은 다시 낚시를 한다. 이어서 헬리콥터 소리가 들린다. 심은 헬리콥터를 쳐다본다.

심진래　김 선생님 저것 보세요.

김 선생　썩은 강물인데 뭘 볼 게 있나?

심진래　헬리콥터가 너무 낮게 떠 있는데요. 헬리콥터 앞에 큰 파도가 치고 있어요.

김 선생　헬리콥터가 강물을 밀어내고 있군.

심진래　왜 저러죠? 헬리콥터가 물에 착륙을 했어요.

김 선생　헬리콥터에서 누가 내릴 모양이야.

심진래　헬리콥터가 물속으로 가라앉고 있어요.

김 선생　그럼 떠올라야지. 이봐, 헬기를 위로 띄워.

심진래　헬리콥터가 완전히 물에 잠겼어요. 거기 탄 사람들은 어떻게 되죠?

김 선생　대체 어찌된 셈인가? 난 찌만 바라보느라고 아무것도 보지 못했네.

심진래　모르겠어요. … 저는 처음부터 끝까지 다 보았는데도… 뭐라고 딱 꼬집어 설명할 수 없어요. … 헬리콥터가 강물 속으로 떨어져 처박히는 게 아니라 파도가 갑자기 높아져서 강물이 헬리콥터의 프로펠러를 살짝 적시는 것 같았어요.

김 선생　영문을 알 수 없는 노릇이야.

심진래 강변으로 사람들이 달려오고 있어요.

김 선생 어젯밤 꿈이 요사스럽더니 내가 저걸 보려고 그랬어.

심진래 어젯밤 꿈이라뇨?

김 선생 커다란 고래 한 마리가 한강을 거슬러 올라와 63빌딩 앞의 강변 위로 뛰어올라와 죽는 꿈이었지.

심진래 구조 보트가 저쪽에서 달려오고 있어요.

김 선생 어쩌면 저건 성스러운 죽음일지도 몰라. 썩은 물과 고기를 살리려고 인신공양을 한 거야. 인신공양을 한 거라구. (심이 사라진다.) 어딜 가나?

심진래 아내에게 이야기해주러요. 아마 깜짝 놀랄 거예요. 날 다시 볼 거예요. 큰 사건을 목격했으니까요.

심은 집으로 들어온다. 아내는 비디오를 보면서 태아를 위한 명상 체조를 하고 있다.

심진래 여보, 여보. 나, 놀라운 걸 봤어.

아내 뭘 봤는데.

심진래 한강에 헬리콥터가 떨어졌어. TV에 아무것도 나오지 않았어? 다른 채널을 틀어봐.

아내 흥, 그런 이야기 한다고 아이가 떨어지나?

심진래 무슨 소리야? 아이가 떨어지다니?

아내 난 알아. 당신은 내 뱃속의 아이가 떨어졌으면 싶은 거지? 그래서 그런 끔찍한 이야기를 지어낸 거야. 그러나 아이는 내 뱃속에 튼튼하게 붙어 떨어지지 않아. 어디 가서 만화를 좀 더 보고 오라구. 비디오방에서 괴기영화를 더 보고 오거나.

심진래 진짜야. 헬리콥터가 한강을 몇 번 선회하더니 곧바로 물속으로 뛰어들었다구.

아내 (코웃음 치며) 다이빙 선수처럼? 그래 그 헬리콥터가 왜 거길 빙빙 돌고 있었대?

심진래 몰라 그건. 뉴스에 나오겠지.

아내 오늘 아침에는 신문이나 TV 같은 거 몽땅 거짓말이라고 해 놓고서.

심진래 진짜야. 내가 봤다니까. 내 말 좀 믿어줘.

아내 당신 더위 먹었어. 샤워나 해. 아니 난 당신이 헛것을 보고 횡설수설하는 까닭을 알고 있어.

심진래 그건 무슨 소리야.

아내 며칠 전부터 기다리는, 아니, 1년 넘게 한방에서 자기를 학수고대하던 처제는 애만 태우고 오지를 않고 이제는 이 주째 부장님도 오질 않아서 당신은 한강 물에 콱 빠져 죽고 싶은 거라구. 맞지? 맞지?

심진래 (뭐라고 중얼거린다.)

아내 닥쳐. 진짜 빳다를 치기 전에. 이 멍청하고 음험한 인간. 당신이 좋아하는 처제는 지금쯤 무궁화를 다섯 개나 붙인 호텔에서 어느 놈팡이와 뒹굴고 있을 거야. 그리고 당신은 부장의 총애를 빼앗겼어. 승진은 하늘의 별따기란 말야.

서서히 암전. 63빌딩이 현란하게 번뜩인다.

희망, 탱크, 왕자, 민주, 골통

모스키토당 결성.

탱크 모스키토당?

왕자 애개개, 호랑이나 독수리같이 거창해야지 무슨 모스키토냐? 모기, 피 터질 일 있냐?

민주 아냐, 오히려 의미 있는 거 같다. 다들 하찮게 여기고 귀찮아 하지만 따끔하게 쏘는 맛이 있잖아.

희망 맞아. 민주야. 소크라테스도 자신을 등에와 같다고 표현했어. 우리는 기성세대에게 모기와 같은 존재라는 의미야. 우리 같은 왕따들은 이 사회에서 필요 없다고 생각하겠지만 그런 생각들에 맞서 우린 따끔하게 한번 물어주는 거야.

왕자 듣고 보니 그러네? 모스키토. 모스키토. 그런데 어째 이 왕자에게는 안 어울리는 것 같다.

민주 3학년 형들이 좀 망설이는 걸 빼고는 고무적인 분위기야. 1학년은 아직 피선거권을 가진 나이가 아니라 민감해하지는 않고.

탱크 걱정 마. 이 탱크가 한번 밀어붙여 볼게. 확 쓸어버릴 거야. 오, 골통이 온다.

골통이 들어온다.

골통　사직여고에 다니는 내 동생 있지? 골순이… 걔가 자기네 친구들에게 잘 얘기해보겠대.

민주　우리 움직임이 공식화되면 본격적인 동조자들이 나설 거야.

왕자　우리가 너무 쉽게 생각하는 거 아니니. 정치는 아무나 하는 게 아니라구. 생각만 가지고 되는 게 아니잖아.

탱크　하긴 우리가 돈이 있냐. 그럴듯한 건물이 있기를 하냐. 그 거대한 정당들과 어떻게 맞서지?

희망　그들과 똑같이 할 거라면 아예 시작도 안 했어. 우린 우리 방식대로 하는 거야. 진실하고 정직하게. 우리 학우나 선생님들, 그리고 심지어 부모님들까지도 우리를 망치고 있어. 우리의 생명을 위태롭게 하고 있다구. 이제 우리가 나서야 돼. 우린 우리가 할 수 있는 일을 하면 되는 거야. 그게 우리가 해야 할 일이기도 하고.

모두　해야 할 일? 할 수 있는 일?

희망　그래. 해야 함에도 안 하는 일, 할 수 있는데도 안 하는 일. 그것을 우리가 하자는 거야. 물론 어른들처럼 체계를 갖추거나 완벽하게는 안 될 거야. 하지만 최선을 다하는 거야. 그 다음은 하늘에 맡기는 거구.

민주　맘에 든다. 니 태도 니 생각. 우리 한번 최선을 다해보자.

탱크　그래 옳은 일을 위해서는 탱크처럼 저돌적으로 밀어붙이는 거야.

골통　야, 희망이 연설하나 끝내준다. 교장 선생님보다 낫다.

왕자　그럼 무엇부터 시작해야지?

희망　이제 5주만 있으면 대통령 선거야. 다음 주 안에는 첫 정당 대회를 가져야 할 거야.

골통 오늘 당장하면 안 될까.

왕자 야 골통, 너 자꾸 까불래.

골통 나도 빨리 의미 있는 일 좀 해보고 싶어서 그런다 왜.

희망 먼저 홍보가 되어야겠어. 우선 난 모든 라디오 방송국과 신문사에 전화를 하겠어.

민주 난 컴퓨터 통신에 올리겠어.

왕자 그 일은 나와 같이하자.

민주 그래 좋아.

탱크 난 몸으로 때워야지. 그래 우선 학교부터 전단을 돌릴게.

골통 난 저금통장 털어서 생활 정보지에 광고나 실어야겠다.

희망 너 그럴 돈 있어?

골통 걱정 마. 초등학교 1학년부터 저축해 논 돈 있어. 이번에 왕창 쓰지 뭐.

왕자 야 골통, 너 다시 봐야겠다.

골통 뭘 그까짓 걸 가지고 히히.

희망 좋아. 오늘은 그만 헤어지자. 각자 맡은 일들 잊지 말고.

민주 그냥 헤어지냐. 손 모으자.

모두 좋아. 앵앵앵앵 모스키토 파이팅.

하고 흩어지는데 골통이 돌아서며

골통 그런데. 우리들 중에 누가 후보자가 되는 거지?

하는 소리에 걸음을 멈추고 모두들 돌아선다.

골통 설마 나더러 나서라는 건 아니겠지.

왕자 싫으니?

골통 싫다기보다는 머리가 아플 것 같아서.

모두 하하하.

차대권, 희망, 여교사, 맞는 학생, 교사 1, 2

차대권 일부러 매를 권장할 수는 없는 일입니다. 하지만 교육이란 한 편으론 훈육이기도 합니다. 회초리를 때려야 할 때는 때려야 하는 겁니다. 우리가 가장 경계해야 할 것은 때리는 것이 아니고 바로 무관심입니다. 교육을 포기하는 것입니다. 이런 기회에 학부형님께도 부탁드리고 싶습니다. 핸드폰이나 오토바이 안 사주면 공부 안 한다, 가출한다고 협박까지 하는 학생들도 있나 봅니다. 귀한 자식이라고 요구 사항을 다 들어주는 것이 자식에 대한 애정은 아니라는 것입니다. 별 필요도 없고 문제 일으킬 것이 뻔한데도 그것 하나 설득시키지 못하면서 선생님들만 바른 지도하길 바라십니까? 무슨 선생님들이 슈퍼맨입니까? 열악하기 짝이 없는 여건에서도 좋은 성적 내주시는 여러 선생님들께 깊이 감사드립니다. 선생님 힘내세요. 그리고 가능한 한 많이 때려주십시오. (박수)

희망 맞고 자란 아이가 나중에 커서 폭력을 행사한다고 합니다. 통계에 의하면 매 맞은 아동과 청소년 중 선생님에게서 맞은 경우가 97%나 됩니다. 교내 학생에게서는 36%, 불량배에게서는 20% 가량입니다. 교육적인 체벌이라 하더라도 너무 일상화되어 있다는 생각은 안 드십니까? 물론 저도 교육적인 체벌의 필요성을 부정하지는 않습니다. 다만 교육적인 체벌의 경우라고 할지라도 엄격한 요건을 갖추고 행해져야 한다고 봅니다.

여교사 (웃으며) 책 안 가져왔으니까 맞아야겠지?

맞는 학생 (웃으며) 아니요.

여교사 (인상을 쓰며) 아니요? 하 이 얄구진 새끼. (교편으로 때린다.)

맞는 학생 (아프지만 웃는다.)

여교사 웃네. 뭘 그리 실실 웃어? 사는 게 행복해?

맞는 학생 아니요.

여교사 아니긴 뭐가 아니야 이 새끼가. (또 꿀밤을 준다.)

맞는 학생 (아파서) 아~~씨. 그게 아니고요…

여교사 아씨. 잘하면 인제 욕하겠네. (귀를 잡으며) 이 자식이. 꿇어앉아 이 자식아. 책도 안 가지고 오고, (뒤통수를 치며) 대가리 숙여. 그리고 선생님이 뭐라 하니까 인상을 쓰면서 욕을 해. 하 이 새끼. 이거 안 되겠네. (주위를 둘러본다.)

맞는 학생 선생님 그게 아니고요.

교사 1 (교편으로 뒤통수를 치며) 이 자식 이거. 말대답하는 것 좀 봐. 가만 있어보자. 너 어제 교무실 밖에 서 있던 애 아니냐?

맞는 학생 예.

교사 1 (교편으로 계속 머리를 때리며) 아 요 새끼 요거. 이거 유명한 놈이네. 니네 선생님 성격도 좋다. 이런 걸 그냥 놔두냐. 나 같으면 이런 거 어림도 없어. 부모 호출해가 바로 짤라뿐다.

교사 2 이 자식 이거 머리 봐. 이놈의 자식. 너 머리 안 깎을 거야. 확 짤라버린다? 복장도 이게 뭐야, 넥타이는 어디 있어? 그리고 와이셔츠 안에다 이건 또 뭐야?

맞는 학생 추워서 입었습니다.

교사 2　　추우면 내복을 입어. 내복을. 벗어!

맞는 학생　　(단추를 끄른다.)

교사 2　　(뒤통수를 치며) 빨리 벗어.

맞는 학생　　(웃통을 벗었다. 와이셔츠를 걸치려는데)

교사 1　　그 자식 거 신발 봐.

교사 2　　신발도 벗어. 가위 어딨어? (가위가 없자) 이놈의 자식 이거 안 되겠네.

여교사　　엎드려. 이놈들은 말로 하면 듣지를 않아. (엉덩이를 치며) 내가 몇 번을 얘기해도 들어 처먹지를 않아. (또 엉덩이를 치며) 그래 학교 교칙 하나 못 지키고 니 마음대로 할라면 자퇴해라. 자퇴해. 자퇴해서 검정고시 쳐도 얼마든지 대학 갈 수 있어. (또 엉덩이를 치며)

희망　　선생님들께 죄송한 말씀 올립니다. 가뜩이나 힘드신 선생님들을 헐뜯고 욕하고자 하는 것이 아니란 점을 이해해주십시오.

여교사　　솔직히 기분 나쁘네요. 선생님들의 고충을 진짜 아십니까? 수업 시수 많지요. 교육청에서 내려오는 공문들은 또 얼마나 많은지 아십니까? 처리해야 할 업무도 장난이 아닙니다. 한 선생님이 담당해야 할 학생들은 또 얼마나 많습니까? 이런 구조적인 문제, 열악한 조건을 진짜 여러분들이 아십니까?

교사 2　　여러분은 말로 하면 잘 듣습니까? 몇 번을 말해도 안 듣습니다. 선생님도 사람입니다. 매가 좋아서 때리시는 선생님은 없습니다. 오히려 여러분을 때리고 나면 그 수업은 엉망이 되고 맙니다. 맞는 학생보다 때리는 선생님의 마음이 더 아프다는 걸 아십니까?

희망 예. 하지만 저희는 약자의 입장입니다. 약자의 입장에서 혹시 억울한 일이 있더라도 당하고 있을 수밖에 없습니다. 미성년자라는 이유로, 같은 성인에게는 할 수 없는 물리적, 언어적 폭력들이 때로는 교육의 이름으로 행해지는 것은 아닌지요. 체벌을 당한 학생들이 진정으로 자신의 잘못을 뉘우치지 못하고 오히려 반감을 갖는 것은 왜일까요? 학생들이 건방져서입니까? 싸가지가 없어서입니까? 그것은 폭력이기 때문입니다.

차대권 (열을 내서) 학생들이 그런 생각을 갖는 것은 아주 위험하다고 봅니다. 긍정적이고 수용적인 사고가 필요합니다. 많고 많은 좋은 점들은 놔두고 그렇게 부정적으로 본다면 결코 훌륭한 사람이 될 수 없습니다.

희망 그렇습니다. 저도 다음에 또 이런 자리가 생긴다면 저희가 존경하는 선생님, 긍정적이고 본받을 만한 이야기를 많이 하고 싶습니다. 하지만 오늘은 이런 이야기들도 필요하다고 생각합니다.

황포, 갈포

바라보며 미소 짓는 두 사람. 그러다 하늘을 올려다보는 황포.

황포 비가 정말 떨어질 모양인데.

갈포 비 오는 날엔 호주머니에 소주 두 병은 들어 있어야 되는데 말야.

황포 (웃으며) 그래. 비 오는 길바닥을 뒹굴면서 말야.

갈포 그래, 공연 끝내고 나오다가 비만 왔다 하면 양쪽 호주머니에 소주 한 병씩 찔러넣구 소리 지르면서 말야.

황포 뒹굴다가 소주 쏟으면 머리통 한 대씩 쥐어박으면서.

갈포 그럼. 쏟을 게 없어서 술을 쏟아. 그런 꼴은 또 못 보지.

황포 술에 취해서 코는 빨개가지고 바닥에 고인 물에 서로 얼굴 비춰보면서….

갈포 술통이었지. 나이가 들수록 비가 더 좋아지니 참 이상하지. 남들은 구질구질하다 어떻다 해도, 난 통쾌하게 느껴지니까 말야…. 야, 너 그때 꽃밭에 누웠던 생각나?

황포 미쳤었지. 공연 끝내고 나오는데 그래, 정말 억수로 비가 쏟아졌지.

갈포 술로 떡이 됐지. 그리고는 대로변에 예쁘게 꾸며논 화단 옆에 벌러덩 누워서 비를 있는 대로 맞으면서 고래고래 소리 지르고 노래 부르고… 대사 외우고….

황포 그러다가 경찰서까지 끌려갔었잖아.

갈포 (깔깔 웃으며) 너 끌려가서 뭐라고 했었는지 기억나?

황포 (같이 웃으며) 응. 우리는 연극배웁니다. 비를 맞고 자살하는 역인데 그 감정을 알려고 그랬어요.

갈포 그때 경찰이 했던 얘기가 더 가관이었지. 야, 연극배우는 길에서 고성방가해도 된다는 법 있어? 연극배우가 사고로 죽으면 보험 처리가 어떻게 되는 줄 알아? 막노동꾼보다 못한 대우를 받는 거야. 사람 취급도 못 받는 주제에 병신 같은 것들이.

황포 그 경찰, 너한테 맞고 떡이 됐지.

갈포 그 덕에 우린 구류까지 살구. (웃으며) 아직도 집 전화번호 못 외우고 다녀?

황포 그러지 마. 그땐 경찰이 하도 윽박지르니까 당황해서 그랬지.

갈포 (흉내 내며) 네, 우리 집 전화번호가, 그러니까… 갈포, 우리 집 전화번호가 몇 번이냐?

황포 내가 우리 집에 전화할 일이 별로 없으니까 그렇지 뭐.

갈포 마누라 이름도 잊고 살지, 왜?

고개를 흔드는 황포.

황포 … 잊었어!

갈포 (곱지 않은 시선) 무슨 소리야?

황포 너도 알잖아, 우리 마누라. 날, 언제나 포근하게 감싸줬었지. 나 같은 놈 안 만났으면 참 행복하게 살 수 있는 고운 여자였는데…. 배고프고 힘들고 부대껴서 대본을 집어 던졌을 때도 난 연극배우하고 결혼했으니 걱정 말고 계속하라고 날 격려해줬었어…. 그런 내 마누라 얼굴을 보고 있으면 그렇게 미안할 수가 없더라고. 좋은 남자 만나면 행복하게 살 수 있을 텐데 하고…. 그래서 늘 내가 떠나줘야겠다는 생각을 했었어.

갈포 (기가 막힌 듯) 그래서 니 마누라가 다른 남자라도 만났어? 그래서 행복하다고 얘기하던? 그래서 떠나줬어?

황포 왜 그래. 그게 아니란 걸 알잖아.

갈포 그럼 버렸다고 얘기해. 너 혼자 구구절절 핑계 만들어서 니 행동을 정당화시킬 생각 하지 말고.

황포 난 정말 내가 느꼈던 감정을 얘기한 거야. 견딜 수 없이 미안했다구.

갈포 (화가 치받쳐 오른다.) 미안해서 그냥 떠나버리면 일이 끝나는 거야? 너 혼자 잊었다 그러면 다 되는 거냔 말야. 니 마누라하고 자식들이 너 때문에 얼마나 상처받고 살고 있을지 그런 생각은 조금도 안 해봤어?

황포 … 그게 가슴이 아파서 떠났어.

갈포 넌 매사 그런 식이야. 그러니까 비겁한 놈이라구. 뭔가 있다는 핑계만 대면서 사실은 도망만 다닌 거라구.

황포 난 도망간 게 아니야. 부서질까 봐 다가서질 못했던 거야.

갈포 웃기지 마.

황포 정말이야. 어느 날 아침, 눈을 떴는데 산동네 위로 빨갛게 태양이 떠올랐어. 근데 그 앞에, 내 아내가 하얀 빨래를 널고 있었어. 햇빛에 반짝였어. 난, 그 모습을 보고 있는데… 나도 모르게 눈물이 났어. 너무 아름다워서 두려웠어. 내가 손을 뻗으면 세상 속에 서 있는 내 아내의 아름다움이 부서질 것 같았다구. 내 자신이 견딜 수 없이 미웠어.

갈포 너도 세상 속에 서 있었어. 니 아내와 같이, 많은 사람들과 함께 서 있었다구. 넌 혼자 잘난 척하면서 순 이기적인 놈이라구. 뭐? 두려워 떠나줬다구? 지랄하고 있네.

황포 그러지 마.

갈포 넌 나보고 뭐든 내 위주로 생각한다고 했지만 사실 너 같은 놈들이 자기 위주로 생각하고 행동하는 거야. 감당할 수 없다 뭐다 하면서 그냥 툴툴 털어버리는 거라구. 그러면서두 추억 어쩌구 하면서 이것저것 잔뜩 꿰차 안기나 하구 말야.

황포 그만하자.

갈포 뭘 그만해. 넌 더 깨져야 돼. 혼자 세상의 모든 고민을 싸 짊어진 척 고민하지만 넌 늘 안주할 곳만 찾았던 거야.

황포 그만하자고 했잖아.

갈포 넌 아직도 투정 부리고 있는 거야. 내가 왜 결혼 안 했는 줄 알아? 난, 내 아버지가 싫었어. 어머니가 미웠다구. 늘 아버지는 배 타러 나가기만 하고 얼굴 보기도 힘들었어. 바람만 불어도 불안해서 견딜 수가 없었다구. 그리고 풍랑에 배가 뒤집혀 아버지가 실종됐어. 며칠 만에 바닷가에 퉁퉁 불은 아버지 얼굴을 발견했을 때, 난 죽어도 이렇게 살진 않겠다고 다짐했어. 적어도 내 자식한텐 이런 꼴 보이진 않겠다고 말야. 나 닮은, 내 아버지 닮은 자식 낳을까 두렵기 때문이야. 내 어머니처럼 자식 버리고 쉽게 다른 남자 품에 안길 딸자식 만들고 싶지 않았기 때문이야. 결혼하고 자식 낳고, 그래 놓고도 가족들 버리고 훌쩍 떠나는 너 같은 인간이 싫어서야.

황포 (화를 벌컥 내며) 니가 가족에 대해 뭘 알아. 니가 그 고통을 아느냐 말야….

갈포 (외면한다.)

황포 (다가서며) 갈포… 우린 아직 살아 있어. 세상의 많은 사람들과 함께. 우리만 고통스러운 게 아니잖아? 우린 살아 있다는 것에 대해 얼마나 고맙게 생각했었니? 아픈 만큼 세상을 따뜻하게 살 수 있고 나눌 수 있을 거라고 믿으면서 말야. 그게 무너진 건 아니잖아? 우린 생각만 있었지, 방법을 몰랐던 걸 거야.

갈포 우리, 우리 하지 마. 난 너하곤 다르게 살아왔어. 너처럼 비겁하게 핑계 대진 않는다구. 넌 세상을 알려고 했던 게 아니야. 부딪치는 게 두려웠던 거라구. 그래서 여기까지 온 거란 말야. 알겠어? 제발 우리끼리라도 솔직해지자. 징징거리지만 말구.

황포 솔직해지자구? 그러는 너는? 세상에 부딪치길 두려워했던 게 나 혼자일까? 넌 가족을 꾸려보지도 않았으면서 어떻게 멋대로 단정하고 쉽게 얘기할 수 있지? 너도 마찬가지야. 넌 세상도 니가 보고 싶은 만큼만 바라봤던 거라구. 솔직해지자구? 넌 솔직함을 가장하고 세상에 등을 돌리고 있었던 거야. 니 성격대로만 살았을 뿐이라구.

갈포 그래, 난 내 성격대로 살아왔어. 만나서 싸우고 깨지고 뭐가 됐든, 난 있는 그대로, 알몸뚱이로 사람들과 만나고 살아가고 싶었고, 그렇게 살았어. 그게 뭐 어떻다는 거야?

황포 근데 왜 여기까지 왔지? 이젠 그렇게 사는 게 두려워졌나? 이젠 세상과 싸울 힘조차 없어졌나? 이젠 나이가 들어서 비겁하게 돈이나 챙기고 후배들 부려먹고 이상한 세력 싸움이나 하는 사람들이 무서워졌어? 그래서 갈 곳 잃은 철새처럼 마냥 고물차나 끌고 여기까지 온 거야?

갈포 웃기지 마.

황포 도대체 여긴 어디야.

갈포 (차를 발로 냅다 차버리며) 이젠 정말 더 이상 견딜 수가 없어. 내 믿음대로 살고 있다고 생각했어. 그런데 어느 날 내가 서 있는 자리를 봤더니 난 이미 내가 아니었어. 날 지키려고 애쓰는 동안 내 속은 갈가리 찢겨져서 비뚤어지고 고집불통이 밖엔 아니었어. 나도 똑같아져버렸다구. 나도 그놈들처럼 남들 괴롭히기만 하고 있었단 말야. 세상이야 어차피 그런 거라고 체념하면서 살까? 지랄 같은 놈들 비위도 맞추고 한번쯤 눈 딱 감고 세상 돌아가는 이치대로 살아볼까? 어차피 나도 마찬가지였으니까? 싫어. 난 그렇게는 못 해. 그게 싫어서 떠나왔어. 난 나이고 싶어. 나도 살 만큼 살았어. 죽는 게 무섭지 않다구. 깨끗하게 죽고 싶어. 제길, 남들이 뭐라 하든 나한테만이라도 수치스럽지 않게 죽었으면 좋겠단 말야.

황포, 벌떡 일어나 갈포의 얼굴을 쏘아본다. 그러다 돌아서는 황포.

황포 나도, 내 자신이 싫어. 나도 내 자신을 참을 수가 없어. 하지만 아직도 선함에 대한 믿음이 있어. 그게 부서졌다구? 아니야, 아니야. 종교는 뭐고 연극은 뭐야? 난 그 속에서 새 길을 찾고 싶었어. 이렇게 돼버린 내 자신도 참을 수 없다구. 하지만 아직도 믿고 싶어. 찾을 수 없다 해도 남은 여생 동안만이라도 내 믿음대로 살고 싶단 말야. 이젠 바다가 바다로 보이지 않아. 내 인생처럼 느껴져버려 파도가 치고 격동적이고, 인생의 삶의 질곡 어쩌고 했던 그 시절의 인생이 아니야. 파도가 쳐? 난 안 보여. 이젠 그 정도 파도의 물결은 보이지도 않는다구.

우르릉거리는 천둥소리, 하늘을 올려다보는 갈포, 기대섰던 차를 냅다 치곤 뛰어나와 팔을 벌린다. 그러곤 〈리어 왕〉의 한 대사를 목이 터져라 외친다.

갈포 그래, 비나 억수로 와라. 비야, 쫙쫙 쏟아져라! 바람아, 불어라. 나의 뺨을 찢을 때까지 불어라. 미쳐 날뛰어라! 불어라! 폭포처럼 쏟아지는 호우여, 땅에 이는 회오리바람이여. 높은 탑이 물에 잠기고, 바람개비 수탉이 물에 빠져 가라앉을 때까지 실컷 퍼부어라! 생각같이 빠른 유황의 불이여! 참나무를 쪼개는 벼락의 선구자인 번개여! 내 흰 머리를 태워라! 그리고 천지를 진동시키는 우레여! 두껍고 둥그런 이 지구를 때려 납작하게 만들어라! 만물을 만들어내는 자연의 모태를 부수고, 배은망덕한 인간을 낳는 모든 씨를 당장에 없애버려라.

보고 있던 황포도 〈햄릿〉의 한 대사를 외친다.

황포 사느냐 죽느냐 그것이 문제로다. 가혹한 운명의 화살을 받아도 참고 견딜 것인가? 아니면 밀려드는 재앙을 힘으로 막아 싸워 없앨 것인가? 죽는다는 것은 잠드는 일, 다만 그것뿐이다. 잠들어 만사가 끝나 가슴 쓰린 온갖 심뇌와 육체가 받는 모든 고통이 사라진다면, 그것이야말로 진심으로 바라는 극치다. 죽음은 잠드는 일! 잠이 들면 꿈을 꿀 테지. 이승의 번뇌를 벗어나 영원히 잠이 들었을 때 어떤 꿈을 꿀 것인지 망설여지는구나. 그것을 염려하기 때문에 이 고해 같은 인생을 끝까지 살아가는 것인가? 그렇지 않다면 그 누가 이 세상의 사나운 비난의 채찍을 견디며 이 모든 것을 참고 지낼 것인가.

폭우 소리 거세어지고, 황포와 갈포의 대사도 서로 얽히고 고조된다.

갈포 바람아 불어라. 마음껏 으르렁대라! 번갯불아, 뿜어 올라라. 비야, 솟아 나오너라! 비나, 바람이나 천둥이나, 번개나 너희들은 내 딸은 아니지. 비바람이여, 나는 너희를 불친절하다고 비난하지는 않겠다. 나는 너희들에게 영토도 주지 않았고, 너희들을 자식이라고 부르지도 않았으니 너희는 너희의 노예요, 불쌍하고 기운 없고, 약하고 멸시받는 늙은이인 나는 여기 서 있겠다. 그러나 너희가 악독한 두 딸년의 편이 되어 이렇게 늙고도 흰 머리를 목표로 하늘에서 생기는 싸움을 일으키다니, 나는 너희를 비굴한 첩자들이라고 부를 수밖에 없다. 오, 비열하다. 바람아 불어라….

황포 사느냐 죽느냐 이것이 문제로다. 아, 이 추하고 더러운 육체여. 녹아 흘러서 이슬이 되어라. 영원한 신은 왜 자살을 금하는 법칙을 정해놓았을까. 아, 세상살이가 다 귀찮구나, 짓궂고 쓸데없고 멋없기만 한 더러운 세상. 뜰에는 잡초만 빽빽이 우거지고 추악과 난맥으로 가득하구나. 죄 있는 자는 미칠 것이요, 무고한 자도 두려움에 떨고, 무지한 자를 혹란에 빠뜨려 틀림없이 귀나 눈의 기능을 잃게 만들 것이 아니겠는가?

그럼에도 불구하고 나는 얼빠지고 미련하기 이를 데 없는 인간, 다 같이 원수를 갚으라고 재촉하는데, 나는 뭐지? 그저 말로만 가슴속을 털어놓았지 되지 못한 갈보 년처럼 입 끝으로만 생각을 늘어놓고 마는가?

황포, 갈포, 대사를 서로 내뱉으며 웃기도 하고 흐느끼기도 하고 혹은, 춤사위도 곁들이며 움직이다 어느 순간 멈춰 선다. 긴 침묵이 흐른다.

황포 갈포, 우리가 바라는 세상은 어딘가에 있겠지?

갈포 …

황포 우리 믿음이 헛됐던 것은 아니겠지? 선도, 악도 그 어느 것 하나 제대로 구분 지을 수 없는 세상 속에서 무엇이 진정 올바른 건지 어느 길이 내가 가려 했던 길인지 모르겠던 거야. 그래서 니 말처럼 숨어버리려 했던 것인지 몰라. 사람들을 이해하려 하기보다 내 자신을 찾고 싶어 아등바등했는지도… 그래서 사실은 아무것도 떨쳐버리지 못했던 건 아닐까?

갈포 그래, 우린 우리의 길을 각자의 방법대로 너무 조급해하며 살아왔는지 몰라. 그 길이 옳은 길이든 잘못된 길이든. 황포, 우린 악연은 악연인가 봐. 내가 널 싫어할 수가 없으니 말야. (뭔가 생각난 듯이) 가만있어봐. (차를 확인한 후) 황포 담뱃갑 좀 줘봐.

은박지를 싸서 퓨즈에 연결한다. 그리고 시동을 거는 갈포. 시동이 걸린다.

황포 어?

갈포 퓨즈가 끊어졌었어.

크게 웃는 황포와 갈포. 갑자기 웃음을 멈추는 두 사람.

갈포 이젠 어떡하지?

침묵

황포 이젠 어디로 가지?

침묵

갈포 가야지.

황포 어디로?

갈포 어디든.

차로 걸어가는 갈포. 배낭을 집어 들던 황포, 하늘을 올려다본다.

황포 비가 멈추겠어.

갈포 정말.

암전

장덕배, 유달수, 서화이

장덕배, 천천히 움직이며 음악의 소리를 줄인다. 서화이, 무감각하게 혼자만 부른다. 잠시 후, 음악이 꺼진 걸 느낀다.

서화이 왜요? (사이) 왜요?

장덕배 아… 음악… 알아요?

서화이 네?

장덕배 제수씬, 방금 이 음악을 따라 불렀어요. 그거 알아요?

서화이 …

장덕배 이 음악… 어디선가 들어본 적이 있죠?

유달수 아닐 거예요. … 그냥, … 그냥. 언젠가 여기서 들은 적이 있나 보죠.

장덕배 무슨 소리야. 제수씨가 이곳에 온 이후로 한 번도 틀은 적이 없어. 내가 그것도 모를 것 같나.

서화이 난… 난 모르겠어요. 그냥… 나도 모르게, … 그래요, 나도 모르게 부르게 됐나 봐요. 그런데… 그게 어떻다는 거예요?

장덕배 제수씨, 이 음악을 들으면서 뭔가 떠오르는 기억 같은 거 없어요? 그러니까 이 음악을 들어본 적이 있던 장소라든가 아니면 함께 들었던 사람이라든가.

유달수 선배!

장덕배 가만히 좀 있어봐. 어쩌면… 제수씨의 기억을 조금이나마 찾아낼지 모르겠군요.

유달수 무슨 소릴 하는 거예요.

장덕배 자, 제수씨… 우리 놀이를 한번 해봅시다.

서화이 놀이요?

장덕배 그래요, 연극 같은 거죠. 서로 말을 만들어내는 거예요. 즉흥적으로, 재미있을 거예요.

유달수 선배, 저 사람한테는 너무 자극적이고 무리예요.

장덕배 아니, 괜찮을 거야.

유달수 도대체 뭘, 어떻게 한다는 겁니까.

장덕배 싸이코 드라마라는 걸 들어본 적이 있지?

유달수 뭐요?

장덕배 그런 것과 비슷해. 잠재적 기억들을 조금씩 꺼내보는 거야.

유달수 그래서요?

장덕배 그래서라니?

유달수 그 기억을 되살려서 뭘 어쩌자는 겁니까. 이제 와서 잃어버린 기억이 되살아난들 무슨 방법이 생긴다는 겁니까.

장덕배 답답한 놈. 모르겠니?… 우리가 이기는 거야. 처음으로 저 자식들이 만들어놓은 이 쇼 같은 곳에서, 빈틈 하나 없는 저 자식들의 일방적인 게임에서 희망이 보이는 거라구.

유달수 만약, 저 사람에게 무슨 일이라도 생기면…

서화이 아빠… 난 괜찮아요. 재미있겠는데요, 뭘. 아빠도 같이 해요.

유달수 이봐요. 그게… 그런 게 아니에요.

서화이 하기 싫으면, 아빠는 내 옆에 앉아서 그냥 구경만 해요.

(사이) 유달수 못 이긴 채 침대에 앉는다.

장덕배 자, 제수씨 이 의자에 앉아봐요. (서화이 의자에 앉는다.) 좀 더 연극적으로 하기 위해서 조명을 좀 바꿔볼까요. (조명, 서화이에게 떨어지고 주위는 어두워졌다.) 자, 그럼 아까 틀었던 음악을 들으면서, 시작해볼까요. 긴장하지 말고 최대한 편하게 있어요. 그래요, 좋아요. 음악에서 기억나는 소절이 있으면 따라 해봐요. (서화이 작게 읊조린다.) 자, 음악이 좋죠?

서화이 네… 좋아요.

장덕배 이 음악이 어디가 그렇게 좋지?

서화이 조용하고…

장덕배 조용하고,

서화이 부드럽고…

장덕배 부드럽고,

서화이 음… 따뜻해요.

장덕배 따뜻하군… 따뜻한 걸 좋아하나 보지?

서화이 추운 게 싫으니까.

장덕배 추우면 싫어? 왜?

서화이 추우면 답답해.

장덕배 답답해?

서화이 갑갑하고, 숨이 막혀.

장덕배 추우면?

서화이 응. (가슴에 손을 대며) 여기가 추우면 답답해서 죽겠어.

장덕배 아하. 날씨가, 추운 게 아니고 마음이 추워지면…

서화이 그럼. 날씨가 추워지면 옷을 입으면 되잖아. 그런데 여기가 추워지면 아무것도 못해.

장덕배 그렇겠군. 그런데 누가 그렇게 거길 춥게 만들었을까.

서화이　　다.

장덕배　　다?

서화이　　모두 다.

장덕배　　모두 다, 누구?

서화이　　집에 있는 사람 모두.

장덕배　　… 남… 편?

서화이　　물론.

장덕배　　엄… 마도?

서화이　　그 여잔 우리 엄마가 아니야. 남편의 엄마지.

장덕배　　참, 그렇지. 남편은 당신을 뭐라고 불렀지?

서화이　　야.

장덕배　　이름이 뭔데.

서화이　　화이. 서화이.

장덕배　　음… 좋은 이름이군. 그럼, 그… 그 아파트엔 또 어떤 사람이 있지?

서화이　　(웃으며) 어휴. 그런 아파트가 어딨어. 삼 층짜리에 정원도 그렇게 큰 아파트가…

장덕배　　아차, 내 정신 좀 봐. 하하… 남편이 저녁에 집에 올 때,

서화이　　참, 그게 저녁이야, 새벽이지. 항상 술에 찌들어서.

장덕배　　그러면 남편의 엄마는 어떡하지.

서화이　　뭘 어떡해, 그래도 귀한 독잔데.

장덕배　　아기를 가졌는데도 그렇게 늦게 돌아오나…

서화이　　아기를 가지면 뭘 해. 남자 아기가 아닌걸.

장덕배　　아니, 남자애인지 여자애인지 어떻게 알지?

서화이　　어머, 왜 여름에 양수 검사를 받았잖아. 억지로 끌고 가서 해

놓구는. (이때부터 조금씩 표정이 어두워진다.) 결과가 여자아이로 나오니까 억지로 낙태시키려고 했어.

장덕배 세상에… 그래서?

서화이 난 안 된다고 했지. 그랬더니 날 때렸어.

장덕배 때렸어?

서화이 밥에 약까지 넣었어.

장덕배 (사이. 장덕배, 남편의 역할을 대신한다.) 야!

서화이 (겁을 먹은 얼굴로) 늦으셨네요.

장덕배 왜, 늦게 와서… 불만이야?

서화이 …

장덕배 병원에 갔었어?

서화이 …

장덕배 아니, 오늘도 안 갔어.

서화이 제발, 여보… 당신 하라는 거 뭐든지 다 할게요. 아기만은 제발…

장덕배 야, 내가 너한테 살림을 잘하라고 하니, 어디 가서 도둑질을 하라고 하니… 니네 집안 먹여 살려주고 너한테 그만큼 했으면 됐지, 그거 쬐그만 일 하나 안 하고 버티는 건 뭐야.

서화이 당신… 어떻게 그걸 작은 일이라고 말할 수 있어요. 우리 아기예요.

장덕배 우리 아기? … 후후. 야! 그걸 어떻게 믿어. 내가 네 과거를 모를 줄 알아. 옛날에 놈팽이들을 주위에 끼고 놀았다며…

서화이 여보.

장덕배 그리고, 어차피 계집애라면… 알잖아, 필요 없는 거. 우리 집안에서는… 한시가 급하다는 거 몰라.

서화이 오늘… 당신 어머님이 내 밥에 약을 넣었어요. 고의 유산을 시키려고… 정말로 미쳐버리겠어요. 여보 제발 제가 이렇게 빌게요. 아기만은 그냥 내버려둬요. 이혼을 하라면 하겠어요. 그러니 아기만은 죽이지 말아요.

장덕배 뭐야, 이 등신 같은 년이 이젠 남편한테 못 하는 말이 없어.

바닥을 친다.

서화이 악.

유달수 그만해.

장덕배 비켜.

유달수 그만해. 제발. 이런 걸 해서 뭐하겠다는 거야. 기억을 살려내서 뭘 어쩌자는 거야.

장덕배 여기서 나가는 방법은 그것뿐이야.

유달수 싫어! 나가려면 너 혼자 나가. 우린 내버려둬. 우린 서로 사랑해. 그거면 됐어. 더 이상 필요 없어.

장덕배 비열한 새끼. 넌 비겁한 새끼야. 저 여자의 기억이 되돌아오면 널 떠나게 될까 봐 겁나지? 안 그러면 이대로 살다 죽는다는 걸 알면서도 넌… 그래 난 알아. 네놈은 저 여자의 뱃속에 든 아이까지도 저주하고 있어. 네 아이가 아니란 이유만으로…

유달수 그래, 뱃속에 든 저 아이를 죽이고 싶다. 순결한 내 아내를 갖고 싶다. 그 아이 때문에 고통받는 저 여자가 불쌍해서, 아이를 죽이고 싶다.

장덕배 너도 저 계집애 남편과 똑같은 놈이야.

서화이 (소리친다.) 죽이고 싶었어. 나의 아기를 죽이려고 하는 사람들 모두. 남편, 시부모, 올케… 그 집안 모두를. 우리 아기가 너무 불쌍했어. 태어나더라도 온갖 저주스러운 사람들 틈에서 자랄 우리 아기가 불쌍했어. 그래서 죽였어. 모두 잠든 밤에 기름을 부어서 태워 죽였어. 불이 훨훨 타올랐어. 난 춤을 췄어. 아기도 춤을 췄어. 음악이 흘렀어. … 악! (비명 소리와 함께 서화이 진통을 느끼며 배를 움켜쥔다.)

장덕배 이봐, … (서화이를 부축한다.) 왜 그래… 야, 어서 눕혀.

유달수 (작은 목소리로 중얼거린다. 미친 사람의 얼굴이다.) 아이 때문이야… 아이가… 내 아내를 죽여… 모두가 저놈의 아기 때문이야.

장덕배 뭘 하고 있는 거야. 이불도 덮어주고… 빨리 눕혀.

유달수 죽여야 돼. 아기를 죽여야 돼. 죽일 거야.

장덕배를 밀치고 서화이의 배를 때린다.

유달수 아기 때문이야. 이 아기를 죽여야 돼. 죽일 거야.

장덕배 야, 이 새끼야 미쳤어? 그만해.

달려드는 장덕배를 다시 밀친다.

유달수 죽어! 죽어! 죽어! 죽어!

장덕배 그만둬! (소리친다.)

음악이 멈춘다. 오랜 침묵이 흐른다. 서화이 움직이지 않는다.

유달수 (나지막이) 그래, 됐어. … 후 후 후… 자 됐어요. 이젠 아프지 않을 거예요. 아기는 죽었으니까. 이젠 됐어요. 이젠 배도 안 아프고 피도 안 날 거예요. 후 후 후 후… (장덕배 멍하니 서 있다.) 이런 후 후 후… 작업할 시간이군요… 후 후 후… 조금만 작업하면 점심시간이에요. 그럼 여기서 쉬고 계세요. 후 후 후…

유달수 창살 쪽으로 간다.

장덕배 음악… 바꿔줄까.

유달수 … (멍하니 그냥 서 있다. 창살을 한 번 보고 천천히 돌며)

장덕배, 문으로 다가가 철제문을 그냥 연다.

장덕배 (음악을 틀고 천천히 침대 밑에서 가방 하나를 꺼낸다.) (문으로 가며) 나 좀… 어디 갔다 올 데가 있어.

유달수 어디?

장덕배 친구랑 약속이 있어서.

장덕배 열린 문으로 나간다.

유달수 (천천히) 이… 봐… 요… 톱… 날… 을… 좀… 갈아… 줄래요.

음악이 커지면서 암전.

〈시골 선비 조남명〉 중에서…① 이윤택 作

어머니, 조식

〈제가 처음 쓴 글은 상소문이었습니다〉

어머니　이 첩첩산중에 관에서 사람이 왔는데, 어떻게 그렇게 돌려보내느냐?

조식　(크게 웃으며) 나보고 임금 묘를 지키랍니다. 핫하하.

어머니　그렇게 세상에 나가는 법 아니더냐. 그래도 식솔 데리고 한양에서 살 수 있는 길인데…

조식　세상에 나가서 왜 죽은 사람 묘를 지키고 있어야 합니까! 저는 살아 있는 이 세상이 좋고 살아가는 사람들이 귀중합니다. 미관말직에 연연하여 묘지기 노릇은 못합니다.

어머니　관직의 높고 낮음이 그리 중요하더냐? 너의 선조는 구세(九世)에 걸쳐 평장사를 지내셨다. 큰 뜻을 품었으나, 보잘것없는 미관말직도 마다 않고 그 일을 천직으로 여기며 종사하셨다.

조식　옳습니다. 아버지는 이십 년 넘게 벼슬살이를 하셨지만 가난하여 장례 땐 예(禮)조차 제대로 갖출 수 없었고, 지금까지도 먹고 살 길이 막연합니다. 유산이라고는 돌아가실 때 남겨주신 글씨 한 자 "안(安)!" ―분수에 만족하거라 이 말씀이셨습니다. 저는 아버님의 그런 인생을 뒤따르지 않겠습니다.

어머니　아버질 함부로 말하지 말아라. 그분은 세상 누구보다 청렴하고 방정하게 사셨다.

조식　누구를 위한 청렴결백이셨습니까? 아버님은 살아생전 관직에서 철저하게 소외당하셨고, 막판에는 청백리란 이유 때문에 숙청당하셨습니다.

어머니　다 지난 일이다.

조식　억울해 상소를 올렸지만 누가 저희 상소를 읽어주는 사람 있었습니까? 제가 태어나서 처음 쓴 글이 상소문이었습니다. 제 아비를 위한 변명이고 탄원이었습니다.

어머니　등과 외에는 방법이 없잖느냐? 이제 가문의 명예가 네 어깨에 달려있고, 그건 돌아가신 아버지의 뜻이다.

조식　어머니, 그게 그렇게 간단한 일이 아닙니다. 소자는 지난해 과거에 낙방했습니다.

어머니　네 지식이 모자라서 떨어졌다고 생각지 않는다. 운이 없고 때가 맞지 않았을 뿐이다.

조식　그렇게도 생각지 않습니다. 어찌 글을 배운 선비로서 운과 때에 자신의 운명을 맡길 수 있단 말입니까?

어머니　(서러워진다.) 그럼 네 지식이 그렇게 얕았더냐?!

조식　내 지식이 세상과 맞지 않았기 때문입니다.

어머니　그게 무슨 말이냐?! 그럼 지금까지 네가 배운 것이 무엇이란 말이냐? 뜬구름 잡는 황당무계한 허사를 익혔느냐?

조식　내 지식이 지금 세상을 경영하고 있는 사람들의 뜻과 다르다는 말입니다. 어머니, 배웠다고 생각이 같지 않고, 세상을 바라보는 입장이 다를 수가 있습니다. 어떤 사람은 이 세상이 좋다, 잘되어야 한다, 잘될 것이다, 잘되도록 노력해야 한다, 우리 잘 살아보자 하는 입장이 있습니다. 회재 이언적 선생 같은 분이 그런 선배이시지요. 그러나 이 세상이 왜 이러냐? 이거 완전히 개판 아닌가? 정말 당신네들 왜들 이러는 거야? 목에 칼이 들어와도 아닌 건 아니지 않는가! 라고 말하는 입장도 있어야 합니다. 저는 제 아비를 위해 상소문을 쓰다가 문득 그런 생각이 들었습니다. 내 언젠가 이 세상에 대해 상소문을 쓰리라고 말입니다.

어머니 그렇다면 세상 속으로 들어가거라. 들어가서 목에 칼이 들어오더라도 아닌 건 아니라고 말하려무나.

조식 그것도 그렇게 쉬운 일이 아닙니다. 이게 아니지 않는가! 하고 말하려면 사간원 관리가 되어야 하는데, 세상이 내게 준 기회는 죽은 임금 불알이나 붙잡고 있으라는 겁니다.

어머니 그렇게 시작하면 언젠가 기회가 올 수도 있지 않느냐.

조식 지금 세상에 아니라고 말할 수 있는 자 몇이나 되겠습니까. 입바른 소리 잘하는 선비들이 오히려 사간원에 들어가기 어려운 게 요즘 세상 형편이고, 그나마 몸조심해가며 간언하는 선비들까지 추풍낙엽처럼 목이 떨어지는 세상입니다.

어머니 너는 결국 죽음이 두려운 게로구나!

조식 개죽음이 두렵습니다! 내 목에 칼을 칠 논리가 있다면 달게 받겠습니다만, 백정과 다를 바 없는 자에게 칼을 맞으면 그게 바로 개죽음이지요.

어머니 (운다.) 그렇다면, 이놈아! 이 첩첩산중에서 왜 글을 읽느냐! 차라리 오늘부터라도 똥지게 지고 논밭으로 걸어 들어가거라, 그게 더 속 편한 인생이다.

조식 그러지 못합니다. 저는 배운 자이고, 배운 자로서 걸어야 할 길은 논길이 아닙니다. 어머니, 저는 시골 독서인으로 만족

합니다. 그러나 여기서도 배운 자로서 할 일이 있을 것입니다. 두고 보십시오.

조식, 아내

〈나는 사람을 만나고 싶소〉

어머니가 퇴장하면서 아내가 아낙들과 아이들과 노래를 부르며 등장. 아내는 지게를 지고 들어온다.

아내 공부에 방해가 되는 줄 알면서도 말씀드립니다. 끼니 메우기가 곤란해서 어머님 뵙기가 민망합니다. 그만 저희 집 김해로 옮기시면 어떨지요.

조식 …

아내 처가의 신세가 부담스럽다는 것을 압니다. 하지만 늙으신 어머님께서 저렇게 날로 날로 쇠약해지시니 자식으로서 도리가 아닙니다. 평생을 아버님 공부 뒷바라지하셨고, 이제 자식 공부 뒷바라지 이십 년인데, 당신의 공부는 끝이 없으니, 우리네 여자들은 무얼 먹고 살란 말입니까?

조식 공부는 먹고 살려고 하는 게 아니오.

아내 그럼 공부는 무엇을 위해 하는 것입니까?

조식 세상의 이치를 깨닫고 인간의 도리를 다하기 위함이오.

아내 여기 시골에 살면서 어떻게 세상을 알 수 있으며, 어머니를 실망시키면서 어떻게 인간의 도리를 다한다고 할 수 있겠습니까?

조식 세상이 나를 원하지 않는 것 같소.

아내 당신이 세상을 싫어하시는 것 같습니다. 아니면 두려우신가요? 과거에 낙방하시고부터는 자신이 없으십니까?

조식 (문을 밀치고 나오며) 나를 낙방시킨 것은 세상이 아니라, 세상의 잣대요. 이제 당신까지 날 쓸모없이 밥이나 축내는 독서인으로 생각하는구려.

아내 소첩이 아니라 당신께서 스스로 그렇게 생각하시는 것 같습니다. 초야에 묻혀 사는 선비는 많습니다. 그러나 저 혼자 고결하고 잘난 인재들이 세 치 혀 말고 가진 게 무엇이 있으며, 세상을 위해 하는 일이 무엇이 있습니까?

조식 날더러 어쩌라는 것인가. 죽은 임금 불알이나 잡고 있는 묘지기 노릇이라도 하란 말인가?!

아내 왜 그런 일을 합니까? 차라리 똥지게를 지고 논길로 들어가는 것이 낫지요.

조식 그럼 내 오늘부터 똥지게를 지리다!

마당으로 뛰쳐나와 지게를 부산히 찾는다.

아내 지게나 질 줄 아십니까? 똥지게도 아무나 지는 게 아닙니다. 잘못하면 옆으로 자빠져서 똥 밭에 묻히기 십상입니다. 본인이 할 수 있는 일을 하십시오.

조식 (한숨) 내가 할 수 있는 건 글을 읽는 내 큰 머리통, 그리고 이 세 치 혀뿐일세.

아내 그럼, 그 큰 머리통과 세 치밖에 안 되는 혀가 바로 당신의 재산입니다.

조식 이걸 어디다 쓰려구. 개도 물어 가지 않을걸.

아내 개가 왜 물어 갑니까? 개에게 필요한 건 똥이고, 글을 배우려는 자들은 당신의 머리와 세 치 혀를 필요로 합니다. 당신을 필요로 하는 곳에 나가십시오.

조식 거기가 어디란 말이오?

아내 제 친가가 있는 김해로 가십시다. 거기서 서당을 짓고 학문을 일으키십시오.

조식 거기 글 배울 자들이 있을까?

아내 그곳 사람들처럼 개방적이고 진취적인 사람들도 없습니다. 과거에 연연하지도 않으며 무작정 한양만 바라보고 목을 매달지도 않습니다. 차라리 그곳에 가서 당신의 뜻을 펼친다면 보람이 있을 것입니다. 여기서 이렇게 무위도식할 바에야 선비를 대접하는 곳에 가서 세상과 만나십시오.

조식 흠, 그 좋은 생각인 것 같소. 그래 한양만 세상이 아니지. 그래 가 봅시다. 나는 지금 같이 뜻을 나눌 사람과 만나고 싶소.

칠수, 만수

다시 조명 바뀌면 기차 소리 들린다.

칠수 기차 소리 처량하구나. 그쪽 다 칠했냐?

만수 응.

칠수 내려가자. (14층으로 캘린더 넘긴다.) (노래한다.)
"기찻길 옆 오막살이 아기아기 잘도 잔다. 칙폭 칙칙폭폭 기차 소리 요란해도 아기아기 잘도 잔다." 기차 소리 들으니까 옛날 생각난다.

만수 너두 고향 생각하니?

칠수 내가 고향이 어디 있냐? 삼팔따라지 집안에 기지촌 출신이 고향이 어딨어?

만수 정들면 고향이지 고향이 따루 있나?

칠수 넌 그래두 어머니 살아계신 고향이 있잖아 수부리래매?

만수 너두 아버지 살아계시잖아? 뵙고 싶지 않니?

칠수 새장가 들었다는 소리는 들었어, 괜히 이쁘지도 않은 내가 들이닥쳐서 평지풍파 만들 거 있냐? 난 솔직히 식구들한테 애정이 없어. 우리 꼰대 아직 용주골에서 뭉개는 모양이더라. 인제 미군 다 빠져서 벌이가 시원치 않을 거야.

만수 너 형두 있다며?

칠수 음, 소식은 몰라. 서로 신경 쓸 만큼 정이 없으니까. 어디서 대충 애 싸질르고 밥 먹구 살아 있겠지. 우리나라에서 최근에 굶어 죽은 사람 있다는 얘긴 못 들었거든.

만수 형 미워하냐? 동기간에 그러는 거 아냐! 내리사랑은 있어도 치사랑은 없는 법이야.

칠수 새끼, 알지두 못하는 게 꼭 논설 까구 나와. 야! 너도 나만큼 터지구 살다보면 그런 말은 안 나올 거다. 쪼그말 땐 아부지 담배 쌔벼 오라구 패구, 아부지는 쪼그만 게 담배 쌔벼 핀다구 패구, 형 새끼는 고자질한다구 패구, 심부름 안 해준다구 패구 , 기분 나쁘다구 패구, 신나게 패면 좆나게 터지구. 아부지 술 취한 날은 둘이 같이 터져. 형 새끼 용주골에서 꼴통으로 유명했다. 워낙 성질이 개 같아서 곱게 살지는 못할 거야. 난 종고 다녔는데 고2 때 그림 잘 그리던 친구 한 놈이 있었는데 고아야. 그 친구랑 아부지 주머니 슬쩍 털어 가지구 붕~ 시외버스 타구 서울로 날랐지.

만수 넌 버스 탔냐? 난 기차 타고 왔다. 다 저녁때 영등포역에 내렸는데 서울이라는 게 꼭 재 뿌려논 뒷간 같이 온통 뿌옇더군. 그게 엊그제 같은데 벌써 5년이나 됐어.

칠수 그동안 고향에 한 번두 안 내려갔냐?

만수 응 그렇게 됐어. 중학교 졸업하고 읍내 문화 극장 미술부에서 일하다가 이종사촌 형님 소개로 이 도시에 올라왔어. 뻔하잖아. 간판쟁이 시다 노릇. 여기는 작년에 들어왔어. 한 일 년 밧줄 타니까 처음엔 좀 무섭더니 이젠 이력이 났어.

칠수 (유행가 〈seoul, seoul 럭키 서울〉) 야, 난 처음 서울에 올라와서 권투 도장에 찾아갔다. 나도 용주골에선 꼬마들 사이에 알아주는 주먹이었거든! 야, 나 처음 서울에 올라와가지고 종팔이 형님하고 운동할 때 명우 걔 라면 끓이고 정구는 걸레 빨았어, 너 잘 알지? 유명우, 장정구. 그때, 내 이 레프트에 안 떨어지는 애 없었거든? 그때 내 별명이 공포의 왼빼 아니냐 공포의 왼빼 음! (권투 장면 마임)

만수 아, 예 장칠수 선수, 기가 막히게 잘하고 있습니다. 라이트 잽 잽 레프트 레프트 어퍼컷 다운 다운됐습니다. 완, 투, 쓰리, 케이오! 케이오! 아 예 장칠수 선수 참피온 먹은 소감이 어떻습니까?

칠수 (헉헉거리며) 대통령 각하 영부인께 감사드립니다. 그리고 성원해주신 국민 여러분께 감사드립니다. 관장님, 코치님, 경복상사 문 사장님 진지방 정 사장님 홍익미술학원 유 교수님 모두모두 감사합니다. 그리고 후원회 최영민 회장님 최헌진 부회장님께도 감사드립니다. 내가 이럴 줄 아냐? 내가 골이 쉈냐? 난 안 그래. 연아, 연아, 연아! 연아가 누구냐고? 헤헤, 강수연.

만수 연아가 누구냐?

칠수 강수연. 넌 영화도 안 보냐?

만수 꿈 한번 야무졌구나. 그런데 왜 포기했냐?

칠수 삼 년이나 쫓아다녔는데 타이틀전을 안 붙여주잖아. 날 몰라주는 거야. 그때 관장이 이상했어. 날 밀었어야 돼. 너 수환이 잡은 카르도나 알지? 그 새끼 완전 내 스타일이었는데 말이야….

만수 꿈 깨라 꿈 깨! 자식아.

칠수 그래도 싸나이에겐 일생에 세 번 기회가 온다니까 두고 봐! 난 성공할 거야. 일간 장칠수가 이따위 페인트통에 목숨 걸

줄 알아. 두고 봐! 나 이거 때려치우고 남부럽지 않게 살 거야! 남 부럽지 않게 살 거라고! 난 꼭 잡을 거야, 난 말야 이 빵끼쟁이가 적성에 안 맞아. (칠수 칠한 것을 지운다.)

만수　얌마!

칠수　다시 칠하면 될 거 아냐?

만수　그래 무슨 계획이라두 있냐?

칠수　아직은 뭐라구 말 못하겠어. 하여튼 일단 때려칠 거야.

만수　작게 먹고 가늘게 싸라. 잘될 놈은 따로 있는 거야. 개 꼬랑지 3년, 지나고 봐야 개 꼬랑지야.

칠수　새끼 또 논설 까네. 마 너두 빨리 정신 차리고 직업 바꿔. 빵끼 속에 니 인생 처박지 말구.

만수　이만한 직업도 없어. 이 도시 한복판에 그것두 이렇게 높은 빌딩 꼭대기에서 일하는 것두 우리 같은 촌놈들 출세한 거지. 이 꼭대기에 앉아 있으면 누가 감시를 하니, 잔소리를 하니? 사장두 임마 우리보구 이 젖통을 특별히 맡기는 거니까. 잘해 달라구 따루 불러서 부탁했잖아.

칠수　사장이 정말 생각해서 널 불러 달콤한 이야기 속삭이는 줄 아냐? 다 지가 아쉬울 때 하는 소리야. 너 같은 쪼다 꼬시느라구 지가 등 따시고 배부르면 너 같은 쪼다한테 왜 아쉬운 소리 하겠냐? 하면 된다구? 하니까 되디? 쥐구멍에 볕들 날 있다구? 볕들어봐야 쥐새끼들 눈이나 부셔. 칠전팔기? 웃기지 마. 수환이도 약하게 맞으니까 발딱발딱 일어섰지. 세게 맞아봐라. 그러니까 너도 빨리 때려쳐. 야, 만수야 너 지금부터 달리기해라. 우유는 내가 사줄게.

만수　야, 우리 은행이나 털까?

칠수　　좋지.

(함께) "칠수와 만수 깽!"

따따따따… 따따따따… 따따따따…

칠수　　쉿 쉿 쉿 손들어. 움직이면 쏜다.

만수　　뒤로 돌아. 대가리 박아. 너! 뒤로 돌아보지 마!

칠수　　야! 맨 앞에 앉은 사람 주루루루 주머니에 있는 거 다 털어놔! 들어올 땐 맨 앞줄이 제일 좋은 줄 알았지.

만수　　야, 이 병신아! 은행에 들어와서 주머니 터냐? 금고 털지.

칠수　　너! 금고 열어. 빨리빨리 자루에 담아, 안 담아?

만수　　야, 얼마나 되냐?

칠수　　돈 내놔. 돈 내놔. 에이! 쉬 쉬 강도 앞에서 웃어? 사시미 칼 가지고 올 걸 그랬나? (관객에게) 돈 없어요? 정말 없어요? 없댄다. (함께) 가자.

만수　　미친 놈. 낄낄낄.

칠수　　낄낄낄. 신문에 쫙 나는 거야. 미스테리! 한국은행 본점에 오늘 2인조 깽 침입! (말 타는 흉내.)

만수　　현금 200억을 강탈하여 유유히 사라지다. 수사는 오리무중!

칠수　　드디어 우리나라 범죄도 선진국형으로!

만수　　잘하면 안 잡힐 수도 있을 거다.

칠수　　정신만 똑바로 차리고 있으면 돼. 두고 봐. 앞으로 나 만나기 어려워질 거다.

만수　　헛소리 그만해라. 해 넘어간다. 저쪽 애들 벌써 다 내려갔잖아. 야! 오늘 시마이하고 내려가자.

칠수 그래. 아이 씨 오줌도 마려운데.

만수 조금만 참아. 내려가서 싸자.

칠수 (아래를 보고 다시 위를 보고) 야! 올라가서 싸자.

만수 뭐?

칠수 우리 꼭대기 올라가서 시원하게 오줌이나 갈기구 가자.

만수 그러다가 잔소리 듣는다. 장난 말구 내려가.

칠수 야! 일 끝난 다음엔 우리 마음이야. 올라가.

만수 미친 놈— 좋아, 곤도라 올려라 그럼.

칠수 캘린더 넘긴다. 15, 16, 17, 18, 19, 20, 옥상이 나온다.

정철, 희숙, 정애, 달이

벽돌 건물의 이 층

저녁나절.

희숙은 장사하는 담배를 챙기고 있다.

철이, 나타난다. 얼굴은 매우 명랑. 손에는 무언지 종이에 싼 것을 들었다. 그는 노동복을 입었다. 일하고 오는 것이 분명하다.

철 (조심스럽게) 사모님은? (희숙은 불안하여 어쩔 줄 모른다.) 어디 갔지?

희숙 … 일.

철 무슨 벌인데?

희숙 … 벽돌.

철 오오, 폭격당한 집터에서 성한 벽돌을 고르는 거? 그러면 장사치가 와서 사간다구? (종이에 싼 것을 풀며) 오늘 나도 일했어. 며칠 만에. 그래 이거 샀지. (내놓으며) 바나나. 희숙인 바나나 좋아했겠다? 6·25 전에… 먹어. 이 전투 지구에서 바나나란 참 귀한 거야. 이건 또 뭔데? 알아맞혀봐. (하며 종이에 싼 것을 또 하나 들어 보인다. 희숙은 대답을 하려 들지 않는다.) 희숙이가 보면 깜짝 놀랠 물건인데… 그래도 몰라? (희숙의 대답을 기다린다. 전혀 아무 말이 없다.) 그러면 보여주지. 놀래지

마. 자아, 이거! (하며 꺼내 보인다. 몇 자루의 화필과 캔버스 · 색채 · 목탄 · 종이 등 화구 일체이다.)

희숙 (깜짝 놀란다. 그러나 내색은 하지 않으려고 애쓴다.)

철 고물상에 이게 마침 있었지. 희숙이 소원이자 내 숙원인 그림을 나는 그릴 거야. 그래, 희숙이가 만족할 수 있는 작품을 제작할 테야. (하며 목탄으로 희숙의 앉아 있는 포즈를 스케치한다.) 희숙이! 희숙인 이전과 같이 나체 모델이 또 돼주겠지?

희숙 (찔린 듯이) 나체 모델? (하며 무의식 중 자기 왼쪽 편 젖가슴에 손을 얹는다.)

철 희숙이가 모델이면 틀림없어. 또 특선이다! 틀림없어! 자아, 스케치한 내 솜씨를 봐. (하며 그린 그림을 보인다.)

희숙 (솟구쳐 나오는 울음을 참으려고 입술을 깨문다.)

철 희숙이, 어디가 언짢은 거 아냐? (희숙이 가슴을 움켜쥐고 있는 것을 보고) 가슴이 아픈 게군? 어떻게 아파? (하며 옷 위로 만져 주려 한다.)

희숙 아니야. (하고 기겁을 하여 피한다.)

철 그러면 왜 그러는 거야. 내가 다시 붓을 들게 된 걸 좋아해주지도 않고…

희숙 … 오늘은 열이 좀 있구, 기분이 좋지 못해… 그래서 그래.

철 6·25 전에는 희숙인 참 건강했었는데, 얼굴빛이 정말 좋지 못해. 어디 병이 있어?

희숙 정말 소원야, 가줘.

철 혼자서 불편하잖어? 물심부름이라도 해줄 사람이 있어야지. 더구나 내가 못나서 의용군으로 끌려나가서 이렇게 약해진 건데…

희숙 괜찮어.

철 조금도 불안하게 생각지 마. 6·25 전엔 내가 밤을 새가며 희숙의 병간호한 적도 있잖았어? 인제 사모님도 양해하셨으니까, 마음을 놔. 참 너그러우신 분야. 내가 저지른 죄가 그렇게도 엄청나지만 우리의 전정을 위해서 당신의 감정을 희생하셨어. 정말 인격자셔. 난 무슨 일을 해서라도 그 속죄를 할 결심야. 내가 그렇게 하기 위해선 우선 내 생활을 바로잡아야 하고 그러자면 희숙이가 날 뒷받침해줘야 돼. 그래야 되잖어? 희숙이. (불타는 눈으로 입술을 접근시킨다.)

희숙 아이. 왜 이래. (하면서 피한다.)

철 뭐가 부끄러워? 우린 약혼 후엔 키스만은 하기로 했잖았어? 실상 그 후 얼마나 많이 했는데… 만날 때마다 남의 눈을 피해서. 옳아, 너무 오랫동안 뜸해서 멋쩍어진 거로군. 사실은 나도 좀 서먹서먹해지긴 했어. 자아 희숙이, 줄 사람이 그렇게 빼면 청한 사람이 더 무안하잖어? 이리와. (손을 잡아끈다.)

희숙 놔요! (하며 뿌리친다.)

철 정말 이러기야? 그럼 강제로라도. (대든다.)

희숙 안 돼! 안 돼! (하고 자기의 불구된 육체에 이성의 손이 닿을까 봐, 기를 써 몸을 빼려고 한다. 그러나 철에게 꼭 껴안겨 희숙은 강제적으로 키스를 당하고 만다. 희숙은 쓰러져 운다.)

철 (씨근거리며) 아니 뭣이 분해서 우는 거야? 입술을 대선 안 될 사람하고 입을 맞췄단 말야? 왜 이러는 거야? 말을 해! 말을!

희숙 가요! 가! (하고 소리 지른다.)

철 옳아, 내가 다른 여자하고 놀아서? 그래서 나를? 희숙이, 그게 날 안 붙이는 이유야?

희숙　그래! 그래서 그래! 가요! 가요. 제발!

철　희숙이, 그건 정말 내 큰 실수야. 용서해요. 희숙이! 인젠 다시 안 그럴게. 안 그래.

희숙　(사람 오는 기척, 문 쪽에서 나니까 뛰어가며) 에구, 언니!

최정애, 하루의 노동을 마치고 나타난다. 철, 처벌을 기다리는 중죄인과 같이 꾹 섰다.

정애　(철에게) 미안하지만 자리를 비켜주우. 우리 달이가 올라오니까. 그 애가 학생을 보면 또 기겁을 할 거야. 그러면 또 며칠 드러눕게 돼.

달이의 '아가야 자장자장'의 창가 소리 들린다. 철이 벽에 피해 선다. 달이, 인형을 안고 창가를 부르며 방으로 들어선다.
철. 실망한 듯 고개를 떨어뜨리고 나간다. 포 소리 울린다.

달이　고모, 엄마가 이거 사주었어. (안고 온 인형을 준다. 희숙이, 받아 본다.)

정애　(창밖을 내다보며) 오늘 밤에 또 한바탕 싸울 모양이군. 벌써부터 포 소리가 요란하고 거리엔 인적이 끊어진 걸 보니…

달이　춥다. 여기 누워라. (인형을 이불 밑에 묻으며 '아가야, 자장자장'을 가만히 계속한다.)

희숙　언니, 철이한테 단호하게 한마디 해줘요. 언니로서는 절대로 결혼을 허락할 수 없다고. 언니가 흐리멍텅한 소릴 해놓으니까, 철이는 결혼할 것으로 아주 작정하고 있다우. 나는 괴로워 못 견디겠어.

정애 작은아씨, 눈 딱 감고 그만 해버려요, 결혼.

희숙 (눈이 둥그래지며) 미쳤구려. 언니.

정애 철이의 정열은 막을 수 없어. 사뭇 제방에서 터져 나오는 강물이야. 그런 정열적인 사람은 첨 봤어.

희숙 그러니까 더더군다나 추한 내 몸을 뵐 수 없잖어요?

정애 인생은 도박이란 말이 있잖어? 결혼 역시 그래. 그러니까 그만 도박장에 나가는 셈 치고.

희숙 어머나! 그 무슨 소리요?

정애 어차피 작은아씨가 혼자 살 결심인 바에야 철이와의 결혼이 실패로 돌아가면 어때? 결국 혼자 살긴 매일반일 텐데…

희숙 그 말은 너무 무자비해요.

정애 인생을 어렵게만 생각지 마, 제발.

희숙 지금 옷 한 겹으로 내 육체를 가렸기 망정이지 이것만 벗으면 얼마나 무참한 비극이 숨어 있는가 언니는 빤히 알고 있잖아요? 그러면서 어떻게 그런 소리를? 그게 언니의 진심이라면 언닌 여자가 아냐. 정말야. (훌쩍거린다.)

정애 작은아씨는 상대편을 너무나 사랑하고 애끼는 마음에서 그에게 환멸을 느끼지 않게 하기 위해서 결혼을 안 하려 하지만, 그건 상대방을 위하는 게 아냐. 만일 작은아씨가 이대로 뻗쳐, 결혼을 아주 거부한다손 쳐봐. 그때 그 사람은 어떻게 돼? 다시 구할 수 없는 타락의 길로 반드시 빠지고 말아요. 이번에 보니까, 그의 성격은 몰라볼 만큼 거칠어지고 광폭해졌어. 6·25 전관 딴판야. 그건 그에게서만 보는 현상이 아니고 우리 젊은이가 거의 다 그렇게 됐지만 이건 이번 동란에 그들이 너무도 참혹한 꼴을 많이 당했기 때문일 거야. 이런 경우에 또다시 절망의 구렁텅이에 빠져봐. 클레오파트란지 하는 저 앞집 계집하고 밀려다니는 걸 걱정했지? 이번엔 그런 유가 아닐 거야.

희숙　(부르짖다시피) 아아, 어쩌다가 내 그 파편을 맞았담. 파편을 맞았으면 그 자리에서 즉사나 했더라면 아무 일 없을걸. 뭣 땜에 이렇게 살아났담! (몸부림치며 운다.)

정애　이번 난리에 몸을 다친 사람이 어디 작은아씨뿐요? 눈을 뜨고는 바로 볼 수 없을 만한 사람들도 있잖우? 그래도 살고 있어. 그러니 자기의 불행에 너무 사로잡히지 말고 태연하게 살아요. 마치 유유히 흐르는 강물과 같이.

희숙　듣기 싫어! (참을 수 없다는 듯이 내쏜다.)

달이　어머니! (놀라 정애에게 꽉 매달린다.)

정애　어딜 가?

희숙, 대답도 없이 층계로 올라간다.

달이　(방문턱까지 나가서 희숙의 뒷모양을 바라보며) 고모, 옥상으로 올라가.

정애　둬두어. 찬바람이나 좀 쏘이게… (포 소리 은은히 들린다.)

클레오파트라, 미꾸리, 희숙

한 길가 벽돌 건물의 옥상

클레오파트라는 자기의 처소에서 창문을 열어놓고 화투장을 떼고 있다. 간간이 담배를 쑥 빨아 그 연기를 날린다.

미꾸리, 시장 쪽에서 촐랑거리고 들어온다.

클레오파트라 벽돌 왜 안 데리고 와?

미꾸리 틀렸어.

클레오파트라 어디 있기에?

미꾸리 역시 그 창고야, 애초에 갔다던.

클레오파트라 내가 아주 싫어진 게군! (화투장을 모아놓고는 옥상에 나와 선 희숙을 턱으로 가리키며) 없애버려.

미꾸리 누굴?

클레오파트라 옥상에 나와 있는 저 똥갈보가 안 뵈? (하고 내쏜다.)

미꾸리 저까짓 걸 없애서 뭘 해?

클레오파트라 저게 없어져야 그 녀석이 쓸모가 생겨. 미친개가 돼서 우리 밑으로 기어든단 말야. 발악은 절망에서 생기는 거니까. 빨랑 옥상에 올라가서 같이 포 소리 나는 미아리 쪽을 바라보는 체하고 획 밀어버려. 그러면 아래로 거꾸로 백힐 게 아냐? 갈 데 있나, 뒈지는 수밖에… 더구나 포 소리 나는 땅을 빼고 행길엔 개미새끼 한 마리 없겠다, 이런 좋은 기회가 어딨어? (미꾸리, 아무 대꾸 없이 담배만 빨고 있다.) 아니 내 소리가 안 들려?

클레오파트라, 소리를 빽 지른다. 미꾸리, 피우던 담배를 문지방에다 빡빡 문질러 버리고는 결심한 듯이 층계로 올라간다. 옥상에서 뛰어내려 자살을 도모하려던 희숙이, 사람 오는 기척에 주춤한다.

미꾸리 (옥상에 나타나 희숙에게) 저녁 먹었나? 왜 요즘은 열심히 담배 안 파누? (희숙은 자기 생각에 잠긴 듯 말대꾸를 하려 들지 않는다.) 포 소리가 어디서 나지? (목을 쭉 빼서 바라보며) 역시 미아리 쪽이로군! 오늘 날씨가 흐리니까 괴뢰군 녀석들 발악을 하려 드는 모양이군. 비행기가 무서워 꼼짝 못 하다가… 행, 아무리 발악을 해도 이번엔 쉽사리 서울을 빼앗을 수는 없을걸. (이때에 프로펠러 소리 난다. 비행기다. 하늘을 우러러본다. 조명탄 하나, 공중에 매달렸다. 낮보다 더 밝게 주위를 비춘다.) 저게 조명탄이로구나. (부셔서 눈을 가린다. 휙 나는 포탄 하나 여음을 길게 빼며 옥상 위를 스쳐간다.) 엎드려라. (옥상 콘크리트 바닥에 딱 엎드린다. 희숙, 화석같이 섰다.) 저게 죽을려구 그래?

치열한 포 소리 쏟아져 나온다. 땅이 울리며 집이 흔들린다. 가까이 날아온 포탄 하나 터진다. 벼락 같은 소리와 함께 유령처럼 서 있던 굴뚝 허물어진다. 미꾸리, 으아, 비명을 지른다. 희숙은 그 틈에 투신하려고 지붕 끝으로 나온다. 미꾸리, 희숙에게로 달려간다.

클레오파트라 (한길에서 미꾸리의 일동일정에 전 신경을 집중하여 손에 땀을 쥐고 있다가, 이번에야말로 희숙을 떠밀어버리는 줄 알고) 옳다! 됐다!

그러나 미꾸리는 희숙을 떠다밀기는커녕 희숙을 투신 못하게 붙들어준다. 조명탄 꺼지며 하늘 다시 어두워지고 사자후하던 포 소리 다시금 줄어든다. 희숙은 자기의 방으로 내려간다. 미꾸리도 옥상에서 물러난다. 약이 그의 머리끝까지 오른 것이다. 미꾸리, 현관으로 들어가자, 그 뒤를 따르는 클레오파트라, 문을 부서지라고 닫는다.

양식 목조건물의 실내.
클레오파트라, 들어선다. 미꾸리, 힘없이 섰다.

클레오파트라 (화가 치밀어 바들바들 떨며) 에이 멍텅구리! 머저리! 쫌보! 못난이! 반편! 사내가 배때기에다 철판을 깔고도 못 사는 세상에 고까짓 피조리 한 마리를 못 잡아? 그래 이 다시없는 찬스를 놓쳐?

미꾸리 (가만히) 클레오파트라, 내가 임자 밑에서 놀긴 하지만, 임자가 말하는 것과 같은 멍텅구리가 아냐. 난 수지가 맞지 않은 일은 애당초부터 하잖기로 하고 있으니까. 만일 내가 그 피조리를 없애봐. 어떻게 돼? 난 구린 밥 먹고, 임자는 그 놈팽이하고 재미보고… 이런 손해를 어느 개자식이 봐. 그리고 난 또 널 남의 손에 넘겨주고 싶지 않어. 돈에 욕기가 나서 그 덥치한테 방을 비워주고 이불 싸들고 이층으로 올라가서 내가 얼마나 후회했다구.

임자가 일을 위해서 그 젊은것하고 상종하다가 빠져버린 것처럼 나 역시 그새 네게 정이 든 모양이야. 처자가 있는 놈이 이 무슨 망동이냐고 내가 내 손으로 내 대갈통을 치기도 했어. 그러나 틀렸어. 역시 내 맘은 널 꽉 붙들고 있는걸. 이 생활이 길게 가다간 그 젊은 놈의 가슴에 칼을 꽂게 될는지 몰라. 그러니 쓸데없는 생각 말고 다른 빈집 찾아서 둘이서 오붓하게 살아. 적게 먹구 가는 똥 싼단 말 있잖아?

클레오파트라 아따, 휭휭 날으는 저 포탄이 가는 똥인들 싸라고 가만두나?

미꾸리 클레오파트라, 아무리 자네가 침을 흘려도 그 놈팽인 깍쟁이 패에 끼일 작자가 아니라는 걸 알아둬. 우리의 정체를 알면 자식의 성미에 단박에 우리마저 죽이려 들는지 몰라.

클레오파트라 남의 걱정 말고 소원대로 만년 소매치기, 쓰리꾼, 날치기, 좀도적으로 살아! 그게 싫거든 본업으로 돌아가서 길거리에 나앉아 도장이나 파먹든지, 난 인제 지긋지긋해. 나으리에게두 끌려다니구 싶지도 않구. 이 원수! 냉큼 나가!

미꾸리 이렇게 야박하게 굴 테냐?

클레오파트라 안 나가면 알지? (하면서 침대의 매트를 들고 권총을 꺼낸다.)

미꾸리 젊은 놈의 맛을 보더니 이게 아주 환장을 했군.

클레오파트라 뵈기 싫다는데 왜 안 나가고 이래? 나가! (하며 쏠 듯이 권총을 내민다.)

미꾸리 나갈 테니까 참아! 또 쏘지 마!

클레오파트라 빨랑! 빨랑! (기를 쓰고 소리친다.)

미꾸리 에이, 성미두! (하며 미끄러지듯, 현관 밖으로 내뺀다.)

장정, 은정

은정의 방

은정 들어온다. 그녀는 넋 나간 표정이다. 문득 가슴이 미어져라 울상이다.

장정 (소리만) 은정아, 은정아.

은정은 손에 쥐고 있던 휴대폰의 번호를 누른다. 상대가 전화를 받지 않는다. 휴대폰을 덮는다.

은정 아 참. 어딜 갔담!

은정. 유선 전화기의 수화기를 든다. '뚜-' 하는 신호음이 길게 울린다. 수화기를 내려놓는다. 은정, 후닥닥 일기장을 집어 돌에 새기듯 힘주어 거칠게 쓴다.

은정 미친년놈들, 나쁜 놈, 죽일 년, 내 앞에서까지 그럴 수가. 한 달 전엔 나하고였는데, 이럴 수가 없어. 오빠가 날 정말 좋아 했다면, 그러면 안 돼. 하필이면 내 가장 친한 친구를. 바로 내 눈 앞에서…

방문을 두드리는 소리가 요란하다. 은정. 노트를 북북 그어댄다.

은정 아아 더러워. 나쁜 년. 다 알면서. 그년이 가로챘어. 훔쳐간 거야. 내 거를. 둘 다 못 봐, 그 꼴 어떻게 봐. 날 차버리다니. 왜 날 차. 남자들은 다 그랬지. 죽을 때까지, 평생, 나만 위하고, 나 없음 죽을 것처럼 굴더니. 날 망쳐놓고, 지만 도망가고, 것도 딴 여자랑, 것도 내 친구랑, 나한테 눈멀어, 바보 돼서, 세상 못 살 등신 된 줄 알았더니. 딴 꿍꿍이 차리구. 난 멍충이야, 뻔한 걸 또 속아, 차였어. 맨날 이래. 맨날!

장정 은정아— 문 열어.

문 두드리는 소리가 울린다. 은정, 노트를 집어 던진다.

은정 난 더러워, 아무 데나 가랑이 벌려대고, 누가 좋아하겠어. 난 싸구려야, 난 헤퍼, 난 헤헤거려, 하지만, 하지만, 누가 날 좀 안아준다면, 누구든 함께 사랑할 수 있다면, 그럼 살 것 같은 걸 어쩌라구, 이렇게 무섭진 않을 텐데 어쩌라구. 그래도 어떡하나, 외로운 건 무서운걸.

장정, 문을 박차고 들어온다. 은정, 놀라 움츠러든다.

장정 너, 왜 집에 있니? 말해봐. 학원 왜 안 갔어? 너 언제부터 안 나간 거냐? 응? 말해. 응?

은정, 달아난다. 장정은 쫓지만 은정은 테이블 밑으로 숨는다.

은정 좀 내버려둬!

장정 내버려두라고? 너 그 돈이 얼만지나 알아? 내가 어렵게 타낸 현상 공모 상금이야. 그 돈 절반도 넘게 너 줬다. 근데, 겨우 한 달도 안 다니고, 그렇게 졸라대서 보냈더니, 왜 안 다녀? 응? 이러구 방에만 처박혀서 왜 그러냐?

은정 재미없어!

장정 재미없다구? 니가 디자인 꼭 배워야 한다고 안 했냐? 아, 그래 니가 드디어 하고 싶은 일이 생겼구나. 좋은 일이다. 뭐가 되었든 니가 하고 싶은 맘이 생겼다는 게 중요하다. 해라. 안 그랬냐? 근데 왜 그래? 하기로 마음먹은 거 끝까지 가봐야 할 거 아냐? 응. 끝까지 해보고 나서 재미있다 없다 해야지. 하다 말고. 응. 하다 말고. 어떻게 알아. 벌써 몇 번째야. 쪼금 해보고. 아니다, 아니다, 미용 기술도, 피부 관리도, 복장 학원도, 저거 슬쩍 건드려보고, 이거도 안 맞다, 도대체 언제까지 그럴래? 니가 원하는 게 뭐야? 뭐가 되든 좋아. 니가 정말 하고 싶은 게 뭐냐니까? 그거면 돼. 니가 정말 원하는 대로 해보란 말야.

은정 (울먹인다.) 몰라, 몰라, 나도 모른단 말야. 이거도 하고 싶고, 저거도 하고 싶어. 근데 또 해보면 다 재미없어. 나한테 재주도 없어. 딴 애들은 금세 하는데, 난 실력이 늘지도 않아.

장정 고거 쪼금 하고 난지 안 난지 어떻게 알아!

은정 안단 말이야. 그냥 따분한데, 지겹기만 한데, 어쩌라구.

장정 … 너 그러다 평생 그 꼴이다. 평생 암것도 못해.

은정 그래, 나 그럴 거야. 나더러 어쩌라고, 나도 속상해. 나도 뭐든 열심히 해보고 싶은 마음 굴뚝같지만, 아무 데도 재미 붙이지 못하겠는걸. 어느 것도 자신 없고, 어쩌겠어. 뭐든 어렵기만 하고, 재미도 없고… 오빠 말대로, 나 정말 원하는 게 뭔지 모르겠어. 그냥 다 암담해. 그런데 나더러 어쩌라고. 아무리 윽박질러도 아무 맘이 안 생기는 걸 어쩌라고…

은정, 흐느낀다. 장정, 휴대폰을 발견한다.

장정 너, 핸드폰!

은정, 휴대폰을 재빨리 숨긴다. 여전히 운다.

장정 그거 어서 났냐? 돈은 어서 났어? 학원비로 산 거 아냐?

은정 (서러움을 항의하듯 단호하게) 아냐, 아냐, 아냐, 아냐!

은정, 또 운다. 장정, 물러선다.

장정 너는… 정말…

사이, 장정, 뒷주머니에서 책을 하나 꺼낸다. 〈폭풍의 언덕〉이다. 책은 손때가 겹겹이 껴 있다.

장정 너, 이거 좀 읽어봐라.

은정 …?

장정 〈폭풍의 언덕〉이다.

은정 싫어.

장정 왜? 읽어봐.

은정 영화, 봤어.

장정 영화, 그거 가짜야. 이걸 읽어. '히드클리프' 를 봐.

은정 싫어. 그 사람 너무 끔찍해.

장정 그렇지. 잘 봤어. 그래도 영화는 너무 멋있게 그렸어. 미화시켰다구. '히드클리프' 한테 너무 연민을 일으키게 만들었어. 사실 소설에서 '히드클리프' 는 아주 비열하고 악마 같지. 그런 사람은 될 수 있는 한 마주치지 않기를 빌고 싶은 인간이야. 그래도 그는 위대해. 웬 줄 알아? 정열적이야. 폭풍처럼. 그 정열에 주위 사람들이 다 다치지. 그는 공포야. 결코 사랑받을 수 없는 자야. 하지만 무시할 수도 없지. 결코, 그 누구도, '히드클리프' 만 한 열정과 정열을 못 가졌으니까. 그에 비하면 다른 사람들은 비리비리해. 무기력한 열등아들이야. '히드클리프' 의 열정은 단 하나야. '캐시'. 그가 아무리 비열하고 악마라도 '캐시' 에 대한 정열 하나만으로도 용서받아야 해. 그는 매혹적이야. '히드클리프' 는 살아있어. 그 정열로! 읽어봐. 읽고, 뭐에든 좋으니, 정열을 일으켜봐. 그 꼴이 뭐냐? 정열이 없는 사람은 죽은 거야. 뭐든 좋아. 니가 진짜 정열을 일으킬 수 있다면 다 좋아. 미친 듯이 연애를 해도 좋고, 그래서 애가 생겨도 뭐라 않겠다. 노는 거든, 일이든, 맘 좀 붙여봐라. 선하든 악하든. 니가 열심인 거 한번 보자. 자, 응? 받아, 응?

장정, 책을 은정의 코앞에 자꾸 들이민다. 은정, 책을 밀친다.

장정 읽어. 응?

은정, 마지못해 책을 받는다.

장정 그래, 됐어!

장정, 흐뭇한 마음이 되어 나간다. 은정, 책을 후루룩 넘겨보다 집어 던진다. 아코디언이 연주된다.

김순천, 장 순경, 차 대장, 신정하, 영화감독, 그 외

역사 앞에서

장 순경, 영화배우, 집길 역 배우, 종석 역 배우, 영화감독, 촬영 스탭, 신정하 일렬로 세워지고

김순천 정렬! 모두 일렬로 서라구.

장 순경 왜 이러시오! 나는 18연대 전투경찰이오.

김순천 (장 순경의 정강이를 세차게 걷어찬다.) 닥쳐, 이 새꺄! 18연대 전투병이 왜 뒈지지 않고 기어 내려와! (장 순경의 멱살을 잡아 들며) 너 빨갱이지.

장 순경 아, 아니 전투경찰보구 무슨 말이오.

김순천 그럼 왜 얼굴이 빨개져 임마.

장 순경 썅! 이손 놓으면 하얘지지.

김순천 어디 보자. (손을 놓고 장 순경의 머리끄덩이를 잡아 올린다.) 그래도 빨갛네. 넌 왜 안 죽구 살았니.

장 순경 내 사주팔자가 명이 좀 길어.

김순천 이 새끼. (몽둥이를 잡아 들고 친다.)

장 순경 아이고, 씨팔 나 이 짓 때려치우고 집에 갈란다.

김순천 뭐? 집에 간다고? 이 자식 웃기네.

장 순경　　그래, 배 곯아가면서 애국했는데 왜 때려! 나 맞고는 못 산다.

김순천　　맞기 싫으면 불어, 너 빨갱이지.

장 순경　　몰라, 나 그런 거. (신정하에게 눈길를 주며) 그런 거는 이 여자한테 물어봐!

김순천　　뭐?! (그제서야 신정하를 바라본다.) 오호라, 이게 누구야? 너 나 본 적 있지.

신정하　　(노려본다.)

김순천　　그래, 널 봤어, 그런데 어디서 봤지? 아이고 내 대갈통, 맞아! 널 봤어, 백조 가극단!

의미심장한 눈길로 신정하의 주위를 돈다.

김순천　　애가 왜 빨치산 포로로 잡혀 있었지.

영화감독　　신정하 씨는 신인 배웁니다. 영화 찍고 있었어요.

김순천　　영화 좋지. 나 영화 좋아한다구. 그런데 이 여자가 왜 산에 있었냔 말이야. 귀볼떼기 새파란 견습 단원이 언제 영화배우가 되고, 누구 허락 받고 영화 찍었냔 말이야.

영화감독　　18연대장 추천입니다.

김순천　　핫, 그렇군. 이것들 모두 집어넣어! (나무 의자를 밀어주며) 넌 여기 앉아. (뒤돌아보며) 모두 나가!

신정하와 마주 앉은 김순천.

김순천　　넌 누구지?

신정하　　(말없이 노려본다.)

김순천 뭘 봐. 내 얼굴에 뭐 묻었어. (얼굴을 문지르다가 신정하의 머리칼을 잡는다.) 어떻게 영화배우가 되었지. 차 대장에게 몸 줬어?

신정하 (김순천의 팔목을 물어뜯는다.)

김순천 (구둣발로 신정하의 정강이를 찬다.) 하이고, 이년이 무네 물어. 야, 몽둥이 가져와!

이때, 들어서는 차 대장.

차 대장 그 여자에게 손대지 마!

김순천 아! 이제 오시는군. 좀 기다리시지 나 취조 중이야. (일부러 신정하의 젖가슴에 손을 쑤욱 집어넣는다.)

차 대장 손대지 마, 이 새끼—.

차 대장 달려드는데 어둠 속에서 달려 나온 사찰 형사들 몽둥이질을 가한다. 쓰러지는 차 대장.

암전

암전 상태에서 차 대장의 비명과 함께 불이 밝혀진다.

상체가 벗겨진 채 의자에 묶인 차 대장.

김순천 당신을 심문하게 되어 영광이군.

차 대장 날 심문해? 개새끼, 이건 역사의 아이러니야.

김순천 그년은 결국 빨치산 프락치로 드러났어.

차 대장 넌 독립군 김원봉 장군을 죽인 매국노야.

김순천 난 잡아넣었을 뿐이야. 김 장군은 옥사했지. 사람 그렇게 때려잡지 마시지.

차 대장 그때 널 죽였어야 했어.

김순천 뭐? (흥분한다.) 이 새끼가 미쳤나. 지금이 어떤 세상이라구 철 지난 유성기 틀고 지랄이야 지랄이.

차 대장 이 자식이! (하면서 몸을 일으켜 세우는데 사복 조사관들이 주리를 튼다. 차 대장의 처연한 비명.)

김순천 개자식아, 똥 묻은 개가 겨 묻은 뭐 나무란다고, 응, 너나 나나 다 자유 대한에서 살 자격이 없는 인생들이야. (기록을 꺼내 읽는다.) 본명 차동혁! 일명 차철! 1939년 중국 중앙육군군관학교 광주분교 졸업, 민족혁명당 김원봉 휘하 의열단으로 활약, 1940년 백단대전에서 조선 의용대로 작전 참가… 이거 순 악질 빨갱이 기록 아냐, 당신 북으로 넘어가지 왜 여기서 살아, 응?

차 대장 난 그때 독립을 위해 살았고 해방 조국에서는 내 고향에서 살고 싶었다.

김순천 넌 중국 공산당원이었잖아.

차 대장 내가 믿는 건 민족이고 내 고향이야.

김순천 좋아, 그러나 불행하게도 네 연인은 달라. 갠 제 아비처럼 빨개. 난 걔 아비를 알지. 내 손으로 처단했으니까.

차 대장 그분은 내 은사이셨다.

김순천 오, 그래? 그럼 너도 은사의 길을 가야겠구먼.

차 대장 그분의 아들은 내 고창고보 동기생이지. 그 애는 바이런의 시를 읽고 체호프의 벚꽃 동산 같은 희곡을 쓰고 싶어 했어. 그 친구는 왜 죽였냐?

김순천　　발악하며 달려들기에 쐈어. 그뿐이야.

차 대장　　넌 아직 우리 조국이 해방되었다는 사실을 모르는구나. 네 피 속에는 일정 고등계 형사의 근성이 여전히 흐르고 있어.

김순천　　그래, 난 형사야. 일정 때도 지금도 난 내 일에 충실한 인간이야. 뭐가 잘못됐지?

차 대장　　그래서 넌 똥 같은 인간이다, 알겠나, 넌 똥이야, 신념도 정신도 없는 똥 같은 새끼!

김순천　　똥은 너나 처먹어라. 네 프락치 연인과 같이.

차 대장　　그 여자를 무고하지 마라.

김순천　　무고? 증인을 대줄까? (뒤를 향해) 장 순경 나오라구 해.

장 순경이 나온다. 고문당한 흔적이 역력하다.

차 대장　　장 순경!

장 순경　　대장님 죄송합니다. (운다.) 그러나, 저는 조국을 위해 증언합니다. 정하 씨는 간첩이었습니다.

차 대장　　그건 무고야! 생사람 잡지 마. 장 순경.

장 순경　　제가 산에 잡혀 있을 때, 오줌이 하도 마려워서 오줌 좀 누게 해달라고 사정을 했더니 누가 오라더군요. 그래서 오줌 누러 곳간에서 풀려 나왔는데, 글쎄, 정하 씨가 이 선생 품에 안겨 울고 있지 않겠어요.

차 대장　　이 선생이라니?

김순천　　당신 연인이 남부군 총사령관 이현상의 애첩이었다는…

차 대장　　닥쳐라!

김순천　　(품에서 누런 종이를 꺼낸다.) 이건 그년 내복 속에서 나온 거야. 영화 찍을 촬영 지점과 병력이 소상하게….

차 대장 그만해!

김순천 알 만한가?

장 순경 죄송합니다, 대장님. 국가를 위해서.

차 대장 그래, 잘했어 장 순경. 나라도 그랬을 거야. 그래, 내 죄목은 뭔가?

김순천 빨치산 은닉 활동 방조.

차 대장 그렇다면, 날 처단해라.

김순천 어떻게 내가 감히 지리산 호랑이를 잡을 수 있겠소. 차 대장이 처리해주시오.

차 대장 뭐라구?!

김순천 당신 손으로 다 잡아오란 말이야. 당신 부하들을 함정으로 몰아넣은 빨갱이 자식들을 다 잡아오란 말이야.

차 대장 그 여자는 지금 어디에 있나.

김순천 일단 돌려보냈지. 그년은 이제 내가 던진 미끼야. 그년 주위에는 도시 프락치들이 득실거리지. 내가 전면에 나서면 다 달아나버린단 말이야. 당신이 연애하는 척 데리고 나오는 거야. 그동안 나는 뒤에서 놈들을 박멸하겠어. 날 도와주겠소?

차 대장의 표정이 참담해진다. 이어지는 축제의 음악.

미언, 입분, 그 외

그날 저녁, 주렴을 늘인 초야의 신방. 병풍과 촛불 앞엔 미언과 입분이. 신방 앞엔 한 씨, 갑분, 참봉이 신랑 신부의 초야 광경에 대한 흥미와 주목과 어떤 견딜 수 없는 궁금증으로 긴장해 있다. 밤 새와 밤 벌레의 울음소리만으로 정적한 가운데서 아지랑이같이 춤추는 촛불 아래서 쥐 죽은 듯 쪼그리고 앉은 입분이.

미언 갑분 아가씨— 갑분 아가씨. (손목을 잡으려 한다.)

입분 (막연히 뒤로 물러간다.)

미언 왜 그러시오? 웬일로 아까부터 이 사람을 피하기만 하시오?

입분 …

미언 내가 싫어서 그러시오?

입분 …

미언 그런가 보군. 분명히 내가 싫어서… 그런가 봐?

입분 (공연하여서 몸 둘 곳을 모른다.)

미언 갑분 아가씨! 이제 우리들은 법례까지 치르어 천지신명에게 백년해로를 맹서한 부부라 할망정 그것은 일종의 겉치레에 지나지 않소. 그보다 더 중요한 것은 우리들의 서로 가진 마음씨, 피차의 사랑이오. 그러니 갑분 아가씨, 내가 싫으면 싫다고 하시오.

입분 아니에유, 서방님. 그런게 아니에유.

미언 (웃으며) 호— 그럼? 그런 것도 아니면?

입분 (점점 더 위축해질 뿐)

미언 … 옳지, 알았다… 낮에 잔치에서 너무 과로했던 모양이군— 그 때문이오? 그 때문이라면 진작 쉬도록 할걸— 자, 우리 자리에 듭시다. (촛불을 끄려 한다.)

입분 (황급히 그 손을 말리며) 안 됩니다, 안 돼유, 서방님.

미언 안 됩니다? 안 될 일이 뭣이란 말이오, 응? (상냥하게 입분의 어깨를 어루만진다.)

입분 (비로소 복받치는 울음을 걷잡지 못해 주렴을 걷고 도망치려 한다.)

미언 (정답게 웃으며) 아가씨— 왜 이러시오?

입분 아니에요, 이거 놓으세유. 자꾸만 이러시면 서방님께서 몹쓸 욕을 당하세요. 큰 낭패를 보세유. 큰일 나세유. 이러지 마세유.

미언 욕이라니? 큰 낭패를 보다니?

입분 네! 난! 갑분 아가씨 아녜유!

미언 이 무슨 이런 소리가 있소. 당신은 갑분 아가씨, 내 아내.

입분 아니 어떡허나. 여지껏 아무것도 모르시나 봐. 서방님, 전… 저는 천한 몸종이에유. 갑분 아가씨의 몸시중 드는 몸종이에유. 아이 무서워. 하늘이 무서워요. 그렇지만 어쩌는 수가 없어서 나쁜 줄 알면서도 이 댁 나리마님께서 하도 조르시길래 죽는 심만 치고 제가 갑분 아가씨 노릇을 하였든 거예요.

미언 (빙그레 웃는다.) 그래요?

입분 (드디어 울어버리며) 서방님, 용서해주세요. 실상은 갑분 아가씨가 서방님을 절룩발이 신랑이라구— 죽어도 싫다고 그래서 어쩌는 수 없이 금방 신랑이 드신다 하는데 신부는 없고 미천한 몸이 아가씨 대신 신부로 뽑혔든 거예요. 저는 가

짜예유.

미언 음…

입분 그리고 저도 서방님께서 절룩발인 줄만 알았어요. 그래서 여태 장가도 못 드시고 아무도 시집와 주는 색시도 없는 쓸쓸한 양반이시라… 이렇게만 알았어유. 그랬드니만 이제는 왜 서방님께서 절룩발이가 못 되었을까. 차라리 몹쓸 다리병신으로 세상에 모든 색시들이 돌아보지도 않는 그런 외로운 서방님이었으면 좋았겠어요. 지금은 그게 도리어 이 몸에게 견딜 수 없이 원망스러워요. 서방님… 서방님께선 그 몹쓸 속인 사람들 중에 하나인 저를 용서하세요. (운다.)

미언 허— 잘못을 사과하고 용서를 빌어야 할 사람은 오히려 나라오.

입분 네?

미언 나도 다 알고 있으니까 말이오. 내가 왜 아무것도 모르는 줄 아시오.

입분 아니 서방님…

미언 (입분의 손목을 지그시 잡으며) 놀라지 마시오. 이번 일을 이렇게 꾸민 사람도 실상은 나였소. 내가 그같이 꾸몄든 것이오. 내 명정 숙부로 하여금 내가 절뚝발이라고 헛소문을 내게 한 것도 기실은 나였소.

입분 네?

미언 그 정도가 지나쳐서 그대를 이렇게까지 괴롭힐 줄은 몰랐소.

입분 서방님… 무슨 연유로 그런…

미언 그 연유는? 아가씨는 터득치 못하겠소? 내가 무엇을 구해서 그런 장난을 했으며 무엇을 찾아서 그런 일을 꾸몄는지 짐작하지 못하겠소?

입분 잘 모르겠어요—

미언 … 사람의 마음, 더욱이 여자의 마음. 그 마음의 참된 무게와 깊이가 알고 싶었던 것이오. 병신이라든가 거지라든가 돈이 있다든가 없다든가 이것은 모두가 겉치레뿐이오. 이러한 부자나 영화에 취한 사람들하고도 사귀어볼 대로 사귀어봤고, 그 마음씨의 천박함에는 진절머리가 나도록 겪은 나요. 내가 참으로 찾던 마음씨는 당신과 같은 참된 사람이오. 어떤 불평이라도 어떤 괴로움이라도 어떤 불안이라도 박차고 이겨나갈 만한 꿋꿋한 마음씨, 꿋꿋한 진실이 당신에게 있는 것을 나도 숙부를 통해서 잘 알았소. 당신이야말로 내가 찾던 아내요, 내가 구하던 배필이오. 이제야 참된 사람에게 내 손길이 스치어 보는 것같이 그윽한 행복을 느끼는 바요.

입분 서방님— 그러나 저는 역시…

미언 아니오. 이제는 그대는 종도 아니오. 아가씨도 아닌 내 아내요. 진실과 순정, 순정의 굳세고 아름다움… 나는 그것을 믿어 한껏 기쁠 따름이오. 사람이 살아가는 중에도 높고 향기롭고 값있는 것을 얻을 수 있다는 것만이 기쁘고 즐거울 따름이오. 알겠소?

입분 네— 서방님— (안긴다. 서로 쳐다본다.)

미언 입분이, 다시는 나보고 서방님이라고 하지 말기.

입분 네—?

미언 나는 서방님이 아니오. 나는 이미 그대의 지아비, 그대의 남편이오.

입분 네—?

미언　자, 인제 나더러 그렇게 한번 불러보시오.

입분　어떻게요?

미언　아내가 남편을 향해서 부르는 법식이 있지 않소? 뭐라고 부르지?

입분　아이—

미언　허… 보통 뭐라고 부르든가, "여보" 또는 "이것 봐요" 그렇지, 그렇게들 부르드군. 그래, 자 어서 한번 뭐라고 하던가 불러보시오.

입분　…아이…

미언　어서 어서.

입분　(모기 소리만 하게) 저— 아이.

미언　자— 빨리.

입분　이것 보세요.

미언　아니, 아니—

입분　… 여, 여보세요.

미언　아니야, 그것도 아니야.

입분　여, 여—여보. (말이 떨어지기 전에 치마폭에 얼굴을 파묻는다.)

미언　(입분을 안아 일으킨다. 패물과 활옷을 벗겨준다. 자기도 벗으며 촛불을 꺼버린다.)

〈자전거〉 중에서 오태석 作

구 서기, 윤 서기, 청년, 솔매, 아낙, 머슴, 주인, 그 외

신틀매 골챙이

구 서기 자네 부친이 기억에 있나?

윤 서기 어디가, 그때 내가 돌 조금 넘겼구만.

구 서기 통 없네.

윤 서기 그렁께 엄니짝 났어. 예산 당숙 보면 그 어른이 부친이거니 헌당게.

구 서기 뭘 하셨던가.

윤 서기 학교 교감 지내셨다더만— 학교 감나무서 떨어져 등 다쳐갖고 학교 댕겨오면 소피 통에 발 담그는 게 일과였디야. 왼쪽 등이 어깨쪽이 접히셨다더만, 이렇게. 엄니가 흉내는 잘 내시느만 나는 잘 안되네야.

이때 맞은편 어둠 속에서 이장꾼들 모습을 보인다. 관 하나에 두 사람. 한 사람은 지게에 관 지었고, 한 사람은 빈 지게다. 뒤에 건만 쓴 청년 뒤따른다. 한켠으로 비켜서 길을 내준다.

윤 서기 어디로 가는가?

청년 외장이라우.

윤 서기 외장이 어디여?

청년 귀암 너머 있구만유.

윤 서기 일루 가믄 돌아, 이 사람아.

청년 뒷길로 가얀게요.

윤 서기 한참 도는디— 해뜨기 전에 닿을라면 서둘러 가소.

이장꾼들 바삐 사라진다.

윤 서기 저러고 지나간게 이장꾼인가 보다 했지.

구 서기 저 관은 뭔가?

윤 서기 그렁게, 누가 만나면 둘러칠려고 그랬던 거라. 요 모퉁이 돈게, 다 왔어. 자네가 이걸 끌고 가소. 그래야 설명이 쉬워. (구 서기 자전거 넘겨받는다.) 요 모퉁이 돈게 꼭 여우가 지나가는 줄 알았구만, 앞이 저만치서 뭐가 어른거리더니 없어졌어. 구러구서 채 숨이나 돌렸나, 뒤판에 거위 집 애가 올라 앉더란게.

어둠 속에서 거위 집 둘째 딸애가 나타나 자전거 뒤판에 올라탄다.

구 서기 아이고, 이것이 뭐여— 이 애가 여기서 나타나나?

윤 서기 내가 겨우 정신이 들어갖고 물어본게, 해 떨어지면서부터 저 위 묘판에 숨어 있었디야. 누가 찾더라도 거기는 무서워 못 올 줄로 알고 내둥 거기 있었디야.

아이는 마치 현장 설명을 위한 소품처럼, 남의 일 대신해주는 아이처럼 미동도

하지 않고 앉아 있다. 경악의 상태에서 굳어버린 얼굴이다. 이 아이에게서 말을 듣기까지 윤 서기로서는 대단한 인내가 필요했을 것으로 보인다.

구 서기 역에는 안 가고?

윤 서기 겁나서.

구 서기 집으로 가지.

윤 서기 거기는 무섭고.

구 서기 어쩌겠다던가.

윤 서기 저러고 떨구만 있어. 어린것이 혼자서 묘판에 있었단게 어련했을라고. 자전거 소리가 난게 즈이 선생이나 면 서기겠거니 하고 뛰어 내려온 거라. 무턱대로 굴러 내린 것이여. 달랬지. 달래갖고 집에 가자고 자전거 돌렸네, 돌리소.

구 서기는 아이를 뒤판에 태운 채로 자전거 돌려세운다. 아이에게서 미묘한 변화가 일어난다. 몸을 앞으로 기울여 똑바로 주시한다.

윤 서기 맘을 놓게 하느라고 촛불을 켜서 앞바퀴에 매달았지. 불 켜소, 두 개.

구 서기는 자전거 뒷 받침대를 받쳐 세워놓고 솔매 문둥이에게서 받은 양초 갑에서 초를 꺼낸다. 윤 서기가 비닐 가방에서 꺼낸 종이로 곁을 말아 불 댕긴다. 두 개 초를 앞바퀴의 양쪽 가늠대에 초 몸통을 앞쪽으로 해서 지푸라기로 비끄러맨다. 불꽃이 매우 선정적으로 흔들린다. 아이가 불꽃에 넋을 잃은 듯 보고 있다.

윤 서기 내가 윤 서기라고 알겠느냔게 끄덕이더만, 그래 아버지한테는 내가 나서서 잘 말해줄 것인게 맘 놓으라고 그러구 애 맘 돌린다고 그 태극기 꽂은 자전거 얘기를 했네. 옛날에 커다란 싸움이 있었는데 국방군 아저씨가 한 분 싸움터에서 이기고 돌아오는데, 양쪽에 태극기 꽂고 휘날리면서 생배벌 달려왔단다. 이러고 소리쳤다더라. 나 왔어라우. 나 살아왔이유. 태극기 없은게 너는 지금 촛불 켜고 달리는구나. 소리 질러 보거라. 나 왔어라우. 나 왔어라우.

이때 아이가 외마디 소리 지르면서 자전거에서 뛰어내리더니 자전거 뒤판을 잡고 줄 당기듯이 뒤로 잡아끈다. 앞을 가리키며 겁에 질린 외마디 소리 지른다. 구 서기가 자전거와 꼬여서 쓰러진다. 아이는 급히 어둠 속으로 내뺀다.

구 서기 어딜 가나— 저 애가 왜 저러나?

윤 서기 애가 내 허리를 잡더니 저기서 누가 온다는 거여. 들어보니 아무 기척도 없어. 그런디 애는 자꾸 온디야. 그런게 자전거 돌려서 내빼자는 거여. 그래 잡고 달래는디 내 손 물어 풀고 내빼는 거여. 그래 거기 서라고 자전거 돌리는데 저 사람이 앞에 나서.

아이가 나간 반대쪽에서 비닐 옷 소리 내며 솔매의 문둥이가 전과 같은 모습을 보인다.

윤 서기 직감으로 짚히는 데가 있데. 그래 어딜 가느냐고 막아섰지. 막아서게.

한켠으로 비켜선다. 구 서기, 막아서며 윤 서기 대신한다.

구 서기 어디 가신데유.

솔매 애가 나갔다느만유.

윤 서기 당신 애가 어딨냐고 떠봤네.

구 서기 애라니, 당신 애가 어딨소?

솔매 거위 집 애가 나갔데유.

윤 서기 거위 집 애가 아니다, 내 다 알고서 하는 소리다, 윽박질렀지.

구 서기 거위 집 애가 아니지. 나서 거위 집에 입적시킨 거 아니여, 내 다 안게.

마치 발에 채이기라도 한 듯, 솔매 사람은 그 자리에 몸을 꺾더니 땅 짚고 두 번 절하고, 김장용 비닐장갑 낀 두 손 모아 비벼대면서 울음을 우는지 말을 하는지 웅얼거린다.

솔매 잘못했어라우. 그 애 하나 넘같이 살라고, 넘같이 사는 거 볼라고 벌 받은 놈이 하늘 무선 줄 모르고 잘못했어라우.

윤 서기 하나가 아니다. 애들이 다 그 모냥이라고 얼러댔네. 애들이 넘같이 사는 꼴 보려거든 찾지 말고 집 불 싸지르고 없어지라고 애들 눈앞에서 없어지라고 소릴 질렀네.

구 서기 애들은 놔둬. 놔둬야 넘같이 살어. 내 말 듣소. 불 싸지르고 오늘 밤으로 여길 떠나소.

윤 서기 그러는데 저기 솔매 쪽에 불길이 벌겋게 오르더만.

멀리 밤하늘이 붉게 물든다.

구 서기 저게 무슨 불이여— 자네 집 아닌가.

솔매 아이구 마누래, 거기서 나오소, 거기 나와. 잘못했어라우. 어허, 이를 어쩌.

허우적거리며 어둠 속으로 사라진다.

구 서기 저 불은 어찌 된 건가. 누가 질렀어.

윤 서기 이 틈에 애를 잡아야 될 거 같데. 자전거 돌렸지.

구 서기 저 불 누가 질렀냔게.

윤 서기 애 그냥 놔뒀다간 영 다시 잡지 못할 것 같데. 그래 자전거 올라타고, 자전거 돌려.

구 서기 그 처녀. 거위 집 처녀가 질렀나.

윤 서기 자전거 돌려 탔어. 그랬더니 저쪽에서 여자가 불러.

구 서기, 자전거 돌려 받침대로 세우고서 올라탄다. 멀리서 여자 소리가 가냘프게 들려온다.

소리 연지야, 야이 어딨냐, 나여. 연지야, 야이, 어딨냐, 나여.

구 서기 누구여.

윤 서기 불 끄소.

소리 연지야, 야이, 나여.

윤 서기 불 꺼.

윤 서기는 바퀴 가늠대에서 양초 두 개 뽑아 밟아서 끈다.

솔매 쪽 하늘이 노을처럼 붉다.

무엇에 채인 듯 외마디 소리를 내면서 몸을 꺾어 쓰러진다.

솔매 쪽 하늘에 비친 불꽃이 갑자기 사그라진다.

칠흑 같은 어둠 속에 소 방울 소리, 소 발굽 소리 이어지다가 돌 구르는 듯한 소리되어 멀리 사라진다.

침묵.

구 서기가 성냥불을 그어 양초 갑에서 초를 꺼내 불 댕긴다.

구 서기 그 다음 어찌 됐나.

윤 서기 나는 정신을 잃었고, 이 자전거는 갖다 저 아래 솔가지 위에 얹혀 있더랴. 이쪽으로 잔성냥 켜다 버린 것이 한 각이나 되게 개미줄모냥 널렸고, 여기 줄 끊긴 데 내가 너부러져 있더랴— 그래, 뭐 집히는 데가 있는가?

구 서기 (잠시) 소가, 아무래도 소가 지나간 거 아닌가—

윤 서기 소던가?

구 서기 방울 소리에 발굽 소리가 지나갔어. 소에 받쳤다 그러면 구체적인 사건이 되네. 암매장한 처녀가 불러 세우더라는 말하고는 틀려.

윤 서기 그려. 나도 그랬은게. 뭐 받쳤다는 거 말고는 생각나는 게 없어. 그런게 소에 받쳤나 싶더만, 그게 말이여, 받친 거라면 2, 3일 그러다 말 일 아닌가. 멀쩡하다가 숨이 가쁘고 잠이 든 것 모냥 정신이 멍해갖고 앉았단게. 그런게 꼭 뭐한테 홀린 것 모냥 그려.

구 서기 자네. 여기 다시 누워볼 텐가.

윤 서기 누워?

구 서기 그 날 그대로 재현해보자고. 어쩌면 다른 말 해주는 사람 나타날지도 모르네.

윤 서기 누구?

구 서기 아께 자네도 들었지. 저 애 찾는 여자 소리가 들렸어. 그 소리에 자네는 본능적으로 촛불을 껐지, 누가 오는가 볼려고. 그러구 나서 자네는 받친 것이고, 자네가 의식을 잃고 있는 동안에 그 여자가 여기 와봤을 것이다. 그렇게 추리해보자고.

윤 서기 맞어. 그 여자가 와 볼 수도 있지. 촛불 보고 내 소재 알았을 거구만.

구 서기 눕게. 정신을 잃은 것이네.

윤 서기 눕는다. 마치 정지됐던 필름을 이전으로 되짚어놓고 다시 돌리기라도 하듯 촛불 끄기 전의 상황이 되풀이된다….

멀리 밤하늘이 붉게 물든다.

윤 서기 저게 무슨 불이야— 자네 집 아닌가.

솔매 아이고 마누래, 거기서 나오소. 거기 나와. 잘못했어라우. 어허 이를 어쩌. (허우적거리며 어둠 속으로 사라진다.)

윤 서기, 자전거 돌려세우고 올라탄다. 멀리서 여자 소리가 가냘프게 들려온다.

소리 연자야, 야이 어딨냐 나여. 연자야, 야이 어딨냐 나여.

윤 서기 촛대를 뽑아 불을 끈다. 어둠 속에서 돌 구르는 듯한 소리 들려온다. 차츰 소 발굽 소리로 변한다. 소 방울 소리 들린다. 한참 뒤에 이쪽의 반응을 헤아리기라도 하듯 부러 솔가지 부러뜨리는 소리 들려온다. 몇 번 되풀이되고 나서, 삭정

가지 밟으며 발소리 다가온다. 아낙이 모습을 보인다. 솔매 집 사내와 비슷한 차림이다. 더 심하게 부식되었을 것으로 짐작된다. 움직임이 굼뜨고 체구가 몹시 외잡해서 거위 집 둘째 딸애하고 비슷해 보인다. 윤 서기를 지켜본다. 흔들어본다. 성냥불 켜서 발밑을 더듬어 본다. 밟아 끈 초 동강을 주워 불 댕긴다. 주위를 살피기보다 자기 소재를 일러주듯이 사방으로 불꽃을 옮겨 본다. 멀리 들리게 혼잣말을 한다.

아낙 연지야. 집이 가거라. 뵈지야 저 불. 엄니 집 불탔어. 엄니는 떠난다. 여기서 못 살아. 근게 연지야, 널랑 제발 집이 가거라. 잉 아가, 너는 못써. 집 떠나면 죽어. 뵈지야 저 불, 엄니 다시 못 와. 제발 널랑 집이 가거라. 아가 내 말 들리지야. 집 떠나면 너 엄니가 찾는다 말어. 집이 가거라. 연지야 행여 동생들 소홀히 말고 내 말 말어. 죽더라도 말어. 엄니 병 얼마 안 남았어. 엄니 다시 못 와. 걱정 말고 집이 가거라. 아가 말어.

아낙은 마치 소지라도 하듯 사처에 대고 불길을 올려 잡다가 절하듯 엎드려 촛불 끄고 어둠 속으로 빨려 들어간다. 비닐 옷 구겨대는 소리가 주위를 맴도는 듯 한참 이어지다가 뚝 멎는다. 침묵. 솔매 쪽 붉게 물들었던 하늘이 급히 어두워진다. 구 서기 나오고 윤 서기 일어나 앉는다.

윤 서기 저 여자 그날 밤 읍내 병원 가서 죽었어. 화상이 심했다네.

구 서기 쉬, 누가 오네. 자넨 눕더라고.

윤 서기 눕고 구 서기는 몸을 숨긴다. 아낙이 나간 쪽에서 두런거리는 남정네 소리 들려오더니 감나무 집 주인과 머슴이 어둠 속에서 불쑥 나온다. 머슴이 윤 서기 몸에 발이 걸려 넘어진다.

머슴 어이쿠 이게 뭐여? (감나무 집 주인이 성냥불 그어댄다.) 윤 서기 아니라우. 어매 소에 받쳤던갑만.

주인 뭔 소리여, 택도 없는 소리. 취했어. 술 못 이겨 누웠구만.

머슴 (성냥불 긋고 땅에 패인 소 발자국 더듬는다.) 이쪽으로 뛰었구만. 맞어.

주인 밤새 뛸 모양이여, 어이 가세.

머슴 이 양반 어쩐데유.

주인 나중에 깨나면 어련히 알아서 갈라구.

두 사람 바삐 어둠 속으로 사라진다.

구 서기 누군가.

윤 서기 감나무집 사람들이여. (잠시) 소에 받쳐갖고 42일간 누웠다. 그럴라면 말이여, 외상이라도 있어야 하는 거 아닌가 이거. 골절을 했다거나 어디 크게 째졌다거나, 말짱한게 말이여. 답답하구만.

상체를 저며 잡는다.

구 서기 기절해갖고 자넨 언제 깼는가.

윤 서기 이튿날 집이서, 양조장 황석구가 나중에 보구 실어 날렀디야.

구 서기 자네, 뭐 빠져먹은 데가 없는가.

윤 서기 (잠시) 없어. 없구만.

구 서기 그 처녀 소리는 어디로 갔는가.

윤 서기 처녀?

구 서기 처음부터 처녀가 자네를 따라왔네. 내가 알기로는 저 솔매 집 불길이 보일 때까지만 해도 자네는 주위에 처녀를 느낀 것처럼 여겨지는데, 갑자기 이 처녀가 없어졌다, 이 말이네. 처음부터 되짚어보세. 차근차근 내가 처음부터 짚어볼 테니, 빠진 데가 있거나 달리 생각나는 것이 있거던 중단시키게. (결근계 초안 쪽지를 꺼내서 편다.) 이거 자네 결근계 초안이네. 길가에 암장된 처녀가 야밤에 길 가는 사람 불러 잡는 바람에 졸도. 길가에 암장된 처녀. 결근계 첫머리에 처녀가 등장하고 있네. 그리고 자네는 두 번째 처녀를 만나지. 거위 집 처녀.

상범, 아미

성아미가 무대 좌측에서 나와 무대 전면을 통해 아파트의 방문 앞까지 와 선다. 망설이고 있는 모양이다. 잠시 후 할 수 없다는 듯이 노크를 한다.

상범 (일어서며) 들어오세요.

문을 열고 아미는 그대로 서 있다.

상범 어서 들어오세요.(아미는 말없이 들어와 선다.) 여기 앉으세요.

아미 괜찮아요. 어서 말씀해보셔요. 저는 시간이 바쁜 사람입니다.

상범 그래도 좀 앉으셔야지….

아미 저 5분만 있다가 가겠습니다. (아미가 앉는다.)

상범 왜 그렇게 바빠요? 박 전무님이 밖에 기다리고 있어요? (아미는 대꾸를 않는다.) 커피 드릴까요?

아미 그 중대한 얘기나 빨리 하세요.

상범 그럽시다.

아미 어서 하세요. 요새 김 과장은…

상범 아, 김 상뭅니다.

아미 요새 김 상무는 천당에서 사는 것 같겠죠. 신문에 크게 나고, 그 나이에 출세도 하고… 상금을 50만 원이나 받고…

상범 말씀 감사합니다. 그걸로 좋은 엽총이나 살까 합니다.

아미 자, 어서 그 중대하다는 얘기를 하세요.

상범 그럽시다. 성아미 씨는 미국에 가서 공부하신 학식 있는 분입니다.

아미 그래서요?

상범 또 퍽 아름다운 여성입니다.

아미 고맙군요.

상범 뭣보다도 똑똑한 분입니다.

아미 아니. 도대체 이분이…

상범 잠깐. 그리고 박 전무님하고 굉장한 사랑을 하고 있습니다. 부인이 있고 애까지 있는 남자와 말입니다. 전 두 분이 호텔에서 동침하고 있는 광경도 봤습니다.

아미 거짓말이에요!

상범 그럼, 그 광경을 몰래 찍은 사진을 보여드릴까요. 흥신소를 시켜 조사한 보고서와 사진이 얼마든지 있습니다. 남편이 죽은 지 6개월도 못 돼서 탈선하기 시작했습니다. 제가 이 세상에서 사라져도 성 비서님과 박 전무님의 그런 관계를 실증할 만한 사람이 또 한 분 있습니다. 제 친구죠. 그러니까 절 저세상에 보낼 생각은 아예 마십시오. 또 한 가지 말씀드리죠. 회사 돈이 굉장히 그 핸드백 속으로 들어갔습니다. 시아버님의 돈이니까 마구 쓰는 건가요? 쉽게 말하면 돈을 훔친 거예요.

아미 뭘 요구하는지 알겠어요. 그래 김 과장은, 아니 김 상무는 얼마를 요구하는 거죠? 금액을 말해보세요.

상범 글쎄… 당신의 죽은 남편… 그러니까 사장님의 아들은 자기 앞으로 있던 재산을 죽기 며칠 전에 사장에게 일임했습니다.

아미 (펄쩍 일어서며) 그걸 어떻게 알아요?

상범　사장님의 변호사 사무실에 몇 차례 심부름을 갔었습니다. 뿐인가요. 전 그보다 더 큰 사실도 압니다. 성 비서가 재혼할 경우 사장님이 성 비서의 남편이 될 남자의 인격과 능력을 인정하면 그 재산은 다시 성 비서와 재혼할 남자 앞으로 돌아옵니다. 죽은 성 비서의 남편은 예수님보다 더 인자했던 분입니다.

아미　당신 같은 악당하고는 달라요!

상범　당신 같은 간부에게는 아까웠지.

아미　도대체 절 여기 끌고 나와 어떻게 하겠다는 거예요.

상범　성 비서와 결혼하고 싶습니다.

아미　아니… 뭐요?

상범　성아미 씨와 결혼을 하겠다는 말입니다.

아미　당신 같은…? 아이, 어이가 없어!

상범　어이가 없어요? 그것이 인생입니다. 결혼을 하지만… 저도 성아미 씨의 죽은 남편 못지않게 관대한 남편이 될 생각입니다. 당신한테 딸린 가족 다섯을 그대로 살릴 수 있겠다, 동생들은 마음 놓고 대학까지 갈 수 있겠다, 재산이 쏟아져 들어오고… 사장님이 은퇴하시면 자연 새 사장님의 아내가 될 것이고…

아미　아니 뭐요?

상범　제가 사장이 될 게 뻔한 일이 아닙니까? 하여튼 저하고 결혼하면 사장님의 신임도 받을 거고…

아미　… 제가 거절하면 어떻게 할 작정이죠?

상범　거절이요? 성아미 씨 같은 예쁘고 똑똑한 여자가 이 기막히는 조건을 거절해요? 저도 성아미 씨하고 가끔 동침하고 싶거든요. 예쁘고…

아미 듣기 싫어요! (아미는 분연히 일어서며 문간으로 간다.)

상범 잘 생각하세요. 싫으면 그대로 나가시고… 응하신다면 다시 여기 앉으시고… (잠시 머뭇거리더니 아미는 다시 의자에 앉는다. 불이 서서히 어두워질 때 상범은 무대 전면으로 나와 관객을 대한다.)

그래서 전 그날 밤 성아미와 동침했습니다. 현소희와 첫날밤을 지내던 때하고는 달리 감격도 흥분도 없었습니다. 있었다면 무섭게 느껴지는 정복감, 승리감뿐이었습니다. 얼마 있다가 눈이 펑펑 쏟아지는 어느 날 저는 성아미와 결혼식을 올렸습니다. 가까운 사람 몇 분 불렀죠.

미애, 엄마 인옥, 검사, 변호사, 판사, 그 외

판사 됐어. (엄숙하게) 재판을 계속 진행합니다.

검사 증인은 옆집 아이를 아십니까?

미애 말도 말아요. 전 옆집 아이 때문에 인생의 꿈을 포기해야 했어요.

검사 어떻게요?

미애 사실 난 학업성적은 바닥이에요. 그러나 내 날씬한 몸매와 얼굴 전체에서 풍기는 매력엔 자신이 있죠.

아이들 야유.

판사 조용! 계속하세요.

미애 그래서 나의 꿈은 모델이 되는 것이었죠.

음악.

미애 다른 아이들과 함께 패션쇼 흉내를 낸다.

갑자기 엄마로 분장한 인옥 나오며 소리 지른다.

엄마 시끄러워. 그 음악 끄지 못하겠니? (음악 꺼지고 다른 아이들 도망) 쬐그만 게 겉멋만 잔뜩 들어가지고 모델은 무슨 얼어 죽을 모델이야? 그 짓거리 할 시간 있으면 공부나 한 자 더 해.

저 옆집 아이 좀 봐라.

미애 엄마.

엄마 시끄럽대두. 넌 나중에 뭘 하든 대학이나 들어가 놓고 봐.

미애 대학에는 패션모델학과가 없잖아요.

엄마 누가 너보고 패션모델 하래? 만약 저 옆집 아이는 대학에 들어가고 넌 떨어져 봐. 엄마가 이 동네에서 어떻게 얼굴을 들고 다니겠니?

미애 대학이 그렇게 중요한 게 아니에요.

엄마 왜 중요하지 않아? 너 시집갈 때 되면 대학 나온 여자만 찾는다.

미애 그건 옛날 얘기예요. 요즘은 능력 있는 여자가 우선이에요.

엄마 능력 좋아하시네. 여자가 능력 있어서 뭘 해? 그저 시집이나 잘 가서 애나 쑥쑥 잘 낳고 살림 잘하면 되는 거지.

미애 저는 그렇게 살기 싫어요. 그럴려면 아예 시집을 안 가고 말지.

엄마 뭐야 시집을 안 가? 얘가 정말 누굴 닮아서 그래?

미애 아예 골 빈 남자한테 가버리든지. 그래서 살림은 남자에게 맡기고.

엄마 골 빈 남자일수록 상대는 대학 나온 여자를 찾는 법이라구.

미애 아니 그럼 진짜로 나를 골 빈 남자에게 시집보내겠다는 거예요?

엄마 골이 비면 어떠니? 돈만 잘 벌면 되는 거야. 네 아버지를 봐라.

미애 엄마.

엄마 그러니까 잔소리 말고 옆집 아이에게 뒤지지 않게 공부나 해.

엄마 퇴장.

미애　왜 나는 옆집 아이랑 똑같이 행동해야 하지요? 엄마는 옆집 아이 시간표를 베껴 와서 나더러 그대로 행동하라고 했어요. 옆집 아이 방에 불이 켜지면 나도 일어나 공부해야 하고 옆집 아이 방에 불이 꺼져야 나도 잘 수가 있어요. 난 잠이 들 때마다 옆집 아이가 영원히 잠이 들어 내일 아침에는 깨어나지 말았음 그런 꿈을 꾸곤 했어요.

검사　증인의 꿈은 어떻게 됐지요?

미애　난 꿈을 잃었어요. 난 공부도 잘할 수 없어요. 난 아무것도 못하겠어요.

검사　이상 심문 마칩니다.

변호사　변호인 반대 심문 하겠습니다.

판사　하세요.

변호사　옆집 아이가 찾아와서 증인에게 모델이 되지 말라고 한 적이 있나요?

미애　없어요.

변호사　그럼 옆집 아이가 증인에게 공부하기를 강요하던가요?

미애　아—뇨.

변호사　가장 강력하게 증인의 꿈을 무시하고 증인에게 공부하기를 강요한 사람은 누구지요?

미애　그야…

변호사　바로 증인의 부모님이시죠? 즉, 옆집 아이 때문이 아니라 옆집 아이 부모님에게 지기 싫은 엄마의 자존심, 어른들의 이기심 때문에 증인의 꿈을 좌절시킨 것이 아닌가요?

미애　그래도 옆집 아이가 이사 온 후부터 잔소리가 더 심해졌다구요.

변호사 그건 옆집 아이의 잘못이 아닙니다. 어른들의 잘못입니다. 이상입니다.

재범, 아버지진성, 검사, 변호사, 그 외

검사 다음 증인.

재범 네! 저는 한여름인 7월 28일 날 태어났습니다. 정성이 담긴 선물이라면 뭐든지 다 좋아합니다.

검사 넌 무슨 소리를 하고 있는 거야?

검사 쓸데없는 소리 하지 말고 묻는 말에 대답이나 해!

재범 … 네!

검사 증인이 옆집 아이 때문에 당한 피해를 말하시오.

재범 말도 말아요. 옆집 아이 때문에 제 꿈이 박살이 났다구요.

검사 네 꿈이 뭔데?

재범 가수가 되는 게 제 꿈이었습니다.

재범 옷 갈아입고 노래. 온갖 포즈. 여학생들 오빠 오빠 부르며 환호하는데 진성, 아버지 역을 하고 등장.

아버지 (기타를 뺏으며) 하라는 공부는 안 하고 맨날 이따위 깡깡이나 둘러메고 뭐하고 있는 거냐구!

재범 아버지. 전 장래 가수가 되고 싶어요. 그래서…

아버지 뭐? 가수? 에잇! (기타를 내던진다.)

재범 아버지. (깨진 기타를 주워 든다.)

아버지 저 옆집 애 좀 봐. 너하고 같이 초등학교를 다녔어. 그 앤 초등학교 때 너보다 공부를 못했다구. 그런데 지금 봐라. 반에서 3등 안에만 든다. 그런데 넌 뭐냐? 47등 50등이 뭐야? 바닥에 바닥인데 공부는 안 하고 뭐? 가수가 돼?

재범 전 소질이 있대요. 전 작곡도 할 수 있고 내가 직접 노래를 부를 수 있어요.

아버지 노래는 아무 때나 부를 수 있어. 그러나 공부에는 시기가 있는 거야. 지금 때를 놓치면 영원히 공부할 시기를 놓치게 돼.

재범 아버지, 전 공부에 취미가 없어요.

아버지 뭐가 어째? 공부를 취미로 하냐? 공부가 재미있는 놈이 세상에 어디 있어? 공부가 재미있었다면 나도 했을 거다.

재범 나도 아버지를 닮았나 봐요. 죽어도 공부하기 싫은 걸 어떻게 해요?

아버지 (때리며) 죽어. 공부하기 싫으면 나가 죽어. 내가 왜 높은 사람이 못 되고 밑에서만 빌빌대는지 모르니? 학교 때 공부를 안 했기 때문이야. 그러니까 너는 공부를 해야 돼! 그리고 대학에도 가야 돼.

재범 자신이 없어요.

아버지 왜 자신이 없어? 하면 되지. 처음부터 자신이 없다고 하면 어떻게 하니? 해보지도 않고. 저 옆집 아이처럼 죽어라 공부만 해. 아버지가 해달라는 거 다 해줄 테니 알았지?

재범 모르겠어요.

아버지 (때리며) 이래도 모르겠니? (또 때리며) 이래도 몰라?

재범 알았어요. 할게요.

아버지 아무렴, 해야지. 누구 아들인데.

나간다. 울면서 부서진 기타를 주워 들고 꼭 안는 재범.

검사 바로 옆집 아이 때문입니다. 이 어린 소년의 꿈이 무참히 짓밟힌 이유가.

변호사 증인에게 물어볼 것이 있습니다. 증인! 증인 아버지의 학력이 어떻게 되죠?

재범 대… 학…

변호사 대학을 나왔나요?

재범 아니 대학은 못 나오시고 고등학교.

변호사 고등학교를 나오셨군요.

재범 그게 아니고 다니시다가 중퇴하셨어요.

변호사 고등학교 중퇴. 바로 자기 자신이 못 배웠기 때문에 자식만이라도 대학에 보내려는 게 증인 아버지의 마음인 것입니다. 여기에는 옆집 아이의 잘못이 없습니다. 자식의 꿈과 희망은 생각하지도 않고 대학이나 보내려는 부모님에게 잘못이 있는 것입니다.

김막동, 미스 리, 부장

〈사랑의 힘〉

무대 밝아지면 막동은 서류를 정리하고 있고 부장은 코를 골며 자고 있다. 잠시 후 미스 리가 지치고 흐트러진 모습으로 등장한다. 막동은 미스 리의 등장을 모른 채 일을 하고 있다. 미스 리는 한참 동안 막동의 일하는 모습을 지켜보다가 흐느껴 울기 시작한다. 당황하며 미스 리를 쳐다보는 막동, 미스 리는 무릎을 꿇은 채 막동의 다리에 얼굴을 묻고 계속 운다.

막동 왜 이래? (사이) 어딜 갔다 온 거야? 밖에서 무슨 일 있었어?

미스 리 (고개를 들며) 병신아, 모르지? 내가 자기 얼마나 좋아하는지?

막동 (부장을 힐끗 보며) 왜 이래, 사무실에서?

미스 리 왜? 누가 들을까 봐? 자기하고 나하고 좋아하면 안 되는 사이야? 남이 좀 알면 안 돼? 사람이 사람을 좋아하는데 어때? 그게 죄야?

막동 (난처해하며) 조용히 좀 해. 어디서 무슨 술을 마시고 와서 이래?

미스 리 그래, 나 술 마셨다. 왜. 난 술 좀 마시면 안 되니? 나 하나도 안 취했어. 볼래? (제자리에서 한 바퀴 돌며) 봐, 하나도 안 취했잖아? 이건 유부남 김막동, 저건 최 부장, 하나도 안 취했지?

막동 그래, 하나도 안 취했다.

미스 리 (막동의 눈을 들여다보며) 솔직히 얘기해봐, 이제 내가 싫어졌지?

막동　무슨 얘기야, 갑자기?

미스 리　갑자기 좋아하네. 솔직하게 말해. 나 이제 싫다. 끝내자. 마누라가 무섭다. 너 숨 막힌다. 왜 말 못해? 그 말하기조차 귀찮아? 그렇게 매사가 귀찮으면 숨은 어떻게 쉬고 밥은 어떻게 먹냐?

막동　그래, 씹어라 씹어. 나 씹어서 네 속이 편해지면 마음껏 씹어.

미스 리　나 보는 눈이 왜 그래? 왜 피해?

막동　피한 거 아냐.

미스 리　거짓말하더라도 입에 침이나 바르고 해라. 치사한 녀석. 이 위선자야! (사이) 마지막으로 같이 잔 게 언젠 줄 알아?

막동　바보야. 그동안 사정이 그렇게 됐잖아? 휴가 가기 전에 정신없이 바빴지? 휴가 도중 자기 하루 결근하고 어디 다녀오자고 한 것도 이 일 터지는 바람에 못 간 거 아냐? 다 알면서 왜 이래? 괜히 생떼 부리지 말라구.

미스 리　그럼 내가 아직도 좋아?

막동　(시큰둥하게) 그래애.

미스 리　그렇게 하려면 차라리 관둬. 지가 뭘 잘했다고 뚱해서 그래. 씹할. (사이) 어디 다시 한 번 해봐. 기회를 줄 테니까.

막동　뭘?

미스 리　따라 해봐, 김막동이는 이명숙이를 좋아하고 사랑한다.

막동　(머뭇거리다가) 김막동이는 이명숙이를 좋아하고 사랑한다.

미스 리　(눈을 흘기며) 엎드려 절 받기 힘들다. 그래도 그 말 들으니까 기분 좋은데? 하기 힘든 말 했으니까 선물 하나 할까? (가슴속에서 신문 스크랩을 꺼내며) 자기가 원한다면 난 뭐든지 할 수 있어, 알아?

막동　　이거….

미스 리　　됐어. 어서 읽어봐.

막동　　이걸 어떻게 뺏었어?

미스 리　　그런 거 상관있어?

막동은 잠시 미스 리를 쳐다보다가 신문 스크랩을 들여다본다.

잠시 후 복받치는 기쁨을 참지 못하는 표정.

막동　　이거야, 바로 이 신문은 폐간된 지 오래된 건데 그걸 어떻게 찾아냈지?

미스 리　　김억만이 하숙집을 뒤지다가 우연히 찾았대. 아까 우리 얘기 듣기 전까지는 그게 뭔지도 몰랐다나?

막동　　그런데 이걸 어떻게 뺏어냈어?

미스 리　　묻지 말라니까. 내가 누구하고 무슨 짓을 하건 관심이 있어? 저만 챙기는 이기주의자, 지금 요 앞 여관에서 자고 있어. 나타나기 전에 얼른 감춰요.

막동　　(여관이라는 말에 힐끗 미스 리를 보며 뭐라고 물으려 하다가 머리를 돌리며) 그 돼지 녀석, 가만있지 않을 텐데.

미스 리　　구슬이 서 말이라도 꿰어야 보배라잖아요? 돼지가 그걸 가지고 있어 봤자 뭐해요?

막동　　그래도 가만있지 않을 거 아냐?

미스 리　　제가 있지 않습니까? 저야 뭐가 되든 어때요. 서방님 잘된다면…. 어서 대본이나 쓰시와요.

막동은 자리에 앉아 쓰기 시작하고

미스 리는 막동의 모습을 지켜보고 앉아 있다.

미스 리 자기 이번에 과장 진급하면 나한테 뭐 해줄 거야?

막동 (글을 쓰면서) 해달라는 거 뭐든지 다 해줄게.

미스 리 정말?

막동 응.

막동과 미스 리, 손가락을 걸며 약속한다.

암전

〈사랑을 찾아서—원제: 그 여자 이순례〉 중에서…② 김광림 作

김억만, 이순례, 그 외

〈재회 2(며칠 후) 동두천 애심다방〉

음악이 흐른다. 김억만과 이순례가 마주 앉아 있다.

긴 침묵, 김억만은 어쩔 줄 모르고 안절부절하고 있고, 이순례는 색시처럼 고개를 숙인 채 모로 돌아앉아 있다.

이 장면을 옆에서 지켜보던 미스터 하가 화가 난 듯 쿵쾅거리며 퇴장한다.

억만 할 말은 많은데 무슨 얘기부터 해야 할지 모르겠소.

순례 그란디 뭣한다고 지를 그렇크롬 찾아다녔다요?

억만 그때 이 여사 덕분에 목숨을 건져 정처 없이 도망치던 중 다시 국군한테 잡혔지비. 그래, 한동안 거제도 포로수용소에서 지냈소.

이 여사가 나 때문에 재판까지 받게 되고 우리 얘기가 신문에 나서 세상이 떠들썩했다는 건 나중에 수용소에서 우연히 알았지비. 이 여사, 난 상기도 아이 잊었소. 그때 우리가 약속했던 것 말입매.

순례 여사, 여사 하지 마시시오. 지 같은 것이 들을 말이 아니구먼유.

억만 그럼 뭐라고 부르리까? 순례 씨, 이게 좋소?

순례 (가는 미소) 난 몰라라우. 좋으신 대로 하시오.

억만 순례 씨. 그때 그 약속 기억나오?

순례 뭔 약속 말인디요?

억만 우리 둘이 어디 머언데, 전쟁도 없고 살육도 없는 평화로운 곳에 가서 지내자던 약속 말입매.

순례 다 막음한 야그구만유.

한쪽에 목발을 짚은 박영문이 어디선가 나타나 둘의 얘기를 엿듣고 있다. 두 사람은 박영문의 등장을 모른 채 계속 얘기한다.

억만 미안합매. 이제 세월이 흘렀으니 다 지나간 얘기지비. 하지만 내겐 아직 끝나지 않았소. 난 빚이 남아 있소. 수용소에서 당신 생각 참 많이 했소. 처음에 전쟁 포로를 모두 북송한다는 소문이 나돌 때 '이제 순례 씨를 영 못 보겠구나' 하는 생각에 어찌할 바를 몰랐지비. 헌데 나중에 보니 그게 아닙디다. 남이냐, 북이냐, 제삼국이냐? 전쟁도 끔찍하고 좌익이니 우익이니 하는 이념 투쟁엔 신물이 나던 차에 중립국으로 가는 길이 있다고 하니까 귀가 솔깃하더구만. 하지만 순례 씨 생각에 난 이남에 남기로 했지비. 54년 봄에 해방이 되자마자 장성에 그 집을 찾아가지 않았겠소? 순례 씨는 벌써 떠나고 없더구만.

순례 가막소에서 한 일 년 살다가 가석방으로 나왔지라. 칵 죽어뿔라고 혔었는디 질긴 목숨 못 끊고 집이라고 찾아갔지라. 그란디 죽은 줄로만 알았던 남편이 시퍼렇게 살아 기대리고 있는 것이 을매나 놀래키는지…. 그 소문이 온 천지에 짜하게 퍼져버리지 않았소? 개 패듯 얻어맞음시롱 이날 입때꺼정 살아오구 있그만유.

억만 미안합매. 내가 죄인이유.

순례 시상이 험해놓께 그렇크롬 된 거지라. 니 탓 내 탓이 워디 있간디요?

박영문이 두 사람 앞에 불쑥 나타난다.

억만은 당황해서 자리에서 일어나고 순례는 겁에 질려 탁자 밑으로 숨는다.

동작이 잠시 정지되었다가 조명 바뀌면 사무실 장면으로 이어진다.

아버지, 장남, 그 외 아들들

저녁, 아버지가 쑥 바구니를 든 장남에게 말하고 있다.

아버지 너 쑥 캐러 간 사이에 갈마재 무당 할망구가 다녀갔다. (부러진 지팡이를 보여주며) 이걸 봐라! 이 박달나무 지팡이가 부러지도록 두들겨서 내쫓았지. 봄만 되면 찾아오는 그 할망구, 나는 그 할망구가 찾아오면 기분이 나빠! 나처럼 늙은이는 자기 손녀딸 같은 어린 계집엘 품고 자야만 그 더운 양기가 내 몸으로 옮겨와 회춘이 된다구, 자꾸만 보리 서 말에 사라고 졸라대는데, 늙은이, 늙은이, 난 그 소리가 정말 듣기 싫어! 빌어먹을 무당 할망구, 밤눈도 밝지. 어젯밤에 내가 갈마재를 허우적거리며 넘는 것을 보았다더라. 예전 젊었을 땐 훨훨 나르듯 넘어갔던 갈마재를, 다리엔 힘이 없어 후들거리고, 목구멍엔 숨이 차서 헉헉거리고, 온몸에 양기가 다 빠져 허우적허우적 넘어가더라구 놀려대더라. 너 보기엔 내가 어떠냐? 보리 서 말 주고 어린 계집엘 사서 품고 자야 할 만큼 이젠 내가 늙었느냐?

장남 아버지는 아직 정정하십니다.

아버지 정정하다니, 그게 무슨 말이냐?

장남 젊은이나 다름없으시지요.

아버지 젊은이나 다름없어?

장남 네.

아버지 그게 아닐 거다. 솔직하게 말해봐라!

장남 걱정 마십시오, 아버지. 백 년도 천 년도 더 오래 사실 겁니다.

아버지 (노여워하며) 이놈아, 네가 늙은 아비를 우롱하는구나! 처음엔 이 애비더러 정정하다 하였고, 다음은 젊은이나 다름없다 하더니, 마지막엔 백 년 천 년 더 살 것이라 하니, 그럼 내가 점점 젊어져서 갓난아기로 되돌아간단 말이냐?

장남 아버지…

아버지 나를 속이려구 하지 말아라! 그 갈마재 무당 할망구가 보긴 잘 봤다. 난 늙었어. 어젯밤 갈마재를 허우적허우적 넘어오면서 나도 이젠 다 늙었구나 탄식을 했다. 지지난해 다르구, 지난해 다르구, 올해가 달라. 해가 갈수록 자꾸만 양기는 빠지구 몸은 쇠약해져서, 올 봄엔 무슨 수를 써야지 이러다간 늙은 고목처럼 말라 죽겠다. (부러진 지팡이를 내던지며) 늙은이, 늙은이, 그 소리 듣기 싫어 갈마재 무당 할망구를 두들겨 기운이 쑥 빠졌다. 나를 부축해라. 방에 들어가 눕고 싶다.

아버지, 장남의 부축을 받아서 자기 방으로 들어간다. 사이. 자식들, 쟁기를 무겁게 끌면서 집으로 돌아온다.

오남 하늘이 샛노랗게 뱅글뱅글 돌아.

사남 땅이 샛노랗게 빙글빙글 돌아.

장남 (아버지 방에서 나와 쑥 바구니를 들고 우물가로 가며) 고생 많았구나, 너희들.

자식들 (우물에 와서, 실망하며) 또 쑥이야?

장남 쑥국이 얼마나 맛있다구. 된장을 풀어서 끓여줄게.

차남 쑥국은 싫어. 먹어봤자 허기만 지지.

장남 달래도 캤다. 간장에 무쳐 먹으면 맛있지.

사남 달래는 매워서 싫어!

육남 고기 좀 먹었으면… 형님, 닭 한 마리 잡아줘!

장남 (아버지 방 쪽을 가리키며) 조용히 하렴. 아버지가 들으신다.

자식들 들으시라구 하는 소리지. (목청을 높여) 닭 한 마리 잡아줘!

장남 나중에, 나중에 그러자. 지금은 아버지 기분이 안 좋으셔.

아버지 방문이 열린다.

아버지 너희들 돌아왔느냐?

자식들 (움츠러들며) 네.

아버지 (화를 버럭 내며) 젊은 것들이 왜 그리 기운이 없어?

자식들 (낮게 탄식하며) 아, 우리 아버지.

아버지 내가 너희들마냥 젊었을 땐 하루 종일 일하고 돌아와서 냉수만 한 그릇 마셨어도 인삼 녹용 먹은 듯 펄펄 기운이 솟구쳤다. 동네 사람들한테 물어봐라! 단옷날 씨름이 벌어지면 언제나 내가 이겨서 황소를 땄었지! 그런데 너희들은 뭐냐? 해가 중천에 뜬 뒤에 나간 것들이 어둡지도 않은데 돌아와서 허기진다 닭 잡아 먹자구 해? 이놈들아, 고기 먹고 싶거든 씨름판에 나가서 황소 따다가 잡아먹어! 괜히 늙은 애비 기르는 닭 잡아먹을 생각 말구!

자식들 아아, 어지러워!

아버지 너희들, 오늘 쟁기질을 얼마큼 했냐? 땅은 다 갈았어?

자식들 아뇨… 반절도 못 갈았어요. …

아버지 이런 게으른 놈들 봤나! 내가 너희들마냥 젊었을 땐 혼자서 단 하루에 논밭 다 갈았어! (한숨을 쉬며) 정말 그때가 좋았지… 늙어서 자식 놈들 하는 짓만 쳐다보구 살아야 하니 속이 터진다! (장남에게) 그 뭐냐, 백운사 중놈들이 맡겨놨다는 계집애, 내 방으로 들여보내라!

장남 (머뭇거리며) 아버지… 그 앤 어디에 쓰시려구요?

아버지 이놈아, 늙은 애비가 다시 젊어지는데 싫으냐?

장남 그게 아니라… 어디로 갔는지… 안 보여요.

아버지 막내 놈이 뒤뜰 장독 속에 숨겨놨다. 점심때 가만히 보니까 저 먹을 걸 감춰 들고 뒤뜰 장독대로 가더라. 막내한테 가서 말해! 그 계집앨 내놓지 않으면 이 애비가 둘 다 내쫓아버릴 거다! 어둑어둑 날이 저무니깐 내 몸이 싸늘해진다. (방문을 탁 소리 내어 닫으며) 뭘 하느냐? 어서 내 방으로 들여보내라!

무대 전면. 자식들이 징, 꽹과리, 장구, 북, 박 등 타악기를 즉흥적으로 두들기듯 연주한다.

장남, 막내, 그 외

밤. 아버지 방에 불이 켜져 있다. 대청에서는 장남이 봄옷 바느질을 하고 있고, 막내는 곁에 앉아서 소리를 죽인 채 흐느껴 운다. 멀리서 두견새의 울음이 들리다가 그치고, 그쳤다가 다시 들린다.

장남　(아버지 방에 들리지 않도록 목소리를 낮추어) 막내야 울지 마라.

막내　(더욱 흐느끼는 소리를 낮추려고 애를 쓴다.)

장남　그만 울어.

막내　(흐느낀다.)

장남　밤새껏 울면 저 두견새마냥 목구멍에서 피가 나온다.

막내　난… 이제… 어떻게 살지?

장남　어떻게 살기는… 참고 살지.

막내　(높아지려는 흐느낌을 억지로 낮추며) 나는… 못 참아…

장남　겨우 그걸 못 참으면 안 된다. 사람 사는 것이 얼마나 힘이 드는데… 슬피 울며 한 고개를 넘으면 다음 고개가 있고, 그 고개를 넘으면 또 다음 고개가 있어.

막내　그렇게… 힘든 걸… 왜 살아?

장남　얼마나 그 고개가 많은지 알게 되면 사람은 울지 않는다. 오히려 웃지.

막내　아… 무슨 소릴 해도… 난… 못 참아…

장남　막내야, 그 애가 그토록 좋아?

막내　　(흐느낌과 기침 때문에 숨이 막힌다.)

장남　　그 애가 좋을수록 아버지는 밉겠구나? 좋으면 그냥 좋아해야지. 미워하면서 좋아하는 건 괴로운 일이다. 그러니깐 견디지 못해서 네가 울지. (바느질하던 바늘을 가리키며) 이 바늘을 봐라. 예전엔, 난 괴로워 견디기 힘들 때면 이런 바늘로 내 허벅지를 찔렀다. 찌르고 또 찔러서, 훤히 날이 샐 무렵엔 앉아 있는 바닥에 홍건히 피가 고였지.

막내　　(숨이 막혀서 헐떡이며) 형님은… 뭐가… 괴로웠는데?

장남　　좋아하는 사람 때문에 괴로웠지. 좋아하니깐 둘이서 함께 살고 싶었는데… 아버지는 집에 데려오지 못하게 하구…

막내　　왜… 함께… 도망하지 않구?

장남　　그 생각도 했었지. 하지만 난 너희들을 두고는 갈 수가 없었어… 참느라구 무던히도 힘들더니만… 지금은 수월해졌다. 봄은 한철이야… 여름도 있고, 가을도 있고… 겨울도 있지.

사이

장남　　(바느질을 끝내고 옷들을 접어서 반짇고리에 담으며) 이젠 바느질을 다 했다. 아버지가 입으실 옷, 너희들이 입을 옷… 내일 아침엔 모두 새 옷으로 갈아입혀야지.

아버지 방의 불이 꺼진다.

장남　　아버지 방 불도 꺼졌다. 우리도 그만 들어가서 자자.

막내　　(더욱 슬프게, 흐느껴 운다.)

장남 울지 마라.

막내 난… 못 참아…

장남 그렇게 울면 두견새마냥 목구멍에서 피를 토한다.

무대 전면. 자식들이 웅크리고 앉아서 두견새에 대한 속요를 구슬픈 목소리로 노래한다.

자식들 공산야월 깊은 밤에
두견새는 슬피 운다.
오색채의를 떨쳐입고
아홉 아들 열두 딸을 좌우로 거느리고
상편전 하편전으로
아주 펄펄 날아든다.
에—헤 에하여—에
허어허아 허어어
좌우로 다니며 슬피 운다.

아버지, 장남, 그 외

아버지 왜 이렇게 방문 밖이 시끄러우냐? 이놈들아, 봄날은 짧다! 아침밥 먹은 지가 언젠데 아직도 꾸물거리고 있어?

장남 네, 지금 갑니다. (자식들에게) 일하러 나가거라, 어서.

아버지 이 게으른 놈들아, 봄날은 짧어!

장남 아버지 노여워하신다. 어서 일 나가렴.

차남 아버지는 화를 내구, 형님은 달래구… 그 등쌀에 끼어서 우리만 골탕 먹지.

아버지 (방문 밖으로 나오며) 이놈들이 그래도 졸고만 있어! 번쩍 정신 들 나게 따귀를 얻어맞아야 일하러 가겠느냐?

자식들, 엉덩이를 털고 일어나 쟁기를 끌면서 사립문 밖으로 나간다.

장남 밤새 편안하셨습니까, 아버지.

아버지 너, 나를 자세히 좀 보아라.

장남 (의아스런 표정으로 아버지를 바라본다.)

아버지 늙으면 수족이 차고 뻣뻣해서 아침 일어날 때 잘 펴지질 않는 법인데, 오늘은 다시 젊어진 듯 거뜬하니 이것 참 신통하구나! 역시 갈마재 무당 할망구 말이 맞다! 늙은이는 양기가 다 빠져서 어린것의 더운 기운을 보충해야 한다더니, 바로 그 말이 신통하게 맞는구나! 너 보기엔 어떠냐? 내 모양이 완연히 달라지질 않았느냐?

장남 네… 아버지…

아버지 어젯밤에는 그 어린것한테서 효험을 봤다. 자꾸만 끌어 당겨 안았더니, 더운 기운이 옮아와 얼음처럼 차갑던 내 몸이 봄날인 듯 사르르 풀리더라. 어젯밤엔 꿈까지 꿨다. 늙으면 깊은 잠이 없어져서 싱숭맹숭 생각만 많지 꿈 같은 건 아예 꾸지도 못하는데, 나는 샛노란 나비가 되어 꽃들이 활짝 핀 봄 들판을 훨훨 날아다녔다.

장남 좋은 꿈을 꾸셨군요.

아버지 암, 좋은 꿈이지! 하지만… 날이 밝아… 창문에 햇살이 비치니깐… 부질없는 그 꿈이 슬프게만 느껴지더라. 나비가 되어 날아다니면 뭘 하느냐? 꽃에 앉아 즐기기도 하고, 종자를 맺게 해서 퍼뜨려야 그게 정말 젊은 맛이 있는 거지. 그저 꽃 위로 훨훨 날아만 다니는 건 멀쩡한 헛짓이다. 내 말이 틀렸느냐?

장남 (대답을 못하고 고개를 숙인다.)

아버지 바보처럼 멍청히 서 있지 말구 보리 서 말만 꺼내 오너라.

장남 보리 서 말은… 왜요?

아버지 갈마재 무당 할망구한테 가서 물어볼 말이 있어. 언젠가 봄에 그 할망구 나더러 하는 말이… 늙은이가 회춘해서 다시 젊어지더라도 꽃에는 내려앉지 말아라, 만약 그랬다가는 양기가 한꺼번에 다 빠져서 죽게 된다구 했는데, 그게 참말인지 아니면 거짓말인지 분명히 좀 알아봐야 하겠다. 어서 보리 서 말만 꺼내 오너라.

장남 네. (부엌으로 보리를 꺼내러 들어간다.)

아버지 가만 있자… 서 말은 너무 많다. 두 말만 꺼내 오거라. 아니다,

아냐… 두 말도 너무 많아. 한 말만 꺼내 오너라.

장남 (자루에 보리를 담아 들고 나온다.)

아버지 몇 말이냐?

장남 한 말인데요.

아버지 그것도 많다. 갈마재 무당 할망구, 제 손녀딸은 내놓지 않고, 보리 한 말이 공것으로 생기는데… 어깨에 둘러메고 나를 따라 오너라.

장남 아뇨… 제가 메고 가지요.

아버지 아니라면서 왜 머뭇거려?

장남 (뒷마루방 안을 향하여) 막내야, 나 아버지랑 저기 좀 다녀올게. 부뚜막에 죽 끓여놨으니깐 억지로라도 먹어.

아버지 어서 가자. 백오십 리 갈마재를 부지런히 가지 않으면 해 저물기 전에 못 돌아온다.

장남 (보릿자루를 짊어지고 가면서 막내가 있는 방을 뒤돌아보며) 막내야, 뒷마루엔 봄옷들이 있다. 일하고 들어오거든 꼭 옷 갈아입으라구 해라.

아버지, 장남을 앞세워 사립문 밖으로 나간다. 사이.

자식들이 몰래 그 광경을 보고 있었다는 듯이, 살금살금 집안으로 되돌아온다.

설명 역, 복희, 진자, 오대문

막이 열린 채로 있는 무대. 불량 주택으로 철거될 도시 변두리의 초라한 아파트 주택이다. 설명 역이 나온다.

설명 역 잘 오셨습니다. 요새처럼 바쁜 세상, 할 일은 많고 볼 것도 많은데, 따분하고 지루한 이 장소를 찾아주셨으니… 이 초라한 집… 도시 변두리에 부리나케 지었다가 몇 년 못 가 불량 주택이라는 딱지를 달아 곧 철거될 서민 아파트의 거실입니다. 세상만사가 다 이런 식입니다. (가락조로) "건설이다. 건설이다. 한 채, 두 채 잘도 올라간다. 자, 안전하고 아늑하고 값싼 집, 어서 들어와 사시오. ―며칠을 자고 나면, 하, 이게 웬일인고? 벽이 갈린다. 물이 샌다. 바닥이 뚫어진다. 자, 두들겨 패자. 파괴다. 새 집을 짓자. 너희들 갈 데로 가라. 남녀 관계도 이런 식. 사랑합니다. 당신 없인 못 살아. 아, 자기 행복해? 나 좋아 죽겠어! 며칠을 살고 나면, 자기 왜 그래? 이럴 줄은 몰랐는데. 싫어. 미워. 우리 헤어집시다. 갈 데로 가라. 나 다시 사랑을 시작하겠어. 지었다, 두들겨 팼다, 또 짓고. 사랑했다 같이 싸우고 헤어져 새 사랑 찾아 헤매는… 우리는 왜 이꼴인고…" 곧 헐리게 될 이 아파트 202호실의 주인은 방년 40세의 여학교 영어 선생인 노처녀입니다. 지금 하와이에서 영어 교수법을 공부하고 있습니다. 그래서 6개월간 이 집을 저한테 맡겼습니다. 내가 살건 전세를 주어 용돈을 얻어 쓰건 마음대로 하랍니다. 그 노처녀 선생이 퇴근 때 인사를 몇 번 했고, 찬거리 봉투를 받아 날라주었고, 아플 때 의사를 불러 간호해준 것뿐인데, 노처녀 선생은 감격한 모양입니다. 이쯤 되면 복덕방도 할 만하죠. 어떤 날 젊은 두 아가씨가 찾아왔습니다.

복희가 나온다.

복희 아저씨, 방 있어요?

진자가 나온다.

진자 아저씨, 방 있어요?

설명 역 한 달에 6만 원, 기간은 6개월.

복희 나 3만 원은 낼 수 있는데.

진자 내가 3만 원을 보태면.

설명 역 잘됐구료. (관객에게) 6만 원이면 한 달에 막걸리 값은 충분하거든요. (두 여인에게) 뭣 하는 분들이오?

복희 어떤 회사의 전자 계산실에서 근무합니다. 복희라고 해요.

진자 야간 대학생입니다. 진자라고 해요. 언니라고 불러도 좋죠?

복희 물론, 나도 대학 졸업생이야.

진자 언니.

두 여인은 손을 잡고 들어간다. 복희는 소파에 앉아 주간지를 뒤적거리고, 진자는 책상에 마주 앉아 글을 쓴다.

설명 역 빠르기도 하죠. 만나기가 무섭게 언니 동생. 여자의 세계니까. 저는 이 극에서 설명 역을 맡았습니다. 연극이 진행되는 동안 나는 가끔 다른 역도 맡게 될 것입니다. 역시 역이란 이것저것 바꾸어가며 맡는 것이 좋습니다. 한 가지 역만 오래 맡으면 지루하고, 따라서 신경질도 부리고, 경직해지고, 건방지고 독선적이어서 이 역은 내 거야, 이 역은 나만 맡아 하고 억지를 부리게 되거든요. 좋은 역 혼자만 맡겠다고 고집 부리다 비극의 주인공으로 전락한 사람들도 있지 않습니까? 자, 잠시 물러가겠습니다.

설명 역이 들어간다.

복희 진자야.

진자 응?

복희 꿩 대신 닭이니, 닭 대신 꿩이니?

진자 응?

복희 그런 말 있잖아? 꿩 대신 닭인가, 닭 대신 꿩인가?

진자 그게 그거지 뭐. 좀 더 쉬운 말도 있잖아요? 아내 대신 애인, 밥 대신 라면, 커피 대신 숭늉, 만두 대신 찐빵 또는— 봉급 대신 뇌물.

복희 뇌물 대신 봉급이다. 요즘은— 몇 시냐? 아이 피곤해. 따분도 하고…

진자 언니, 애인 없수?

복희 애인? 그런 것 필요 없어.

진자 왜?

복희 요새 남자들을 어떻게 믿니? … 하기야… 남자들은 나한테 관심이 없나 봐.

진자 언니 예쁜데.

복희 예뻐? 흥, 마음에 없는 말일랑 하지나 마. 진자, 네가 내 애인 아니냐?

진자 언니, 《불타는 육체》라는 소설 읽었수?

복희 《불타는 육체》? 누가 분신자살을 하나?

진자 아냐, 50대의 사업가, 그리구 20대의 사원 사이에서 여주인공이 고민을 하는 거야.

복희 그 여자 몇 살인데?

진자 내 나이 정도야.

복희 그 계집엔 무슨 재주로 한꺼번에 남자를 둘씩이나 나꿔챘니? 한 놈 구하기도 힘든데.

진자 언니 문학 좋아해?

복희 그저 그래. 전자 계산과를 나와서 별로… 아, 텔레비전이나 한 대 있으면 좋겠다. 요새 연속극이 재미있다던대. 아. '곱단아' 라는 게 인기래.

진자 텔레비전에 미쳤다가 물건을 몽땅 도둑맞은 집이 있대.

복희 시시한 도둑이군. 정정당당히 현관에서 초인종을 누르고 들어와야지. 요새 도둑들 째째해. 운전수나 털고, 늙은 할머니의 가락지나 뺏고… 나 같으면 정정당당하게, 큰 집에 찾아가 초인종을 누르고, 돈 백만 원 내놔 하고 호령하겠어.

초인종 소리가 난다.

진자 (반사적으로 일어나며) 도둑!

진자가 슬리퍼를 벗어 든다. 초인종이 계속 울린다. 복희가 부엌으로 들어가 식칼을 들고 나온다.

진자 누구요?

대문 실례합니다.

진자 남자야. 그러니 도둑이야.

복희 어떻게 알아?

진자 남자는 다 도둑이야.

진자가 문을 연다. 오대문이 트렁크를 들고 들어서다 복희 손에 잡힌 칼을 보고 놀라 두 손을 번쩍 든다.

대문 강도!

복희 강도?

대문 그 칼 좀 치우세요.

복희 누구요?

대문 대문이오, 오대문.

복희 대문?

대문 네, 친구들은 문이라고 부릅니다만…

진자 우선… 그… 문을 닫고 올라와요.

대문이 문을 닫고 올라온다.

복희 진자야 너?

진자 앉으세요.

대문이 두리번거리며 앉는다.

진자 어떻게 왔어요?

대문 아가씨들… 누굽니까?

복희 어라, 어라, 자기가 오히려…

대문 여기 박 선생 집 아닙니까?

복희 박 선생?

진자 영어 선생님 말입니까?

대문 네. 저의… 먼 친척뻘 되는 누이입니다. (편지를 꺼내 보이며) 이거 편지입니다. 서울에 올라오면 이 방을 쓰라고 했어요.

진자 그 분 지금 하와이에 가 있어요.

대문 그래서 아가씨들이…?

복희 어떻게 하실 생각이죠?

대문 글쎄… 갈 데가 없는데요.

복희 보다시피 이 방엔 여자 둘이서… 빈 방도 없고요.

대문 방이 필요 있나요? (소파를 가리키며) 여기서 자죠 뭐.

복희 상식적으로 생각해보세요. 여자 둘하고 남자 하나하고 어떻게 한 방에서…

대문 그럼 제 친구를 하나 데려올까요?

복희 이 사람 좀 봐.

진자 직장은 있어요?

대문 네. 어떤… 식품 회사의 연구실에서 일하게 됐습니다. … 식품공학과 출신이니까요.

복희 대학을 나왔어요? (대문이 머리를 끄덕인다.) 그래도 우리 사정이…

대문 저 밥도 할 줄 알고… 요리도 좀 합니다. 군대에서 취사병으로 있었거든요.

복희 취사병? 군대에 밥 하러 들어갔어요?

대문 그렇게 됐습니다. 정 뭣하면… 저를…

진자 식모 부리는 셈 치고…?

대문 꿩 대신 닭이죠. 화장실이 저쪽입니까? 세수나 좀 해야지.

대문이 트렁크를 들고 무대 밖으로 나간다.

복희 뻔뻔스러운데.

진자 어떻게 하지?

복희 내보내야지. 소문이 두렵지 않아? 남자가 여자 둘을 거느리고 산다는 소문이… 아이 창피해.

진자 나쁜 사람 같지는 않은데…

복희 내보내야 해.

진자 언니가 그렇게 생각한다면.

복희 당장.

진자 당장.

엮은이

허용호

許容浩

서울액터스쿨 원장.
부안에서 태어났고 서울예술대학 연극과를 졸업했다. 대학 졸업 후 연극 활동을 하다가 15년간 국내의 저명한 액터 트레이닝 센터Actor Training Center와 연기아카데미 등에서 SBS 톱탤런트, KBS 슈퍼탤런트, MBC 신인연기자, 각종 모델대회 수상자들과 현역(기존) 연극 · 영화 · 드라마 배우, 연기지망생, 연극영화과 입시생 등 다수 연기자들의 연기지도 트레이너(액팅코치)로 활발하게 일하며 플레이 매니저play manager로서 명성을 쌓았다.

불꽃 같은 열정을 지닌 남자로 현재는 배우 활동 및 연기 강의에 전념하고 있다. 동아 · 현대문화센터 등에서 허용호의 탤런트액팅스쿨, 연기교실 프로그램으로 파워강좌를 진행했으며, 각종 연기훈련 시스템을 갖춘 단체나 학교 등 각종 문화공간에서 카리스마 넘치는 독특한 배우훈련법으로 전문 연기지도를 하고 있다.

벽성대학 방송연예과에서 연기실습과 화술지도로 대학생들과도 5년간 동거동락하며 교육하고 있으며, 그의 코드를 거쳐 간 학생들만도 벌써 수천 명에 이른다. 연극영화 · 방송연예 · 연극연기 · 뮤지컬 · 모델과 입시전문 실기교육을 10년 넘게 지도하며 최고의 합격 신화 창조(약1200여 명)를 이룩한 쾌거를 통해 각 대학에 수많은 젊은 인재를 배출하고 있다. 아울러 전前 한국방송문화원 교육총괄팀장, MBC 아카데미연극음악원 교육운영본부장, 전국 청소년연극제 심사위원, 전주 영상정책협의회 추진위원 등을 역임했다.

현재는 전문 연기교육원인 서울액터스쿨 원장으로, 연극영화·뮤지컬 교육 관련 액터스킬아카데미를 운영하고 있으며, 매년 수많은 대학 합격자(중앙대, 동국대, 서울예대, 한양대, 한예종 연극·연기학과 그 외 다수)를 배출하고 있다. 연극·뮤지컬배우·영화배우·TV 탤런트·연예오락인·모델 등으로 폭넓게 진출하려는 다수를 배우로 키워내고 있으며, 인재양성에 힘쓰고 있다.

저서로는 《연기술과 배우훈련》(2004), 《자유로운 연극 독백-남자 모놀로그 편》(2009), 《자유로운 연극 독백-여자 모놀로그 편》(2009), 《자유로운 장면 연기-국외편》(2010)이 있다.

연기를 배우고 배우를 한다는 것은 연기와 배우 생활을 통하여 살아가는 방법을 배우는 것이다.

_서울액터스쿨 원장 허용호

서울액터스쿨 www.seoulactor.com